BASTEI
LÜBBE

Über den Autor:

Alexander Schuller, geboren 1961, absolvierte die Gruner+Jahr-Journalistenschule und arbeitete zunächst als Redakteur und Moderator bei RTL und SAT.1. Zwischendurch war er Ressortleiter für Reportagen beim Zeitgeistmagazin *Tempo*. Seit 1995 ist er als freier Autor tätig. Er hat mehrere Romane zu Filmen sowie ein Sachbuch und eine Biografie veröffentlicht. Außerdem schrieb er Drehbücher für TV-Spielfilme bei ARD und SAT.1. Alexander Schuller lebt in der Nähe von Hamburg.

Alexander Schuller

JACKPOT

Aus dem Leben eines Spielers
Eine wahre Geschichte

BASTEI LÜBBE

BASTEI LÜBBE TASCHENBUCH
Band 61636

1. Auflage: Juli 2008

Überarbeitete, aktualisierte und erweiterte Neuausgabe von
Der Automaten-Mann
aus dem Zebulon Verlag, Düsseldorf 1993 (ISBN 3-928679-17-1)

Bastei Lübbe Taschenbücher in der Verlagsgruppe Lübbe

Neuausgabe

Textredaktion: Inge Leo, Wertingen
Umschlaggestaltung: Tanja Østlyngen
Titelbild: © mauritius images / Artur Cupak
Satz: Textverarbeitung Garbe, Köln
Druck und Verarbeitung: GGP Media GmbH, Pößneck
Printed in Germany
ISBN 978-3-404-61636-7

Sie finden uns im Internet unter
www.luebbe.de
Bitte beachten Sie auch: www.lesejury.de

Der Preis dieses Bandes versteht sich einschließlich
der gesetzlichen Mehrwertsteuer.

INHALT

VORWORT ZUR NEUAUFLAGE

...und dann grinste er bei dem Gedanken, dass sie ihn in ein paar Augenblicken wirklich mal so richtig könnten, endlich...

So endete die – vorläufige – Lebensbeichte des notorischen Zockers, der sich hinter dem Pseudonym *Der Automaten-Mann* versteckte und seine Lebensgeschichte unter dem gleichnamigen Titel vor fünfzehn Jahren als Biografie veröffentlichte. Es war sein erster, wirklich *ernsthafter* Versuch gewesen, mithilfe eines versierten Therapeuten aus dem Teufelskreis der Spielsucht auszubrechen, wobei sich die Praxis des Psychologen ausgerechnet in der ersten Etage über der Automatendependance der Hamburger Spielbank im Stadtteil Wandsbek befand; dort wo der Automaten-Mann Stammgast war und ein kleines Vermögen verspielt hatte.

Um es vorwegzunehmen: Es ist beim Versuch geblieben. Der Automaten-Mann war damals wohl noch nicht *so weit*; er war zu schwach (oder die Anziehungskraft der blinkenden Geldspielgeräte war zu groß), um wirklich *clean* zu werden und dies auch zu bleiben. Diese erste längere trockene Phase dauerte immerhin etwa zwei Jahre, bevor er schließlich wieder loszog, um die einarmigen Banditen zum Duell herauszufordern; ein Duell, das – Sie ahnen es schon – im Prinzip *immer* mit einer Niederlage endet. Übrigens ist dies meist auch der Fall, wenn der Spieler ausnahmsweise mal gewinnen, wenn er sogar einen größeren Jackpot treffen sollte, mit dem er sich beispielsweise auf einen Schlag all seiner Schulden (die ein notorischer Zocker ja für gewöhnlich hat) entledigen könnte. Die Betonung freilich liegt auf dem Konjunktiv: *könnte*.

Ein abhängiger, oder sagen wir es ruhig, süchtiger Spieler würde in 99,99 Prozent der Fälle einen Teufel tun und gewonnenes Geld dazu verwenden, einen Schnitt in seinem bisherigen Leben zu machen, um ein neues zu beginnen. Er würde stattdessen einmal mehr sich selbst belügen (und seine Umwelt wahrscheinlich auch) und den unverhofften Schatz scheibchenweise wieder dorthin tragen, wo er ihn gefunden hatte: in die Spielhalle, ins Automatenkasino, an den Roulette- oder Kartentisch oder auch auf die Pferderennbahn oder die Lottoannahmestelle. Es gibt mittlerweile unendlich viele Möglichkeiten, um Geld zu spielen und sein Glück zu riskieren, und wer will, kann dies auch anonym tun, im Internet, zum Beispiel beim Poker … Der Automaten-Mann wiederum war – nomen est omen – von Anfang seiner zweifelhaften Spielerkarriere an den mechanischen respektive elektronischen Geldspielgeräten verfallen.

Dieses Buch, die aktualisierte und erweiterte Neuauflage der vor fünfzehn Jahren recht beachteten Spielerbiografie, erzählt seine Geschichte von Anfang an und setzt sie dann fort – über das Ende der ersten Ausgabe hinaus bis zum heutigen Tag. Hierbei haben sich selbstverständlich ein paar Dinge verändert; Zahlen, Fakten, Namen und nicht zuletzt auch teilweise die Sprache, denn inzwischen haben der Automaten-Mann und der Autor sich aufgrund ihrer journalistischen und schriftstellerischen Tätigkeit ein wenig weiterentwickelt. Alles in allem entspricht diese Neuauflage jedoch weitgehend der Wahrheit. Es ist die authentische Geschichte eines rastlosen, notorischen Zockers in unserer schnelllebigen Zeit, dem erst nach vielen, vielen Anläufen der Ausbruch aus dem Teufelskreis der Spielsucht gelang. Entscheidend hierfür war – viel zu spät, doch das bringt eine Sucht nun einmal mit sich – die innere

Bereitschaft, sich einem Problem zu stellen, zum Teil auch schmerzhafte Entscheidungen zu treffen und vor allem mit den sich daraus ergebenden Konsequenzen zu leben und sie zu akzeptieren, anstatt – wie früher – vor ihnen davonzulaufen …

Hinzu kommt, dass der Automaten-Mann jetzt nichts mehr zu verlieren hat. Das heißt, dass er in Zukunft auch auf das Herumlavieren um seine wahre Identität verzichten und sich öffentlich zu seinem Problem bekennen kann. Verstehen Sie? Ich war und bin der Automaten-Mann.

Wahrscheinlich entspreche ich nicht dem typischen Bild, das sich die Öffentlichkeit im Allgemeinen von einem süchtigen Spieler macht. Andererseits: Was ist schon ein »typisches Bild«? Im Gegensatz zu denjenigen Menschen, die bereits über einen längeren Zeitraum an einer *stoffgebundenen* Sucht wie etwa Alkohol oder Drogen (gleich in welcher Form) leiden, sieht man einem Spieler seine Abhängigkeit in der Regel nicht an. So ist es unter anderem zu erklären, dass die Spielsucht nach wie vor ein unterschätztes Problem innerhalb unserer Gesellschaft darstellt. Immerhin warnen heutzutage sogar die Staatlichen Lottogesellschaften mit leicht verständlichen Informationsbroschüren vor diesem »Phänomen«, aber genau als das bleibt die Spielsucht in den Köpfen: als ein Phänomen eben, das immer dann kurz in den Medien aufflackert, wenn zum Beispiel ausgerechnet ein spielsüchtiger Kriminalkommissar eine Bank überfällt, weil er nicht mehr weiterweiß … Doch das wahre Leid und nicht zuletzt auch die kriminelle Energie, mit der die Spielsucht für gewöhnlich einhergeht, finden größtenteils im Verborgenen statt. Soweit es mich betrifft: Ich musste (und habe) bisher keine Bank überfallen. Ich hatte vielleicht einfach nur unverschämtes Glück, ein wenig mehr Energie … und ein paar wertvolle Menschen um mich herum, die mich nicht fallen gelassen haben.

Trotzdem glaube ich, dass Ihnen meine Geschichte, die Geschichte vom rastlosen Leben eines notorischen Zockers, gefallen könnte; ganz gleich, ob Sie nun zu den aktiven Spielern gehören (gehörten) oder ob Sie tatenlos zusehen müssen (mussten), wie sich Ihr Partner, Ihre Partnerin oder meinetwegen auch nur ein Freund oder Kollege um Kopf und Kragen – das Leben – spielt (spielte). Übrigens: Gerade das Leid der Angehörigen, des sozialen Umfelds eines Suchtkranken, ist immens groß. Doch vielleicht trägt diese Autobiografie dazu bei, dass Sie über das »Problem Spielsucht« einmal intensiver nachdenken. Es lauert, nebenbei bemerkt, überall. Auch ganz in Ihrer Nähe. Wollen wir wetten?

Bevor Sie jetzt aber ins SPIEL, das LEIDEN SCHAFFT richtig einsteigen, möchte ich unbedingt noch einige ganz besondere Menschen erwähnen, ohne die ich wahrscheinlich weder *dieses* Buch, geschweige denn mein Leben (wieder) in den Griff gekriegt hätte. Ilona Füchtenschnieder und Jürgen Trümper vom bundesweiten Arbeitskreis Spielsucht in Hamm haben mich ermutigt, noch einmal an den Stoff heranzugehen. Herbert Mühlroth hat analytisch und pedantisch seinen Finger in schwärende Textwunden gelegt und sie geheilt. Gunars Martinsons und Matthias Görne haben mir wertvolle Ratschläge fürs Leben gegeben, ohne dabei den moralinsauren Zeigefinger zu heben.

Und dir, J. R., habe ich es unter anderem zu verdanken, wieder aufrecht unter einem Türrahmen hindurchgehen zu können. Und noch vieles mehr. Aber das ist eine andere Geschichte, die nur uns beide etwas angeht.

A. S. im Frühjahr 2008

PROLOG

Bloß ein kleiner Rückfall

Die Weltzeituhr neben dem Ostberliner Fernsehturm zeigte exakt ein Uhr fünfundfünfzig an, als der Automaten-Mann aus dem Staatlichen Automatenkasino hinaus in die Kälte trat. Ein paar Nachtschwärmer eilten geduckt über den winterlichen Alexanderplatz. Im orangefarbenen Licht der Straßenlaternen tanzten Schneeflocken. Der Automaten-Mann ging ein paar Schritte. Dann lehnte er sich mit dem Rücken an die spiegelnde Marmorfassade, legte seinen Kopf in den Nacken und atmete tief durch. Der scharfe Wind war unangenehm, doch er spürte nur seine Wangen, die vor Hitze glühten. Mechanisch knöpfte er die oberen Knöpfe seines Mantels zu und schlug den Kragen hoch. Er spürte, dass es nicht die Kälte war, die ihn zittern ließ, sondern das erbärmliche Gefühl der persönlichen Niederlage, das ihn aufwühlte.

»Tja«, sagte er zu sich selbst, »dann hast du also wieder gezockt.« Es sollte wohl lakonisch klingen, dabei war es ihm viel ernster, als er es vor sich zugeben mochte. Er presste die rechte Hand auf die linke Brust, genau auf die Stelle, wo er das dicke Bündel unterm Stoff fühlen konnte, fast fünfzigtausend Mark, doch anstatt beruhigt zu sein, stieg Wut in ihm hoch. Er konnte sich nicht darüber freuen, diese beträchtliche Summe gewonnen zu haben. Er hatte gespielt, obwohl er es *eigentlich* nicht mehr wollte. Denn hatte er der Spielerei nicht ernsthaft abgeschworen, vor ungefähr knapp zwei Jahren? Doch nun feilte er in Gedanken wieder an einer Ausrede, die Sabine schlucken könnte, die jetzt daheim in Hamburg sicherlich wach im Bett lag und sich sorgenvoll fragte, warum er sich nicht, so wie verabredet, telefonisch bei ihr gemeldet hatte. Warum er sein Handy ausgeschaltet hatte. Und warum er nach der Arbeit im Fernsehstudio Adlershof nicht zu ihren gemeinsamen Freunden Boris und Elisabeth nach Mariendorf zum Abendessen gefahren war, so wie er es noch gestern zu ihrer großen Beruhigung angekündigt hatte.

Der Automaten-Mann war inzwischen überzeugt, dass seine Frau seherische Fähigkeiten besaß, vielleicht ja auch Sensoren, die es ihr ermöglichten, seine Schwindeleien sofort zu entlarven. Und wenn es nur seine veränderte Stimme am Telefon war, das sie derzeit während der Woche verband. Schon gar nicht mochte er ans morgige Heimkommen denken: Denn nun musste er vor allem das schöne, viele Geld irgendwie, irgendwo sicher vor ihr verbergen. Denn für achtundvierzigtausend Mark gibt es keine plausible Erklärung. Jedenfalls nicht über Nacht – und schon gar nicht für die Partnerin eines notorischen Spielers, die sich prinzipiell Sorgen machte und den Rückfall fürchtete …

Die Türen des Kasinos öffneten sich. Zwei Uhr, Feierabend im Automatensaal, dem Kleinen Spiel. Ungefähr zwei Dutzend Spieler wurden von den müden Croupiers mit professioneller Freundlichkeit hinauskomplimentiert. Sie zerstreuten sich schnell. Ein paar von ihnen strebten sofort dem mächtigen Turm des Forumhotels zu. Dort, in der obersten Etage, rollte seit dem Mauerfall die Roulettekugel des Großen Spiels. Einen Moment lang überlegte der Automaten-Mann, ob er das Schicksal noch einmal herausfordern sollte. Der Ärger zu Hause war schließlich vorprogrammiert. Er könnte jetzt fünfhundert auf die Neunundzwanzig setzen. Oder tausend auf Rot. Mit ein bisschen Glück könnte er seinen plötzlichen Reichtum in ein paar Minuten auf mannhafte Weise vernichten. Und wenn nicht? Wenn es ausgerechnet heute andersherum laufen würde und aus den achtundvierzigtausend vielleicht hunderttausend würden oder sogar mehr? Nun ja, dann würde sich der unausweichliche Krach mit Sabine wenigstens materiell lohnen. Dann könnte er den Schuldenberg, den er in seiner langjährigen Zockerlaufbahn angehäuft hatte, komplett abtragen, auf einen Schlag und nicht in den noch ausstehenden hundertacht Monatsraten. Aber würde er das wirklich tun?

Was für ein Irrsinn, murmelte der Automaten-Mann, da schießt du in der neunzigsten Minute das entscheidende Tor, bist plötzlich Weltmeister, aber dir selbst bleibt das Jubeln versagt. Er kicherte lautlos in sich hinein und stapfte dann über den Alexanderplatz hinüber zum Parkplatz vor dem ehemaligen bulgarischen Kulturzentrum, wo er sein Auto geparkt hatte. Wäre er jetzt zu Hause, in Hamburg, gewesen, hätte er seinen Wagen stehen lassen und sich ein Taxi genommen. Sein erstes Ziel wäre dann eine Tanke gewesen, die rund um die Uhr geöffnet hatte. Er hätte sich ein Sixpack gekauft und rasch ein, zwei Bier hinuntergestürzt, bevor er sein gemietetes Reihenhaus betreten und nach oben ins Schlafzimmer geschlichen wäre. Haare und Klamotten hätten eh nach Zigarettenqualm gestunken; jetzt hätte er bloß noch eine ordentliche Bierfahne gebraucht.

Der spontane Kneipenabend mit den Kollegen aus der Redaktion war schon immer eine hervorragende Ausrede gewesen, eine *gute Lüge*, da sie sehr dicht bei der Wahrheit lag: Journalisten gehen schließlich selten an einer Bar vorbei und quasseln viel, und außerdem war die Gefahr gering, dass Sabine einen seiner Kollegen anrufen würde. Überdies konnte der Automaten-Mann davon ausgehen, dass ihm jeder seiner Kollegen ein Alibi gegeben hätte … Die achtundvierzig Riesen würde er natürlich vorher für den Rest der Nacht im Werkzeugkasten im Keller deponiert haben. Und am nächsten Tag hätte er dann in der Mittagspause bei irgendeiner Bank ein Konto eröffnet und das Geld eingezahlt.

Ein guter Plan, dachte der Automaten-Mann, gleich morgen früh werde ich die Kohle einzahlen. Berlin war ja so schön weit weg. Und selbstverständlich werde ich nie wieder spielen. Das war jetzt eine Ausnahme, die ein wahrhaft glückliches Ende gefunden hat. Das Geld kann ich dann peu à peu ausgeben. Ist schließlich immer gut, ein bisschen was in Reserve zu haben …

Er riss die Autotür auf, warf sich in den Sitz, drückte zur Sicherheit die Knöpfe runter und ließ den Motor an. Er verspürte wieder die Kälte, doch diesmal kam sie tatsächlich von außen. Zum Glück war es eine trockene Winternacht, in der die Scheiben eisfrei blieben. Daher musste er jetzt nicht noch einmal aussteigen und kratzen. Er hatte sowieso keine Handschuhe dabei. Wieso eigentlich nicht? Verdammt, nun fiel es ihm ein, die Handschuhe hatte er im Kasino liegen lassen. Neben dem einarmigen Banditen. Aber es war zu spät. Die Lichter im Eingang waren bereits erloschen.

»Ey, Mann, alles klar mit dir?«

Der Automaten-Mann drehte sich überrascht nach rechts. Auf dem Beifahrersitz saß plötzlich ein Fremder, der ihn unverhohlen angrinste. Er trug einen grauen Straßenanzug, darunter ein hellblaues, gestreiftes Hemd und eine locker sitzende kanariengelbe Krawatte mit Paisleymuster. Der Kerl mochte so um die dreißig sein. Ein hochgewachsener Mann mit Bauchansatz und kurzem schwarzem Haar. Seine verhältnismäßig große Nase sah ein wenig italienisch, römisch aus, und irgendwie kam der Typ dem Automaten-Mann bekannt vor, und deshalb hatte er auch keine Angst.

»Ich hab dich was gefragt, Alter: Alles so weit klar?«, hörte er den Fremden erneut sprechen.

»Ach, du bist es! Ja, ich fühle mich großartig«, entgegnete der Automaten-Mann, startete den Motor, bog vorsichtig auf die Leipziger Straße und gab behutsam Gas. Es war bestimmt glatt, und die Straßen im Osten der Stadt waren auch vier Jahre nach dem Mauerfall noch immer miserabel.

»Du siehst aber nicht besonders glücklich aus«, lächelte der andere.

»Herrgott noch mal, das war doch bloß ein Ausrutscher«, erwiderte der Automaten-Mann. »Hab mich halt gelangweilt. Passiert ist passiert. Aber ich hab immerhin Schwein gehabt!«

»Schwachsinn! Du hättest auch zweihundertfünfzigtausend rausholen können. Aber du hast ja wieder gekniffen. Zehnmal hintereinander hast du mit fünf Stücken gespielt, und ausgerechnet beim elften Mal spielst du bloß mit einem Heiermann ... und knackst den Pot! Mein Gott, warum bist du bloß so bescheuert? Der Kasten war reif. Du wärst doch mit einem Schlag aus allem raus gewesen!«

»Aber ich hatte doch nur noch hundert Mark auf der Uhr! Zwanzig Stücke! Ich *musste* doch den Einsatz runterfahren!«, widersprach der Automaten-Mann. Er fingerte eine zerknitterte Schachtel Zigaretten aus der Manteltasche und lenkte mit den Knien weiter, um eine Filterlose herauszupolken und anzuzünden. Der andere blickte ihn mitleidig an.

»Quatsch, Mann: Du bist feige gewesen und hast glatt 'ne Viertelmillion verschissen.«

»Feige? Wenn man einen großen Braunen riskiert? Und jetzt hab ich fast fünfzig Riesen im Sack!«

»Die lächerlichen tausend hattest du längst schon verloren. Damit hattest du die ganze Zeit gerechnet. Gib es doch zu. Und es wäre keiner Sau aufgefallen«, sagte der unheimliche Beifahrer. »Los komm, sei ehrlich zu dir selbst. Du hast wieder gezockt. Das war an sich schon idiotisch genug, aber dann hast du auch noch idiotisch gespielt.«

Der Automaten-Mann schwieg. Er hielt sich an der Zigarette fest und inhalierte den Rauch so tief, wie es ging. Sein Gewissen hatte die Wahrheit gesagt. Es war in der Tat idiotisch gewesen. Denn seit seinem letzten Rückfall vor ungefähr zwei Jahren, als ihm nur noch die Wahl zwischen Klapse, Strick und Betteln geblieben war, hatte er *wirklich* nicht mehr gespielt. Noch nicht mal Skat um Zehntelpfennige hatte er gekloppt. Er war clean geblieben. Er hatte es sich sogar verkniffen, seine Stammzahlen auf dem Lottoschein anzukreuzen. Die beiden Zahlenreihen, die sich blöderweise unauslöschlich in sein Gedächtnis eingebrannt hatten. Fortan hatte er jeden Mittwoch und Samstag Blut und Wasser geschwitzt.

1, 10, 15, 22, 29, 31. Lauter Geburtstage.

Und 1, 6, 29, 30, 44, 49. Weitere Geburtstage sowie zwei Quotenbringer. Hohe Zahlen werden bekanntlich nicht so häufig getippt. Verdammt – morgen sollte er unbedingt mal wieder seinen Lottoschein abgeben!

»Warum bist du eigentlich wieder Zocken gegangen? Es war doch an sich eine ganz erfolgreiche Therapie. Hast dich auch besser gefühlt, ohne die Zockerei, nicht wahr?«

»Keine Ahnung«, antwortete der Automaten-Mann und starrte angestrengt auf die Straße hinaus. »Ich weiß es wirklich nicht.« Es klang etwas gequält.

»Du weißt es sehr wohl«, bohrte sein Gewissen weiter. »Du hattest einfach Bock drauf. Es hat dich dermaßen gejuckt, dass du es nicht mehr ausgehalten hast. Und du warst dir sehr sicher, stimmt's?«

»Vielleicht wollte ich mich ja auch testen.« Der Automaten-Mann tat auf einmal ganz cool.

»Vielleicht wolltest du dich ja auch ruinieren«, entgegnete das Gewissen ruhig und lächelte.

Der Automaten-Mann zuckte mit den Schultern, wechselte auf die rechte Spur und bog auf den Zubringer zur Stadtautobahn Richtung Norden. Es herrschte kaum Verkehr. »Ich kann jederzeit wieder aufhören. Warum nicht jetzt?«

»Pass auf, da vorn ist ein Schlagloch.«

Der Automaten-Mann hielt stur auf den dunklen Fleck in der ausgefahrenen Straße zu. »Ist doch scheißegal jetzt«, murmelte er, und seine Hände hielten das Lenkrad fester. Es gab einen Mordsschlag, und das Gewissen knallte mit dem Kopf an den Autohimmel.

»Na toll. Und was hast du nun davon?«, fragte es und rieb sich den Schädel.

Der Automaten-Mann schwieg. Er wusste genau, worauf sein Beifahrer hinauswollte. Er war schließlich nicht blöd. Er sollte endlich aufhören, sich selbst zu belügen. Er sollte darüber nachdenken, was ihn nach so langer Zeit ins Automatenkasino der Berliner Spielbank am Alexanderplatz getrieben hatte, um zweihundert Fünfmarkstücke in dem Schlitz eines einarmigen Banditen zu versenken. Er sollte sich Gedanken darüber machen, warum er sich immer wieder Hoffnungen auf einen Gewinn machte, jedoch jedes Mal aufs Neue seine Pyrrhussiege einfuhr.

Als dann die fünf Siebenen tatsächlich in einer Reihe eingelaufen waren und der Bandit seine Gewinnermelodie zu dudeln begann, hatte es den Automaten-Mann im ersten Moment schier zerrissen. Er hatte die Faust geballt und unterdrückt gejubelt, um sich schon im nächsten Augenblick maßlos darüber zu ärgern, dass der Jackpot nicht ein Spiel früher eingelaufen war, als er noch mit dem Höchsteinsatz gespielt hatte: fünfundzwanzig Mark Einsatz für ein Spiel, das gerade mal vier Sekunden dauerte. Zweihundertfünfzigtausend Mark hätte er gewinnen können. Es wäre ein Traum gewesen, sein endgültiger Abschied von der Zockerei, ein super Abgang, der Traum eines Spielers: einmal richtig abzuräumen und dabei alles zurückzugewinnen, was man bisher im Leben verspielt hatte.

Der Automaten-Mann dachte dabei jedoch nur ans Geld.

»Fünfzigtausend Mark, der Herr!«, hatte einer der Kasinoangestellten laut durch den Spielsaal gerufen. »Jackpot!«

Sofort war der Automaten-Mann von ungefähr der Hälfte der anwesenden Spieler umringt. Doch niemand lachte. Niemand freute sich für einen aus ihrer Zunft, der einen ziemlich großen Wurf gelandet hatte. Stattdessen gab es Häme satt. »Ooch, nur mit einem Stück!«, hatte die dicke, teigige Frau gesagt. »Wieso haste nicht voll jespielt? Da hättste mir all mein schönet Jeld wiedergeben können, was ick rinnjeschmissen hab.« Ihr mächtiger Busen wogte im Ausschnitt ihres geblümten Kleides. Sie hatte hektische rote Flecken auf dem Hals.

»Jenau, det sind mir die richtijen«, hatte ein Mann, schnaufend vor Wut, bemerkt. »Kommen rein und kassiern ruck, zuck ab! Aber unsereiner …«

Zustimmendes Gemurmel. Der Automaten-Mann in einem fremden Revier, auf feindlichem Gebiet. Er wusste nicht, wohin er schauen sollte. Er schämte sich, denn er hatte einen großen Frevel begangen und gegen ein ungeschriebenes Gesetz verstoßen, indem er einen der höchstmöglichen Gewinne erzielt hatte, obwohl er kein Stammgast war. Er hatte die Staatliche Berliner Automatenspielbank zum ersten Mal betreten.

Und das geblümte, großbusige Nilpferd hatte sich von *seinem* Banditen richtig ausnehmen lassen. Es hatte tapfer und mutig gespielt. Immer mit dem Höchsteinsatz. Über eine halbe Stunde lang. Und dann, als der Bandit es richtig fertiggemacht hatte, war der Automaten-Mann erschienen, hatte den Banditen zum Duell herausgefordert und gewonnen. Er hatte sich sozusagen das Geld der Dicken geschnappt. Wie ein Dieb hatte er plötzlich dagestanden und sich auch als solcher gefühlt. Es war ihm unendlich peinlich gewesen, als ihn die Croupiers an die Kasse gebeten und ihm die fünfzigtausend Mark mit großer Geste vorgezählt hatten: »Ein paar kleine Scheine dabei, der Herr?«

Der Automaten-Mann wusste, was in der dicken Frau jetzt vorging. Diesen Abend würde sie jetzt ihr ganzes Leben lang nicht vergessen. Diesen Albtraum hatte er in den vergangenen fünfzehn Jahren selbst schon viele Male durchlebt. Wenn wieder nichts geklappt hatte und keiner der Automaten bereit gewesen war, ihm auch nur *eine einzige* lächerliche Serie zu schenken, für Zigaretten und ein paar Liter Benzin. Den Zettel in seiner Stammkneipe. Wie er dann all diesen Rotzkästen so lange Schläge verpasst hatte, bis man ihm mit »Hallenverbot« gekommen war.

Und dann, während der Automaten-Mann müde und zerschlagen seinen Drehtabak und das Feuerzeug zusammenkramte und nochmals alle Taschen sorgfältig nach Geld durchsuchte, drängelte sich irgendein Arschloch vor und fragte ihn unverblümt: »Ist der jetzt frei?« Oder ein anderer raunte mit fieser Freundlichkeit: »Hörst du *schon* auf?« Die Ölaugen fragten in der Regel gar nicht mal nach. Sie kiebitzten stundenlang, bis die Kästen richtig gestopft waren, um sie dann zu melken. Oder sie machten auf blöd und steckten ihre Heiermänner in dem Moment rein, in dem man zur Kasse musste, um Nachschub zu holen. Oder aufs Klo – und dann konnten sie kein Deutsch.

Auffallend häufig lief dann spätestens im übernächsten Spiel die fette Serie ein, die dem Automaten-Mann versagt geblieben war. Hundert Sonderspiele. Oder eine Multiserie mit Verlängerungsmöglichkeit. Drei Mark Höchstgewinn pro Spiel. Geschätzter Gewinn: um die dreihundertfünfzig Mark. Das tat immer richtig weh. Und der Glückspilz feixte: »Das gibt es ja gar nicht!«, und bestellte dann quer durch die Halle *erst mal 'nen schönen Kaffee*! Ein genuscheltes »Tut mir echt leid« gab es nur selten zu hören. Und wenn, dann war es wahrscheinlich sowieso geheuchelt.

Aber dem Automaten-Mann genügte inzwischen nur ein Blick, um zu erkennen, dass der andere auch ein Automaten-Mann war. Er wusste, dass der Glückspilz in Wirklichkeit etwas ganz anderes dachte: »Mann, ist der blöd!« Wenn es nämlich um Kohle geht, kennt diese Zunft keine Gnade. Weder in einem Spielsalon, wo ein Spiel schlappe dreißig Pfennige kostete, noch im Automatenkasino, wo man mit einem Schlag auch Hunderte von Mark setzen konnte, besonders an den Rouletteautomaten.

Er hatte zwei große Braune vom Haufen genommen und einen davon in den Tronc gesteckt. »Für die Angestellten, vielen Dank, der Herr!«, hatte der Kassierer geflötet und begehrlich auf den zweiten Tausender geschielt. Dieses nette Trinkgeld für die Croupiers reicht, hatte der Automaten-Mann jedoch gedacht, als er die übrigen achtundvierzigtausend Mark sorgfältig in der Innentasche seines Anzugs verstaut hatte, und war zurück zu *seinem* Banditen gegangen, vor dem die immer noch bedröppelte Dicke stand. Dann hatte er gesagt: »Wissen Sie, ich habe tausend Mark riskiert. Und ich weiß, wie Sie sich jetzt fühlen. Beschissen, nicht?« Dann hatte er ihr den Tausender einfach in die Hand gedrückt und das Automatenkasino verlassen. Es sah aus wie ein Superabgang im Bruce-Willis-Stil, doch tief im Inneren seiner Zockerseele hatte der Automaten-Mann seinen großen Triumph genossen. Den Trost hatte er auch nicht ernst gemeint. Die Dicke hatte bloß Pech gehabt. Aber er war eben zufällig zur richtigen Zeit am richtigen Kasten. Mehr war es nicht!

»Gib es doch endlich zu«, schaltete sich das Gewissen in seine Erinnerungen ein, »du wirst jetzt wieder regelmäßig zocken, nicht?«

Der Automaten-Mann schwieg und konzentrierte sich aufs Fahren. Hinter dem S-Bahnhof Frankfurter Allee bog er links ab. Noch zwei Kilometer, dann ging wieder die verfluchte Parkplatzsucherei in der Paul-Zobel-Straße los, einem dieser berüchtigten Ostberliner Plattenbauviertel. Hier übernachtete der Automaten-Mann von Montag bis Freitag, in der Wohneinheit 10802651 im siebten Stock. Es gab keine Namensschilder in diesem achtstöckigen Kasten, einem ehemaligen Arbeiterwohnheim für die Werktätigen im untergegangenen Arbeiter- und Bauernstaat. In den vergangenen drei Monaten, in denen er hier sein provisorisches Lager aufgeschlagen hatte – fünfunddreißig Quadratmeter, bestehend aus Flur, Bad, Küche und dem Einraum; frisch renoviert und möbliert und mit zwölfhundert Mark Miete bestimmt rund dreißigmal teurer als vor der Wiedervereinigung –, hatte er erst zweimal einen anderen Mieter im Fahrstuhl getroffen. Im Aufgang 26 wohnten nur Wessis, die von ihren Firmen in die Pampa geschickt worden waren. Die fuhren immer früher weg und kamen früher wieder als der Automaten-Mann, der zwar in der Redaktion nicht vor neun Uhr morgens anfangen musste, aber dafür selten vor neun Uhr abends aus dem Büro herauskam. Dann waren bereits alle Parkplätze belegt.

»Stör mich jetzt nicht«, sagte der Automaten-Mann, der verzweifelt durch das zugeparkte Areal schlich und die erlösende Lücke suchte. Drüben, auf dem Bürgersteig, waren noch Plätze frei. Aber dort parkte jeder nur einmal, denn es war verboten. Und irgendwo in einer dieser tausend Wohnungen musste außerdem ein selbst ernannter Verkehrswächter leben, bestimmt so ein frustrierter, arbeitsloser Ossi, hatte der Automaten-Mann gedacht, als er vor drei Wochen eine Redaktionskonferenz verpasst hatte, weil zwei seiner Autoreifen zerstochen worden waren. Als er dann vom Büro des Hausmeisters den Automobilclub angerufen hatte, war das für den Blaumann keine Sensation gewesen: »Nu hat Sie's ooch erwischt. Ober sei'n Sie versischert, Sie worn nicht der Eenzische und ooch nich' der Letzte.«

In diesem Moment waren ihm auch die mahnenden Worte seiner Frau wieder eingefallen. Sie hatte ihm prophezeit: »Du hältst das dort allein in Berlin überhaupt nicht aus. Pass mal auf: Wenn keiner aus der Redaktion mit dir essen geht oder ins Kino, landest du wieder in der Spielhalle. Dein Vater denkt übrigens genauso.«

»Genau das meinte ich vorhin«, sagte das Gewissen. »Sie haben dich nur unter größten Zweifeln überhaupt nach Berlin gelassen. Na ja. Mir scheint, du hast jetzt ihre Erwartungen voll erfüllt.«

Der Automaten-Mann entdeckte plötzlich einen Parkplatz, oder besser: einen halben. Er fuhr rücksichtslos den Kantstein hoch und zwängte den Kombi zwischen einen Trabi und die jetzt wild wuchernden Sträucher einer ausgemusterten Blumenrabatte. Sein Auto stand zur Hälfte in einem Beet, das eigentlich keines mehr war.

»Lass uns noch einen Moment sitzen bleiben«, schlug der Automaten-Mann seinem Gewissen vor und zündete sich eine weitere Zigarette an. »Was meintest du, ist das eigentliche Problem?«

»Die Probleme«, verbesserte ihn sein Gewissen, »sind unter anderem das ›zweitens‹ von vorhin, das ich noch nicht in die Debatte werfen konnte. Aber es ist auch deine Angst zuzugeben, dass du ganz bewusst ins Kasino getapert bist, um mal wieder ein bisschen Aufregung zu haben.«

»Und Entspannung!«, lachte der Automaten-Mann gekünstelt. »Aber ich dachte eben, ich steige jetzt mit zweiunddreißig Jahren ganz offiziell aus dem Rennen aus und ziehe einen privaten Schlussstrich unter die Spielerei!«

»Hast du den denn nicht schon vor zwei Jahren gezogen?«, fragte das Gewissen.

Der Automaten-Mann zuckte mit den Schultern und kurbelte sein Seitenfenster herunter. Am Wochenende, zu Hause in der ländlichen Reihenhausidylle, würde seine Frau bestimmt einen Ausflug machen wollen. Damit die Kinder auch mal was vom Papa hätten. Drei hatten sie jetzt. Eines schrie irgendwie immer, am lautesten die Große, vor allem wenn das Auto nach kaltem Rauch stank.

»Du bist noch immer nicht ehrlich zu dir selbst«, sagte das Gewissen mit ernstem Unterton. »Vergiss endlich deine beknackten Ausreden: einen privaten Schlussstrich ziehen wollen! Das nimmt dir doch niemand ab. Sag ihr doch lieber, du hättest es einfach nicht mehr ausgehalten. Du allein in Berlin, ein anstrengender Job, jeden Abend die Entscheidung zwischen Kino oder essen gehen oder noch mehr arbeiten …«

»Ja, ja«, unterbrach der Automaten-Mann, »aber was heißt: zweitens?« Dabei kannte er die Antwort bereits selbst. Zweitens hieß nichts anderes, als dass der Automaten-Mann unfähig war, kontrolliert zu spielen. Eine Grenze einzuhalten. Hatte er sich nicht vorgenommen, von den tausend Mark, die er sich eingesteckt hatte, höchstens die Hälfte zu verspielen? Und dann stand er vor dem Banditen und zockte hoch. Riskierte fünfundzwanzig Mark pro Spiel. Aber der Gemüse- und Obstgarten des Banditen brachte ja nur wirklich was, wenn mindestens vier Symbole in der Gewinnreihe nebeneinander auftauchten, möglichst bei vollem Einsatz.

»Na gut«, räumte er seinem Gewissen gegenüber ein, »eigentlich hatte ich mir bloß vorgenommen, noch einmal – ein einziges Mal – mein Glück zu versuchen. Ich wollte mit fliegenden Fahnen untergehen und tausend Mark verlieren oder den Jackpot knacken.«

»Es wäre besser gewesen, wenn du verloren hättest«, warf sein Gewissen ein.

»Du meinst, dann hätte ich ein für alle Mal eingesehen: Zocken bringt nichts?«

Das Gewissen nickte. »Diese Erkenntnis wäre dir auf diese Weise jedenfalls leichter gefallen. Aber jetzt bist du vermutlich erst richtig geil geworden. Denn jetzt hast du ja weder das eine – den Riesengewinn – noch den totalen Reinfall erreicht.«

Ja, der Automaten-Mann hatte nach den ersten fünfhundert Miesen noch einmal dreihundert Mark gewechselt und dann den Rest. Er hatte vor dem Automaten gestanden und begonnen, das »totale Vabanquespiel« durchzuziehen, wie er es für sich selbst nannte. Das hieß, er setzte so lange den niedrigsten Einsatz, bis er plötzlich zu spüren glaubte, dass nun ein hoher Gewinn kommen *musste*: drei Dollars, Doppel- und Dreifach-Bars oder gar der Gipfel des Reichtums, rote Siebenen. Fünf Stück, auf jeder Walze eine, gab es insgesamt. Bei vollem Einsatz, immerhin fünfundzwanzig Mark, hätten sie eine Viertelmillion gebracht: zweihundertfünfzigtausend Mark.

Zweimal hintereinander gewann er mit drei Dollarsymbolen bei vollem Einsatz fünfhundert Mark. Eine Zeit lang hatte sich der Automaten-Mann sogar in der Gewinnzone befunden. Der Münzspeicher des Banditen hatte 245 Stücke angezeigt, 1225 Mark. Er hätte das Geld anfordern können. Er hätte die Münzen einsammeln und zurück zur Wechselkasse bringen können. Er wäre im Plus gewesen.

»Da war mein Motor bereits angesprungen und lief rund«, sagte der Automaten-Mann. »Es war wie früher. Ich konnte nicht aufhören. Ich musste weitermachen.«

»Ich verstehe dich ja«, sagte sein Gewissen, »aber lass uns jetzt schlafen gehen. Mir wird langsam kalt.«

»Einen Moment noch: Glaubst du, ich gehe noch einmal zurück, ins Kasino?«

Das Gewissen nickte. »Dein Verstand wird dich nicht davon abhalten, die fünfzigtausend Mark wieder zu verspielen ...«

»Achtundvierzigtausend!«, warf der Automaten-Mann ein. Er klang zerknirscht.

»Dessen bin ich mir hundertprozentig sicher«, fuhr das Gewissen ungerührt fort. »Denn jetzt willst du alles. Die Automaten haben dich wieder zum Duell aufgefordert, und du hast angenommen. Auch wenn du es jetzt vielleicht noch nicht wahrhaben willst. Aber vielleicht hast du ja Glück und verzockst nicht noch mehr als das, was du gerade gewonnen hast.«

Sie stiegen gemeinsam aus dem Auto aus, der Automaten-Mann und sein Gewissen, und schlenderten in Richtung Eingang 26. Auf den Automaten-Mann wartete ein schmales und zu kurzes Bett, das jede Woche frisch bezogen wurde. Diesen Service ließ er sich hundertfünfzig Mark im Monat kosten, extra. Neue Handtücher waren in der Miete mit drin. Er hatte doch eigentlich Geld genug, dachte der Automaten-Mann. »Hör zu«, sagte er seinem Gewissen, während er die Haustür aufschloss, »ich weiß, dass mir so ein Schwachsinn nicht mehr passiert. Ich habe so lange nicht gespielt, also werde ich morgen auch nicht spielen gehen müssen. Und übermorgen auch nicht. Und überübermorgen auch nicht ...«

♦ ♦ ♦

Nur eine Woche später gewann der Automaten-Mann im gleichen Kasino noch einmal zweitausendfünfhundert Mark. Von da an lief dann nichts mehr. Einen Monat später hatte er von den achtundvierzigtausend Mark bereits die Hälfte wieder verloren. O Gott, dachte er, es geht wieder los.

TEIL 1

Angefixt

1. KAPITEL

Der Neue

Die neue Schule roch wie jede andere Schule: nach Kreide, nassen Schwämmen und Bohnerwachs. Ich war vierzehn und stand vor dieser breiten, blauen Tür; unfähig anzuklopfen, nach einem kurzen Moment des Abwartens den Türgriff herunterzudrücken und die Tür zu öffnen, um dann wahrscheinlich blöd angeglotzt zu werden von der neunten Klasse der Stormarnschule Ahrensburg. Meiner neuen Klasse. Das Lampenfieber vor diesem großen Auftritt ließ mich zaudern.

Hinter der Tür hatte der Klassenlehrer gerade begonnen, die Namen der Schüler aufzurufen. »Dehns!«

»Hier!«

»Diekow!«

»Hier!«

Ach, der auch? Johannes kannte ich. Wir waren zusammen backen geblieben, drüben im Emil-von-Behring-Gymnasium in Großhansdorf, der beschaulichen Waldgemeinde am nordöstlichen Rand von Hamburg; schon in Schleswig-Holstein und knapp fünf Kilometer entfernt von Ahrensburg, der nächstgrößeren Stadt. Mein Schulweg hatte sich daher jetzt um mehr als das Doppelte verlängert. Dieser Preis schien mir damals allerdings höher zu sein als derjenige, ein Schuljahr verloren zu haben, denn für Fahrradfahrer kommt der Wind immer von vorn, und es geht bergauf. Aber wenn alles klappte und wenn ich in der neuen Klasse Leistung bringen würde, würden mir meine Eltern in einem halben Jahr zum fünfzehnten Geburtstag bestimmt ein Mofa schenken, eine Herkules M4 mit Fliehkraftkupplung. Dieses Modell war relativ leicht zu frisieren. Mit Mofas kannte ich mich aus. Meine Freunde waren ja alle älter als ich und schraubten an ihren Hobeln herum.

»Manow!«

»Hier!«

Gleich würde mein Name aufgerufen werden, und dann gab es kein Zurück mehr. Dann war ich dran. Entscheidend bei einem Auftritt war für mich immer der erste Augenblick. Oder der erste Satz. Oder der erste Akkord, den man spielt. Oder vielleicht auch der erste Ballkontakt. Aber was sollte eigentlich schiefgehen?

Meine Mutter hatte sich beim Frühstück über mein Schlabber-T-Shirt, meine Schlabber-Jeans und meine Schlabber-Jeans-jacke mokiert. Sie wollte, dass ihr Sohn am ersten Schultag ordentliche Klamotten anzieht, aber ich ließ mir nicht mehr vorschreiben, wie ich herumzulaufen hatte. Mein Vater hatte unsere morgendliche Diskussion über die Kleiderordnung unter deutschen Schülern lässig abgebogen: »Lass ihn doch anziehen, was er will. Die laufen doch alle so herum. Irgendwann werden sie's schon merken!«

Dann hatten wir in äußerlicher Ruhe unseren Tee weitergeschlürft, die gekochten Eier geköpft, und meine Mutter hatte, wie an jedem Morgen nach ihrer Frühstückszigarette, dem Hund ein Leberwurstbrot geschmiert. Wie immer in solchen Momenten kam nun auch mein Opa aus der Mansarde heruntergestapft. Seit 1964, als ich drei Jahre alt war, wohnte er mit uns im Haus. In jenem Jahr hatte mein Opa, der Vater meiner Mutter, endlich aus Rumänien ausreisen dürfen; der Letzte unserer siebenbürgischen Sippe. »Na«, sagte er und tätschelte meinen Hinterkopf, »bist doch nicht beim Friseur gewesen vor der neuen Schule?« Was sollte ich dazu sagen?

Bis vor einem Jahr hatte auch noch meine Oma bei uns gewohnt, die Mutter meines Vaters. Aber dann war sie eines Tages am Hamburger Jungfernstieg aus einem anfahrenden Bus gefallen und hatte sich den Oberschenkelhals gebrochen. Entgegen des Rates der Ärzte hatte sie auf einem künstlichen Hüftgelenk bestanden. Sechs Monate hatte sie in verschiedenen Krankenhäusern und Rehabilitationskliniken zugebracht, aber das Laufen hatten ihr die Ärzte und Krankengymnastinnen nicht mehr beibringen können. Stattdessen bekam sie erst eine Rippenfellentzündung, dann eine Lungenentzündung und kurz vor ihrem Tod auch noch eine Thrombose. Sie war genau an ihrem fünfundachtzigsten Geburtstag gestorben. Von ihrem Tod und der Beerdigung hatte ich jedoch nur telefonisch erfahren, denn meine Eltern hatten mich im vergangenen Sommer zu einem dreiwöchigen Sprachkurs nach England geschickt, wo ich für die Englisch-Nachprüfung der achten Klasse büffeln sollte.

Ich erinnere mich daran, dass sich meine Trauer damals, als ich an der Strandpromenade des englischen Seebades Teignmouth in der Telefonzelle stand, in Grenzen hielt. Einerseits, weil ich den Tod wohl überhaupt noch nicht begriffen hatte, und andererseits, weil meine Großmutter dafür verantwortlich gewesen war, dass ich Geige spielen musste. »Das Kind ist doch so musikalisch«, hatte sie, die ehemalige Klavierlehrerin, immer wieder gesagt. Sie hatte nie verstanden, warum ausgerechnet ich ihren Klavierunterricht total behämmert fand: Ich weigerte mich zu üben. Ich hatte einfach keine Lust, die Tonleiter ewig rauf und runter zu spielen. Damals, mit sechs Jahren, muss ich meine cholerischen Wutausbrüche wahrscheinlich kultiviert haben, doch erst nach einem weiteren halben Jahr hatten meine Eltern endlich ein Einsehen und beschworen meine Großmutter, mich mit ihren pädagogischen Unfähigkeiten zu verschonen.

In der Folge hatte sie dann offenbar ein beachtliches Durchhaltevermögen an den Tag gelegt und meinen Vater so lange bearbeitet, bis ich mich eines Tages mit einer Dreiviertel-Geige des berühmten Hamburger Geigenbauers Georg Winterling am Stephansplatz bei einer Geigenlehrerin wiederfand. Ich durfte sie Heinke nennen und nicht »Frau Schmidt«. Sie bemühte sich in den folgenden Jahren mit allen Mitteln, aus mir einen Paganini für Arme zu formen. Ich war allerdings der Erste unter meinen Freunden in der Straße gewesen, der ein Instrument spielen durfte. Das war schon etwas Besonderes, und auch die meisten Eltern meiner Freunde gaben mir damals offen zu verstehen, wie sehr sie es bedauerten, dass ihre Kinder kein wesentliches Interesse an Musik hatten. Ich dagegen war anfangs sehr stolz, wenn ich dienstags unseren Bolzplatz verlassen musste, um zum Geigenunterricht zu gehen.

Es ist schon erstaunlich, was Eltern und Großeltern alles so aushalten können, wenn sie es in dem Glauben tun, ihrem Kind etwas Gutes für seine Zukunft angedeihen zu lassen. Mit acht Jahren habe ich das ja noch nicht richtig begreifen können, das kam erst viel später, als Heinke und ich dann eigentlich nur noch Schach miteinander spielten. Da empfahl sie meinen Eltern dann doch, mich Gitarre spielen zu lassen. Oder Schlagzeug.

Und noch eine weitere frühe Erinnerung an meine Oma ist haften geblieben: die kuscheligen Erzählstunden in ihrem Bett, das so gut nach Hormocenta roch. Sie erzählte mir jedoch niemals Märchen von den Gebrüdern Grimm oder von Hans-Christian Andersen, sondern immer nur Geschichten aus der Heimat unserer Familie, die in Siebenbürgen in Rumänien lag. Dort hatte die väterliche Seite ein großes herrschaftliches

Gut *besessen*; ausgedehnte Ländereien, eine Bullenmast, eine Pferdezucht, Weinberge sowie auch ein gutes Dutzend Mägde und Stallburschen und natürlich eine Armee von Landarbeitern; Zigeuner, denen sie zur Geburt ihres jeweils fünften Kindes ein Säckchen Mais und beim achten dann ein halbes Schwein schenkte.

Damals hielt ich meine Großmutter für die großzügigste aller Gutsfrauen. Meine Eltern hatten keine Ahnung, was die Oma ihrem kleinen Enkel so alles erzählte; erst viele Jahre später, nach ihrem Tod, teilte mir mein Vater die andere Version der Geschichte mit. So zum Beispiel, dass sich der Mann meiner Großmutter (der andere Opa, den ich nie kennengelernt hatte) mit dem Bau einer elektrisch betriebenen Mühle völlig verspekuliert hatte, lange *bevor* im Jahr 1944 *der Russe* die deutsche Wehrmacht vom Balkan verjagt hatte. Der Verlust des Gutes war nichts weiter als eine gigantische Pleite gewesen.

Ich erfuhr auch, dass die milden Gaben an die Zigeuner im Grunde nur Ausdruck eines damals vorherrschenden Denkens waren. Die Zigeuner waren immer nur die Fremden, für die das Leben anscheinend andere Gesetzmäßigkeiten vorgesehen hatte. Ihren Lebensunterhalt bestritten sie im Wesentlichen durch Gelegenheitsarbeiten, und nichts war ihnen wichtiger gewesen als die Unabhängigkeit. Das allein reichte schon, um sie zu marginalisieren. Man musste ja sehr vorsichtig mit den Zigeunern sein, denn man konnte ihnen ja nicht vertrauen, weil sie eben *anders* waren. Dementsprechend genossen sie einen äußerst zweifelhaften gesellschaftlichen Ruf. Aber das ist eine ganz andere Geschichte. Die heute so unglaublichen Standesdünkel meiner Großmutter rührten vor allem daher, dass mein Opa mütterlicherseits als schlichter Reklamemaler und Vertreter für Siemens-Neonröhren viel wohlhabender gewesen war.

Trotz des künstlichen sozialen Unfriedens, der in unserem großzügigen Einfamilienhaus zwischen den Großeltern herrschte, verlebte ich jedoch eine behütete Kindheit und Jugend als Einzelkind. Auf unserer Straße, einer breiten Lindenallee mit malerischem Kopfsteinpflaster, konnten wir Kinder fast unbehelligt von Autos spielen, trotzdem tobten wir lieber durch die Wälder und auf den Feldern herum, von denen die Waldgemeinde Großhansdorf umgeben ist.

Eigentlich war dieses Dorf schon damals ein Städtchen; ein bevorzugtes Wohngebiet der mittleren bis oberen Bürgerschicht, ein beliebtes Auffanglager für Stadtflüchtlinge, fest in der Hand der CDU und an der Oberfläche jedenfalls sehr, sehr sauber. Es gab noch ein paar Landwirte, doch im Lauf der Zeit wurden auf deren Äckern und Wiesen immer mehr Häuser oder Villen im Landhausstil gebaut. Viele Väter in Großhansdorf fuhren einen Sechszylinder, die Hausfrauen fuhren Käfer, DAF oder Kadett und später Golf-Cabrio. Samstags, Punkt zwölf Uhr mittags, heulten die Sirenen. Dann schlossen die zwei Supermärkte, und bis zum Mittagessen gegen eins war – in der wärmeren Jahreszeit – die Luft erfüllt vom Lärm der Benzinrasenmäher. Im Frühjahr und im Herbst wurden die Hecken frisiert; die schwitzenden Väter bemühten sich um einen geraden Schnitt, während die Kinder das Laub einsammeln mussten, und dann, im Herbst, als die Dachrinnen vom modernden Laub befreit wurden, stieg die Zahl der Arm- und Beinbrüche regelmäßig. Wir hatten einen Gärtner.

Mein Vater, der ganze Stolz meiner Großmutter, war ein erfolgreicher Schriftsteller und Journalist, versehen mit einer erzliberalen, jedoch äußerst disziplinierten Grundeinstellung zum Leben. Er musste immer sehr lange arbeiten. Wenn er mal früher aus dem Verlag nach Hause kommen konnte, rief er vorher an. Und wenn meine Mutter dann zu mir sagte, »Papi fährt jetzt los!«, dann rannte ich aufgeregt unsere Lindenallee hinunter bis an die Ecke, von wo aus man bis in die Einkaufsstraße Großhansdorfs gucken konnte. Mein Vater fuhr damals einen dunkelgrünen Mercedes 220 mit Heckflossen und brauchte für die dreißig Kilometer aus dem Hamburger Verlagsgebäude des *Stern* etwa eine halbe Stunde. Aber diese halbe Stunde wollte ich nie zu Hause abwarten. Ich stand mir an der Ecke lieber die Beine in den Bauch, denn wenn er auf der Hauptstraße endlich angebraust kam, was ich schon von Weitem sah, und ein paar Augenblicke später neben mir anhielt und die Fahrertür öffnete, durfte ich auf seinen Schoß klettern und den Mercedes nach Hause lenken.

Ungefähr neunzig Prozent der Erziehung in meinen ersten Lebensjahren lasteten auf den zarten Schultern meiner Mutter. Sie war sehr gründlich darin und verteidigte mich gegen Unrecht aller Art, wahrscheinlich ähnlich einer neapolitanischen Mama, die ihre Zigaretten schmuggelnden Bambini vor den Carabinieri mit Klauen und Zähnen beschützt. Kurzum: Was ihrem Kind schaden konnte – von der Geige mal abgesehen –, räumte sie prophylaktisch aus dem Weg. Und wenn mir mal etwas Schlimmes passierte, konnte diese kleine Frau zum Riesen anwachsen, und jeder musste zusehen, dass er möglichst schnell Land gewann.

Meine Großmutter hatte mir eines Tages wider besseres Wissen geraten, mit meinem Roller ruhig die »Opabahn« hinunterzurollern. Ich hatte ihr ja zuvor mit diesem Wunsch minutenlang die Ohren vollgequengelt. Diese »Opabahn« war eine der vielen Endmuränen aus der Eiszeit, die sich hinter unserem Grundstück, direkt am Wald, aus dem ansonsten flachen Terrain erhoben. Für uns Kinder war sie die beliebteste Rodelbahn im Winter. Wir hatten jedoch Sommer, und meine

Oma und ich hatten im Wald Himbeeren gepflückt, die damals noch an dichten Strauchbatterien reiften.

»Wenn du hinfällst«, hatte meine Oma gesagt, »fällst du weich ins Moos.« Sie hatte wohl fest damit gerechnet, dass ich mich auf die Schnauze legen würde. »Kinder hören nicht, sie müssen fühlen!«, hatte sie immer gemeint.

Blöderweise fiel ich dann doch nicht hin, sondern rollerte tapfer den ganzen langen Hügel hinunter, an dessen Ende ein kleines, dichtes Birkenwäldchen stand. Dieses hatte meine Oma leider übersehen. Meine Platzwunden am Kinn wurden mit vierzehn Stichen genäht, und meine Großmutter hatte in den nächsten Wochen Küchenverbot. Außerdem durfte ich bis auf Weiteres nicht mehr mit dem Roller fahren. Heute ist mir klar, dass meine Mutter mich damals zunehmend vor meiner Oma beschützen wollte.

Mein Vater dagegen hat sich nie übertriebene Sorgen um mich gemacht. Vielmehr versuchte er, zum Leidwesen meiner Mutter, deren Schutzmantel etwas zu öffnen: »Nun lass ihn doch um Gottes willen auf den Baum klettern!«

Im Jahr 1965, als meine Eltern erstmals seit meiner Geburt wieder Skilaufen fuhren, wurde ich in das beste, bekannteste, berühmteste und wahrscheinlich auch teuerste Schweizer Kinderheim verfrachtet. »Mein Kind lasse ich doch nicht drei Wochen bei meiner Schwiegermutter!«, hatte meine Mutter gesagt. »Und mein Vater kommt mit dem Jungen ja wohl auch nicht zurecht.« Diesem Argument hatte auch mein Vater nichts entgegenzusetzen. Andererseits galt es damals als unverantwortlich, noch nicht mal Fünfjährige eine Skipiste hinunterpflügen zu lassen.

Also hatten sie mich schweren Herzens in jene renommierte Kinderverwahranstalt in Samaden bei St. Moritz gebracht und waren nach Zermatt gefahren. Nach ihrer Rückkehr erkannte meine Mutter sofort, dass sie sich berechtigterweise Sorgen gemacht hatte: Denn ich, das heimwehkranke Kind, hatte zwei Tage ununterbrochen geheult und sich zu allem Überfluss dabei öfter in die Hosen gepinkelt. Die Erzieher hatten sich jedoch nicht anders zu helfen gewusst, als den Schreihals in eine Dachkammer zu sperren, damit er übers »In-die-Hose-Machen« nachdenken konnte.

Die spontane Strafanzeige meiner Eltern wegen Kindesmisshandlung wurde vom Kantonsgericht Graubünden als unbegründet zurückgewiesen. Und als ich nach ein paar Wochen zu Hause unter den Rockschößen meiner Mutter aufgehört hatte, ins Bett zu machen, wuchs langsam Gras über die Sache. Doch aus dieser Zeit rührt meine noch heute bestehende Abneigung gegen Jugendherbergen, Ponyhöfe und andere Kinderverwahranstalten.

»Zerrenthin!«

»Hier!«

Ich hatte meinen Namen offensichtlich überhört. Also kein Auftritt mehr, sondern nur ein ganz normales Zuspätkommen. Ich steckte noch schnell meine Brille in die Brusttasche meiner Jeansjacke, bloß um nicht gleich einen Spruch wie »Brillenschlange!« an den Hals zu kriegen: Neue Klassengemeinschaften können sehr grausam sein. Dann klopfte ich an und öffnete die Tür.

»Ah ja«, sagte der Klassenlehrer, ein kleines, drahtiges Männchen, das seine Haare borgte und nun federnd auf mich zuschritt und mir seine Hand gab: »Du bist unsere Nummer sechsundzwanzig. Warum so spät?«

Der Mann erwartete allen Ernstes eine Erklärung von mir.

»Ich musste warten, im Sekretariat.«

Er griff sich an die Stirn. »Stimmt ja, in diesem Jahr haben wir ja besonders viel Grobzeug von anderen Schulen bekommen.«

Grobzeug! Einige meiner neuen Klassenkameraden kicherten. Natürlich hatten sie die Bemerkung verstanden, und so hatte ich meinen Stempel bereits nach dreißig Sekunden weg: Sitzenbleiber.

»Also, dann setzt du dich mal am besten dahinten hin, neben Johannes. Ihr müsstet euch ja noch ganz gut kennen.«

Womit mein neuer Klassenlehrer unzweifelhaft recht hatte. Ich ging also möglichst gerade, aber trotzdem lässig, unter den aufmerksamen Augen von vierundzwanzig Obertertianern zu meinem Platz in der letzten Reihe, die schon auf meiner alten Schule Stätte meiner wahren gymnasialen Passion gewesen war: Quatsch zu machen, zu sabbeln, den Unterricht zu stören und auf Kästchenpapier gigantische Flotten zu versenken. Mein schulischer Abstieg hatte allerdings erst zwei Jahre zuvor begonnen, doch nun hatten es mir die Pädagogen des Emil-von-Behring-Gymnasiums mit sechs Fünfen und einer Sechs im Zeugnis so richtig gegeben.

Ich glaube nicht, dass meine Eltern scharf auf ein Wunderkind waren: Aber für sie schien ich halt doch irgendetwas ganz Besonderes zu sein, denn ich konnte mit fünfeinhalb Jahren lesen, schreiben und rechnen. Dies hatte mir mein Vater beigebracht. Das erste Wort, das ich lesen konnte, war Doornkat. Am nächsten Tag kam »aus Kornsaat« hinzu. Damals trugen die Hamburger U-Bahn-Züge diesen Werbespruch draußen auf ihrer silbrig glänzenden Aluminiumhaut, und Großhansdorf war Endhaltestelle der Linie eins und gleichzeitig auch Depot. Wenn man daher ins Dorf zum Einkaufen fuhr – und das tat ich des Öfteren mit meiner Mutter –, führte kein Weg an den U-Bahn-Zügen vorbei, und ich wollte ums Zerplatzen wissen, was da geschrieben stand.

Fortan lernte ich, der Genie-Bubi, jeden Tag ein neues Wort lesen und schreiben. Manchmal auch zwei oder drei, und ein halbes Jahr vor dem Einschulungstermin in die erste Klasse hatten meine Eltern die Chance gewittert, mir das Schicksal eines ABC-Schützen ersparen zu können. Ganz spielerisch, erzählten sie später, hätten sie mir diese drei Sparten schulischer Grundanforderungen beigebracht. Allein, mir fehlt heute ein wenig der Glaube. Aber es sah sicherlich ganz schön komisch aus, als ich mit meiner Schultüte statt in die erste gleich in die zweite Klasse ging.

Was mir meine im Durchschnitt um ein Jahr älteren Klassenkameraden körperlich voraus hatten, machte ich durch Leistung wett. Meine Zeugnisse – damals gab es bereits ab der ersten Klasse Schulnoten – fielen exzellent aus, und ich nahm mir vor, drei Jahre hintereinander meinen Posten als Ordnungsdienst zu erfüllen: Ich wischte die Tafel, holte Kreide, sammelte nach dem Unterricht die fettigen Überbleibsel der Pausenbrote ein und warf sie in den Mülleimer. Dafür erhielt ich von meiner Klassenlehrerin am Ende des Schuljahrs stets eine Tafel Aero-Luftschokolade. Doch viel wichtiger als die mickerige Tafel Schokolade war mir die Anerkennung meiner Schulkameraden, die ich auf dem Schulhof unmöglich erhalten hätte.

Lutz und Thorsten, zwei meiner Intimfeinde auf dem Schulhof, verkloppten bis zur vierten Klasse immer nur mich. Aber ich versuchte immer wieder, sie zu triezen, weil sie auch die anderen Schüler ärgerten; ihnen die Luft aus den Fahrradreifen ließen oder die Mützen versteckten. Bei den Großen anzuecken, eine große Lippe zu riskieren und gleichzeitig zu versuchen, heil und unbeschadet aus der Nummer rauszukommen: Aus heutiger Sicht betrachtet ist das damals mein Spiel gewesen! Und wenn ich dann wie gewöhnlich im Schwitzkasten gesteckt oder das Muskelreiten verloren hatte und anschließend heulte, dann tröstete mich die Lehrerin, und fast alle Klassenkameraden hatten Mitleid mit mir. Das waren Augenblicke, die ich wahrscheinlich genossen haben muss. Ich muss es wohl schon damals darauf angelegt haben, möglichst und irgendwie immer im Mittelpunkt zu stehen.

Als ich nach drei Jahren Volksschule die damals noch notwendige Aufnahmeprüfung fürs Gymnasium mit Bravour bestand, wurde die Luft für mich, als jüngster Schüler der Klasse, sehr schnell dünner. Aber offensichtlich hatte ich ein gutes Gespür für die Befindlichkeiten meiner Klassenkameraden entwickelt. Was sie brauchten, war ein Clown mit Gerechtigkeitssinn. Und den bekamen sie, und zwar gleich in dreifacher Hinsicht: Zusammen mit meinen besten Kumpels, Wolfgang und Bernd, bildeten wir eine Art Trio Infernal in der letzten Schulbank. Wolfgang war der Kleinste in der Klasse, Bernd der Gescheiteste, obwohl er überhaupt keine Lust zum Lernen hatte, und ich war eben der Jüngste. Wir mussten uns ja irgendwie durchsetzen, und daher machten wir einfach auf die Größten.

Je älter wir wurden, desto mehr belebten wir den Unterricht. Wir rissen den Mund auf, wenn es was zu kritisieren oder zu verweigern gab, und ließen uns ins Schülerparlament wählen. Schularbeiten schrieben wir grundsätzlich von anderen ab, und wenn einer von uns dreien selbst das vergaß oder es einfach nicht mehr schaffte, dann hatte er zumindest die Chance auf einen Auftritt: eine gute Ausrede oder einen guten Spruch zu präsentieren oder zumindest die Lacher auf seiner Seite zu haben. Wir führten uns in jener Zeit wie kleine Revoluzzer auf, die aufbegehrten gegen Algebra, Continous-Form und den Ablativ. Als die älteren Schüler, die Sitzenbleiber aus der achten Klasse, anfingen zu rauchen, qualmten wir natürlich mit. Wir waren ja so erwachsen.

Doch während Wolfgang und Bernd immer kurz vor den Zeugnissen noch mal Vollgas gaben und gerade eben die Kurve kriegten, war ich in der Untertertia plötzlich mit einem Mal voll aus der Bahn geraten. Meine guten Noten, die mir über die vergangenen Jahre nur durch meine rege Beteiligung am Unterricht und meine schnelle Auffassungsgabe praktisch in den Schoß gefallen waren, waren jetzt nur noch unterer Durchschnitt. Sie hatten gerade noch für die Zulassung zur Nachprüfung in Englisch ausgereicht, und so fuhr ich in jenem Sommer, als die deutsche Nationalmannschaft durch ein Zwei zu Eins über Holland Weltmeister wurde und meine Großmutter starb, zu einem Sprachkurs nach England. Noch heute ist mir schleierhaft, was ich dort in Teignmouth am Ärmelkanal außer meinem ersten richtigen Kuss gelernt haben soll, aber ich schaffte wie durch ein Wunder die Nachprüfung und wurde in die neunte Klasse versetzt.

Meine Eltern und Lehrer waren überzeugt, dass ich weder doof noch blöde war, sondern eben nur faul. Denn wenn mich der Unterricht interessierte, dann machte ich auch mit. Dummerweise interessierte mich jedoch so gut wie gar nichts, außer vielleicht das Lesen bis spät abends im Bett. Darin war ich konsequent. Die Lehrer appellierten jetzt verstärkt an meine Disziplin, aber in der neunten Klasse saß ich wieder zusammen mit Wolfgang und Bernd in der letzten Reihe, und wir ließen die Sau raus wie eh und je: bloß keine Schularbeiten machen, bloß nicht aufpassen und alles, was mit Schule zu tun hatte, für die dämlichste Nebensache der Welt zu halten.

Ich habe nicht mitgezählt, wie oft ich damals aus dem Unterricht geflogen bin; jedenfalls weitaus häufiger als Wolfgang und Bernd, die wohl doch ein wenig *schlauer* als ich waren. Ich musste es ja immer bis auf die Spitze treiben und mich mit jedem Lehrer anlegen, sogar mit dem gefürchteten Lateinlehrer Krüttgen, der zugleich Direktor des Emil-von-Behring-Gymnasiums war.

Dieser Oberstudienrat war ein rechter Haudegen. Er hatte bei El Alamein oder sonst wo in der Sahara während des Afrika-Feldzuges unter Rommel ein Bein verloren. Nie werde ich die erste Stunde vergessen, als er in unsere Klasse humpelte. Er trat ans Lehrerpult und klopfte mit den Fingerknöcheln erst auf die Tischplatte und dann an sein Holzbein – beides klang gleich. Das war in der siebten Klasse gewesen, und wir Knirpse wussten sofort, wo es langging. Wenn einer im Unterricht mal quatschte, flog im nächsten Augenblick ein kiloschweres Schlüsselbund haarscharf am Kopf des Übeltäters vorbei. Man muss diesem Lehrkörper heute zugutehalten, dass er niemals jemanden getroffen hat.

Aber nach zweieinhalb Jahren unermüdlichen Konjugierens und Deklinierens, als das Schlüsselbund zu Beginn des Gallischen Krieges mal wieder in meine Richtung geflogen war, hatte ich es einfach aufgefangen und zurückgeworfen, und alle, die wie ich unter dem Gerundium litten, hatten mich zwar entsetzt angestarrt, aber in ihren Blicken war auch so etwas wie Erleichterung und Hochachtung zu erkennen gewesen. Der Rausschmiss, der unweigerlich folgte, wird mir wohl ewig im Gedächtnis bleiben. So müssen sich Soldaten im Schützengraben gefühlt haben, die von einem Unteroffizier trotz einer gewaltigen Übermacht des Gegners ins feindliche Feuer geschickt wurden. Bereits mit dem Halbjahreszeugnis stand fest: »Die Versetzung erscheint ausgeschlossen …«

»Hauptsache, du stehst im Mittelpunkt«, sagte mein Vater ein paar Wochen vor den Sommerferien eines Abends beim Essen, als ich mit einem Tadel nach Hause gekommen war. Die Pausenaufsicht hatte mich beim heimlichen Rauchen im Fahrradschuppen erwischt. »Musst du eigentlich immer auffallen?« Er war ziemlich verärgert.

»Alle qualmen doch!«, antwortete ich ihm, mehr frech als schüchtern.

»Ich glaube nicht, dass alle Vierzehnjährigen rauchen!«, erwiderte er gereizt. »Wie viele deiner Klassenkameraden sind es denn? Ich glaube, dass nur Versager rauchen. Wenn du wenigstens ein guter Schüler wärst! Aber nein, der junge Herr macht sich einen fröhlichen Lenz, tanzt auf allen Hochzeiten, anstatt seine Schularbeiten zu machen; raucht und lässt sich dann dabei auch noch erwischen.«

Das hatte voll ins Schwarze getroffen. Aber ich hatte mir nichts anmerken lassen. Ich war zwar erst vierzehn, na und? Konnte ich etwa was dafür, dass wir in unserer Klasse ein paar Sitzenbleiber hatten, die schon fünfzehneinhalb oder gar sechzehn Jahre alt waren? Das waren die Kings, die Mopeds fuhren und mit Mädchen herummachten. Und ich hatte verdammt noch mal genauso sein wollen wie die – und dazu gehörte nun einmal eine selbst gedrehte Zigarette.

»Ist das dein Tabak?« Mein Vater zog mein Päckchen Samson aus seinem Sakko und hielt es mir vor die Nase.

Meine Mutter sagte: »O Gott, Junge!«

Mein Vater hatte tatsächlich die Satteltaschen meines Fahrrads durchsucht und das Päckchen Samson Halfzware gefunden. »Und halte mich bitte nicht für total bescheuert«, sagte er, »aber mir ist in den vergangenen Wochen aufgefallen, wie ausgesprochen gern du in letzter Zeit nach dem Essen mit dem Hund gehst. Nicht wahr, du hast jetzt auch schon wieder einen Jipper auf eine Zigarette. Hier, dreh dir doch eine.« Er hielt mir noch mal meinen Tabak hin.

»Ist das jetzt die totale Kontrolle oder was?«, fragte ich frech, aber eine Handbewegung meines Vaters beendete meinen verbalen Zwergenaufstand. Ich hatte gemerkt, was für ein Donnerwetter in der Luft lag, und traute mich nicht, mir eine

Zigarette zu drehen und sie in Anwesenheit meiner Eltern durchzuziehen. Auch mein Großvater hatte die dicke Luft offensichtlich gerochen und sich schleunigst nach oben in seine Mansarde verzogen.

»Ich finde, wir sollten über deine Raucherei mal ein Wörtchen reden«, sagte dann mein Vater in verbindlicherem Ton und rückte plötzlich mit dem erstaunlichsten Vorschlag heraus, den ich zu diesem Zeitpunkt erwarten konnte: »Du versprichst mir, bis zu deinem achtzehnten Lebensjahr nicht mehr zu rauchen. Dafür lasse ich noch in diesem Sommer den Keller für dich ausbauen. Außerdem bekommst du von mir auch noch eine Stereoanlage … für eure Partys.« Er machte eine kurze Pause. »Aber nur, wenn du nicht rauchst. Und das gibst du mir schriftlich. Überleg es dir!«

Ich hatte nicht lange überlegen müssen. Natürlich ging ich begeistert auf seinen Vorschlag ein. Der Tadel war jetzt nur noch Nebensache, und die Tatsache, dass ich das neunte Schuljahr nicht schaffen würde, sowieso. Meine Mutter hatte mich längst auf der neuen Schule angemeldet. Ich riss ja im Grunde nur noch die letzten Wochen auf dem Emil-von-Behring-Gymnasium ab. Das Schuljahr war gelaufen, abgehakt, und ich bekam eine neue Chance.

»Wenn du es schaffst, mit dem Rauchen aufzuhören«, sagte mein Vater, als ich ihm am nächsten Morgen unseren Vertrag unterschrieben auf den Frühstückstisch legte, »schaffst du alles andere spielend, vor allem die Schule.«

Kurz vor Ende der Sommerferien in jenem Jahr entstand so aus dem muffeligen, feuchten Keller ein prima Fetenraum. Mein Vater hatte ihn ausbaggern, fliesen und mit Holz vertäfeln lassen. Dann sind wir an einem Samstag gemeinsam nach Hamburg gefahren, wo er mir meine Traumanlage spendierte, einen Dual-Plattenspieler mit eingebautem Verstärker von zweimal dreißig Watt. So ein geiles Gerät hatte keiner meiner Freunde. Ein knappes halbes Jahr später, als ich in die neue Schule kam, rauchte ich jedoch schon wieder, heimlich selbstverständlich und mehr als vorher, aber es sollten noch zweieinhalb spannende Jahre vergehen, bis mich meine Eltern endlich auf frischer Tat ertappten. Ich muss jedoch gestehen, dass ich es im Lauf der Zeit wohl auch darauf angelegt hatte, erwischt zu werden, denn irgendwann wird auch das schönste Versteckspiel langweilig.

Hatte ich nun das Spiel gegen meinen Vater gewonnen oder verloren? Für mich war es tatsächlich ein Spiel gewesen, doch das Gewinnen bedeutet mir bis heute nicht mehr und nicht weniger als anderen Menschen auch. Wenn wir Kinder die verregneten Nachmittage in der norddeutschen Tiefebene mit Mensch ärgere dich nicht, Malefiz oder Monopoly verbrachten, waren sicher bei dem einen oder anderen Verlierer schon mal die Tränen geflossen, und es hatte auch öfter mal Streit gegeben. Von meinen Eltern wurde mir jedoch eingetrichtert – dies geschah während der stundenlangen Canasta-Schlachten im Winterurlaub –, dass Spielen Spaß machen soll und dass man lernen muss, Niederlagen zu akzeptieren, auch wenn sie wehtun. Später, als ich in manchen Nächten mal eben ein halbes oder ein ganzes Monatsgehalt verspielte, bin ich daher aus den Kasinos und Automatenhallen aufrecht hinausgegangen, und niemand konnte mir anmerken, was tatsächlich stattgefunden hatte: Niemand sollte es mir anmerken. Wer saufen kann, kann auch arbeiten. Wer spielen kann, kann auch verlieren. Wie ein Mann.

2. KAPITEL

Lange Nachmittage bei Harry

Wer wirklich pinkeln musste, konnte es überall tun, nur nicht auf dem Schulklo. Dieses war fest in der Hand von uns minderjährigen Rauchern. Wir durften nicht auf den offiziellen Raucherhof, denn wir waren noch nicht sechzehn, und so standen wir mit jeweils drei Mann hoch in den engen Kabinen und baazten. Irgendeiner schrie:

»Um eins am Freibad?«

Und aus den Klokabinen tönte es: »Logisch!«

»Klar, Alter!«

»Um eins, oder was?«

»Ja-haa!«

Ich hatte das neunte Schuljahr mit Hängen und Würgen überstanden. Wie oft hatte ich nachmittags an meinem Schreibtisch gesessen und Löcher in die Luft gestarrt oder aber irgendein Buch gelesen anstatt meine Schularbeiten zu machen. Bis ich wusste: Jetzt ist es so weit, jetzt kannst du deiner Mutter ganz locker sagen, dass du die Hausaufgaben gemacht hast. Einen vorübergehenden Motivationsschub gab mir das Mofa, das mir meine Eltern trotz meiner obligatorischen Fünf in Mathematik kurz vor den Sommerferien nachträglich zum Geburtstag geschenkt hatten: eine Herkules M4, blau, mit Fliehkraftkupplung, die nach einem chirurgischen Eingriff von Detlef, einem meiner neuen Schulfreunde, immerhin ihre fünfzig bis sechzig Sachen machte. Er hatte die Übersetzung geändert und den Luftfilter aufgebohrt. Ich hatte mich in den entscheidenden Wochen vor den Sommerzeugnissen zusammengerissen.

Detlef und ich gehörten zu einer größeren Gruppe von zehn, vielleicht fünfzehn Jungs, alle im Alter zwischen fünfzehn und siebzehn, alle mit Mofas unterm Hintern und im Einheitslook: Parka, Jeans und Holzbotten. Mit Hansi, der eigentlich Hans-Jürgen hieß und Sohn eines evangelischen Pfarrers war, verstand ich mich am besten. Meine alten Großhansdorfer Freundschaften hatte ich, bis auf zwei, drei Ausnahmen, inzwischen ziemlich vernachlässigt, auch die mit Johannes, meinem Leidensgenossen aus der alten Penne, aber das lag daran, dass er noch immer mit dem Fahrrad fuhr.

In der kühleren Jahreszeit hatten wir dagegen Motocrossfahren geübt und dabei von Kleinkrafträdern geträumt, die so verflucht teuer waren, aber über hundert Stundenkilometer schnell und für die man damals den Führerschein Klasse vier hätte machen müssen; den Sommer aber verbrachten wir, wenn uns die Schule nicht dazwischenkam, fast nur im Freibad. Und freitags und samstags gab es immer irgendwo eine Fete, die man stürmen konnte, wenn nicht gerade einer aus unserer Gruppe selbst so eine Party veranstaltete.

Die Hauptsache aber war damals für uns alle, möglichst wenig mit den Eltern zu tun haben zu müssen. Eltern nervten ja eh nur, mäkelten an den Klamotten herum, die wir so schätzten, und waren im Grunde nichts anderes als das Gegenstück zur Marlboro und dem Geschmack von Freiheit und Abenteuer, das wir uns aber nur selten leisten konnten. Deshalb drehten wir meistens selbst.

Ein knappes Jahr zuvor war ich, nach nur vier Tagen in der neuen Klasse, zum stellvertretenden Klassensprecher gewählt worden, was den Klassenlehrer ziemlich gewundert hatte, aber er hatte das Ergebnis natürlich akzeptieren müssen. Zu Hause, beim Abendessen, hatte mein Vater auch seinen Senf dazugeben müssen: »Ich sag's ja immer wieder: Der Junge muss im Mittelpunkt stehen. Du scheinst mir ja regelrecht geltungssüchtig zu sein!«

Ich hatte aber nicht kapiert, was er damit meinte. Ich erzählte ihm nur bruchstückhaft von der Sache mit Fricke, die mir Ruhm und Ehre eingebracht hatte und mit ziemlicher Sicherheit auch den Klassensprecherposten in der Obertertia A. Schon am ersten Schultag, der ein sehr heißer Tag gewesen war, hatte Hansi mich, den Neuen, eingeladen, mit ins Freibad zu kommen. Das Ahrensburger Freibad war wie immer überfüllt gewesen, und unter den verschiedenen Gruppen gab es, auch wie immer, einen gnadenlosen Kampf um die bevorzugten Liegeplätze. Unsere Gang hatte dabei ein Scharmützel mit ein paar Ahrensburger Motorradfahrern zu überstehen, die viel älter waren als wir, so um die achtzehn, zwanzig Jahre wahrscheinlich. Einer dieser vier Halbstarken hatte ein riesengroßes Maul, das er sich jedoch leisten konnte.

Von Fricke hieß es damals, er sei einer der wenigen, der alle plattmachen könne, selbst den wegen Körperverletzung vorbestraften Koslowski, der mehr als einhundert Kilo wog und so blöd war, dass er vor nichts Angst hatte und noch nicht einmal grunzte, wenn ihm einer mal in die Eier trat; so wie einer der drei Hamburger Rocker in jenem Sommer auf dem ersten Ahrensburger Stadtfest, der seinen Fußtritt mit einer völlig demolierten Visage bezahlt hatte und die beiden anderen auch. Solche fiesen Schlägereien passierten immer nur, wenn gesoffen wurde. Haschisch, Marihuana und harte Drogen waren damals noch nicht groß angesagt in Ahrensburg. Das Zeug kam erst ein paar Jahre später aus Hamburg über die Landesgrenze. Na ja, und dann hatte ich plötzlich im Freibad diesem Fricke gegenübergestanden, ohne recht zu wissen, wer er eigentlich war, und ich hatte mich, stellvertretend für unsere Gang, nicht vertreiben lassen wollen von dem von uns so favorisierten Liegeplatz neben dem Fünf-Meter-Turm.

»Wir waren ja wohl zuerst hier«, sagte ich und versuchte, meine mageren, schlaksigen ein Meter achtzig aufzupumpen.

»Komm, Ali, lass uns abhauen«, sagte Hansi und zu Fricke gewandt: »Lass mal stecken, wir gehen ja schon.«

In solchen Situationen blieben meine Helden wie Jerry Cotton angesichts der körperlichen Überlegenheit ihres Gegners jedoch immer cool und gelassen und versuchten, die Situation durch knallhartes Blitzen ihrer stahlblauen Augen zu entscheiden. Meine Augen waren zwar braun, aber ich hatte keine Angst vor dem Schläger; nein, ich hatte eine regelrechte Scheißangst – aber ich wollte unbedingt herausfinden, wie weit ich gehen konnte, ohne ein blaues Auge oder gar Schlimmeres zu kassieren.

»Was will dieser Arsch«, fragte Fricke schulterzuckend in die Runde und kam ganz nahe an mich heran. Dabei drehte er sich mit einem geheuchelt entschuldigenden Grinsen immer wieder in alle Richtungen, so, als wolle er schon vor seinem beabsichtigten Totschlag um Verständnis bei seinen Kumpels werben.

»Wir waren zuerst hier«, sagte ich.

Hansi zog mich an der Schulter. »Was soll das?«, fragte er mich. »Komm, das bringt doch nichts.« Wir kannten uns damals erst wenige Stunden. Ich war von Hansi in eine bestehende Clique eingeführt worden. Und vielleicht war es genau das, was mich dazu bewog, diesem Vollidioten Fricke nicht aus dem Weg zu gehen. Es war ein Spiel um ein Stückchen Rasen, es war das Spiel um die Anerkennung durch diese

Gruppe Teenager, und es ging um die Beantwortung der simplen Frage: Wer ist hier der Stärkere?

»Kommt, Leute, wir hauen jetzt ab«, sagten jetzt auch die anderen meiner Klassenkameraden, »wir gehen rüber zur Rutsche. Da ist noch was frei.«

Genau in diesem Augenblick versuchte Fricke, mir mit seiner Stirn eine Nuss auf die Nase zu verpassen. Zumindest glaubte ich das. Er war gut einen Kopf größer als ich, also mindestens ein Meter fünfundneunzig, und er hatte sicher weitaus mehr Erfahrung im Gebrauch seiner Hände, Füße und des Kopfes als Waffen. Sein Kopf schnellte vor. Ich riss intuitiv meine Hände nach oben; die rechte Hand war dabei geöffnet und abgewinkelt, und wahrscheinlich schlug ich auch zu. Komischerweise klappte dieser Typ plötzlich zusammen und hielt nun seinerseits die Hände vors Gesicht. Zwischen seinen Fingern quoll Blut hervor.

»Ey, der hat ihm die Nase gebrochen!«, schrie einer von Frickes Freunden und ging auf mich los. Doch wie auf ein geheimes Zeichen legten meine neuen Freunde los und verkloppten die Gang nach Strich und Faden. Zwölf gegen drei: Das war nun wirklich machbar, es sei denn, Fricke hätte mitgemischt. Aber der hockte ja nun am Boden und stöhnte. Erst als die Bademeister angerannt kamen und irgendetwas von Polizei brüllten, war die Sache vorbei. Ich konnte mein Zittern kaum verbergen. Während der ganzen Zeit, in der sich die anderen beulten, hatte ich stocksteif dagestanden und wurde von Schüttelfrost durchzuckt. Später sagte Hansi: »Wenn Fricke das Ding durchgezogen hätte, hättest du so ausgesehen wie er. Der wollte dich doch nur erschrecken. Der wusste doch, dass du gegen ihn keinen Stich machen würdest … Ich finde, du musst ganz schön verrückt sein, dich mit so einem Typ anzulegen.«

Hansi hatte während der Prügelei einen bösen Tritt gegen sein Knie kassiert, das nun angeschwollen war.

»Aber ich habe doch einen Stich gegen ihn gemacht«, sagte ich.

»Ja, ja, aber das war doch alles nur Zufall gewesen«, mischte sich Detlef ein, »du hast nichts anderes als Glück gehabt, weil du ihn zufällig volle Kante mit dem Handballen unter der Nase erwischt hast in dem Moment, als er gerade runterkam, klar? Und der hat nicht Ernst gemacht, echt nicht!«

»He, Leute«, brüllte plötzlich Horst aus der Klokabine neben mir, »ich weiß was Besseres! Lasst uns zu Harry gehen!«

»Harry?«, fragte ich in die Runde. »Wer ist Harry?«

Ein paar lachten.

»Harry is' 'ne Daddelhalle«, sagte Horst, »hat letzte Woche aufgemacht, so mit Flippern und Poolbillard. Wie isses nun?«

»Alles klar«, rief Detlef, »neues Programm: Um eins bei Harry!«

Dann klingelte es. Ein Dutzend Schüler schmiss Kippen ins Klo und trottete möglichst langsam zurück in ihre Klassen. In nicht einmal drei Wochen würden die Ferien beginnen, und ich würde mit meinen Eltern für vier Wochen nach Amerika fliegen. Trotz der obligatorischen Fünf in Mathe.

»Die Acht ins gegenüberliegende Loch!«, schrie Horst, und dann schrien wir alle durcheinander. Wir standen um den Poolbillard-Tisch herum und diskutierten zum wiederholten Mal die Regeln. Auf dem Tisch, unter die Bande gequetscht, lag ein Zehner, um den Horst mit Andreas zusammen gegen zwei Türken spielte.

»Die Acht ins gleiche Loch!«, rief der eine der beiden Türken. Das musste er ja auch sagen!, dachte ich, denn er war am Stoß und die Acht lag elfmeterreif vor der Seitentasche. So viel hatte ich von diesem Spiel bereits kapiert.

»Die Acht ins gegenüberliegende Loch«, brummte der dicke Harry hinter seinem Tresen, »steht doch in 'ne Regeln drinne. Und hört mit der Brüllerei auf, sonst beschwert sich wieder einer draußen, und dann kommen die Bullen.«

Ich hatte zum ersten Mal eine Spielhalle betreten. Harry hatte sie mitten in der Ahrensburger Innenstadt, in der Hauptgeschäftsstraße aufgemacht. Gegenüber war der Feinkostladen, in dem meine Mutter immer dann einkaufte, wenn wir Gäste hatten – und meine Eltern hatten damals ziemlich oft Gäste –, und deshalb habe ich an jenem Tag auch betont unauffällig Harrys Daddelhalle betreten; mit hochgeklapptem Jackenkragen hatte ich mich ständig umgesehen, ob nicht plötzlich die Mutter eines Freundes auftauchte oder meine eigene gar. Denn unter achtzehn Jahren durfte man in so eine Spielhalle gar nicht hinein, wobei der Inhaber dies nicht besonders eng sah, gab es doch einen Hinterausgang auf den Hof, über den man prima abhauen konnte.

Eigentlich, aber das erfuhr ich erst sehr viel später, als ich immer noch peinlich genau darauf achtete, dass kein bekanntes Gesicht zu sehen war, wenn ich zocken ging, musste es dem dicken Harry sogar egal sein, wie alt seine Kunden waren: Denn Spielhallen genossen zu jener Zeit einen schlechten Ruf, die Kundschaft zögerte noch. Und eine solche Spielhalle war für diese aufstrebende Kleinstadt am nördlichen Stadtrand Hamburgs etwas Neues und Geheimnisvolles.

Natürlich gelang es dem Türken nicht, die Acht im gegenüberliegenden Loch zu versenken, und Andreas beendete das Spiel mit einem eleganten Dreibänder. So wollte ich auch mal spielen können!, dachte ich. Die Türken legten einen Zehner auf den grünen Filz, zogen frustriert ab, und meine Freunde beschlossen, eine Runde zu flippern.

Hansi und ich machten dabei nicht mit. Flippern mochte ich nicht besonders, und Hansi hatte mich am Arm in einen kleinen Nebenraum geschleift, an dem drei große, bunte Kästen an der Wand hingen. Es gab drei dieser Nebenräume in Harrys Spielhalle. Dieser hier war mit Spielautomaten bestückt, die Super Bell hießen. Hinter buntem Glas waren drei rotierende Scheiben zu sehen, auf denen verschiedene Beträge von sechzig Pfennig bis drei Mark und Glückssymbole wie Hufeisen, Kleeblätter und schwarze Katzen aufgedruckt waren. Die mittlere Scheibe hatte zusätzlich noch eine Glocke als Gewinnsymbol; so viel war mir bereits klar geworden.

Hansi steckte ein Fünfmarkstück in den Münzschlitz, und die Scheiben hinter dem bunten Glas begannen sich zu drehen. Unten am Kasten leuchteten drei Tasten, eine Start- und zwei Stopptasten.

»Drück mal«, sagte ich, als die erste Scheibe angehalten hatte. Links oben, in einer Art Fenster, war eine schwarze Katze aufgetaucht.

»Niemals!«, stieß Hansi hervor und hielt plötzlich seine linke Hand flach auf das Glas, um das rechte Gewinnfenster zu verdecken. Die Stopptaste unten leuchtete, Hansi drückte mit dem Daumen drauf, zog fast gleichzeitig die linke Hand weg von der Glasscheibe, sah die zweite schwarze Katze, drückte jetzt seine linke Hand auf das Gewinnfenster über der mittleren Scheibe und wartete offensichtlich gespannt auf das Aufleuchten der zweiten Stopptaste. »O Mann«, stöhnte er, »gleich im ersten Spiel. Das wäre vielleicht geil!«

Die Taste leuchtete auf. Wieder wartete Hansi einen Moment, und dann donnerte er seinen rechten Daumen auf das Plastik. Der Apparat bimmelte: kling-klang. Von der mittleren Scheibe grinste uns die dritte schwarze Katze entgegen. Und Hansi brach in einen Freudentaumel aus. »Fünfzig Sonderspiele! Mensch, ich werde verrückt!«

Ich verstand noch immer Bahnhof, als auch schon die anderen vom Flippern herüberkamen und Hansi auf die Schulter klopften:

»Jetzt musst du aber einen ausgeben, Alter«, sagte Detlef, »fünfzig Sonderspiele macht mit drei Verlängerungen vielleicht hundertfünfzig, hundertsechzig Mark.«

Hundertfünfzig Mark. Das waren drei Monate Taschengeld für mich.

»Sag mal, Hansi, wie funktioniert das?«, fragte ich. Es schien ja unheimlich einfach zu sein, dabei Geld zu gewinnen. Und bei meinem Glück, das ich doch immer hatte, erst recht. Und während der Automat sein Sonderspielprogramm abspulte, erklärte mir Hansi, wie so ein Daddelkasten funktioniert: dass drei gleiche Zahlen oder Symbole immer einen Gewinn bringen; dass drei Kleeblätter, Hufeisen oder Katzen immer zehn Sonderspiele bedeuten, wobei in jedem Sonderspiel drei Mark gewonnen werden, wenn die mittlere Scheibe entweder auf einem gestreiften Feld oder alle drei Scheiben eine beliebige Gewinnkombination anzeigen; dass ein Spiel dreißig Pfennige kostet; und dass man mit der Glocke in der Mitte und zwei Mal einer Mark fünfzig an den beiden Seiten nicht nur eine Mark fünfzig gewann, sondern gleichzeitig auch die Zahl der zu gewinnenden Sonderspiele beeinflussen konnte.

Hansi hatte Riesenschwein gehabt und die Katzenserie in dem Augenblick hineingedrückt, als der Automat für diese drei Gewinnsymbole fünfzig dieser Sonderspiele ausspuckte.

»Verstehe ich immer noch nicht«, sagte ich, »wieso gewinnst du jetzt nicht hundertfünfzig Mark?«

»Nicht jedes Sonderspiel schmeißt auch einen Gewinn raus«, belehrte mich mein Freund, »meistens gewinnt nur jedes zweite Spiel. Aber nachher kann ich ja noch in den letzten zwanzig Spielen mit der Glocke in der Mitte um zehn Spiele verlängern.«

Dies schaffte Hansi an diesem Nachmittag noch zweimal und später, mit mir zusammen, noch ein paarmal mehr. Ich wollte ihm in nichts nachstehen und opferte dafür meinen vorletzten Heiermann, den ich in den danebenhängenden Automaten warf. Nach nur drei Spielen erhielt ich eine Hufeisen-Serie. Zehn Spiele zwar nur, aber immerhin. Dann fingen wir an, gemeinsam zu spielen, und am Ende dieses Nachmittags hatten Hansi und ich an sechs verschiedenen Automaten insgesamt sechshundert Mark gewonnen. Ich hatte einen ganz heißen Kopf und warf nun einen Blick auf die Uhr. Schon nach sieben! Ich musste dringend nach Hause zum Abendessen. Mein Vater war sicher schon wieder sauer. Der dicke Harry zählte umständlich den Haufen Silbermünzen, den wir ihm in mehreren Aschenbechern gebracht hatten. Dann, endlich, blätterte er uns ein Dutzend Fünfzigmarkscheine und einen Zwanziger vor. Mein Gewinnanteil belief sich auf zweihundertfünfzig Mark.

»Ihr hattet nix anneres wie Anfängerglück«, nuschelte der Spielhallenchef, »das is' nebenbei immer so. Einfach zur richtigen Zeit am richtigen Ort sein, weißte? Die Kästen warn fällig, und die machn nämlich nur das, was sie wolln. Da kannste drücken, wie 'n Weltmeister.«

Hansi und ich guckten uns an. Wir beide dachten in diesem Augenblick das Gleiche: Was redet denn der Blödmann! Wir hatten mehr als zwanzig Serien geholt, große und kleine, und das, indem wir die Tasten bearbeitet und gedrückt hatten, wenn wir es für richtig hielten. Wenn man drückt, dann stoppen die Scheiben. So ist es eben, dachten wir.

»Flippern, Billard!«, sagte mein Vater. »Mein Gott, für was für einen Quatsch du dein Geld ausgibst!« Er schenkte sich ein Bier ein und schickte mich ins Wohnzimmer, um seine Pfeifen zu holen.

»Bring mir doch bitte meine Zigaretten mit!«, rief mir meine Mutter hinterher.

Das hatte mir gerade noch gefehlt. Jetzt auch noch eine groß angelegte Familienkonferenz, und ich hatte einen tierischen Schmacht! Nichts würde es mit dem freiwilligen Gassigehen werden; das würde dann mein Vater erledigen, und ich würde meine Abendzigarette mal wieder unter Lebensgefahr am offenen Fenster meines Zimmers rauchen müssen, den Oberkörper ganz weit nach draußen gelehnt, damit ich meine Bude ja nicht durch Zigarettenqualm einstänkern konnte.

»In einer Spielhalle bist du also gewesen«, sagte mein Vater verächtlich, als ich mich wieder hingesetzt hatte. Mein Großvater, ein Meister im Wittern von dicker Luft, stand sofort auf und verdrückte sich. »Weißt du eigentlich, dass die Spielerei nicht ungefährlich ist?«, stieß mein Vater mit schwerem Atem hervor.

»Aber wir haben doch nur geflippert und Billard gespielt!«, protestierte ich, fest entschlossen, meinen Supergewinn auf jeden Fall zu verheimlichen, den ich schon zwischen den Seiten meines Lieblingsromans von Jack London versteckt hatte, *Alaska Kid*.

»Na gut, geflippert habt ihr und Billard gespielt«, fuhr mein Vater fort, »aber warum macht ihr das bitte schön bei diesem Wetter! Anstatt Schwimmen zu gehen oder Fußball zu spielen, hängt mein Sohn in einer Spielhalle herum!«

»Ist das etwa diese kleine schmutzige Bude gegenüber von ›Boy‹?«, fragte meine Mutter. »Da ist doch schon öfter die Polizei gewesen. Sag mir, mein Kind, wer geht da um Himmels willen hinein?«

»Spieler halt!«, entgegnete mein Vater für mich und musterte mich scharf. »Also, er hat wirklich ein ganz schönes Schwein, dass er die Klasse mit Ach und Krach geschafft hat, sonst hätte ich ihm jetzt den Hintern versohlt.«

Das meinte er nicht wirklich ernst. Mein Vater war ein Meister des Understatements. Vielleicht war sein Glaube an die menschliche Vernunft etwas übertrieben, denn wie sollte ich es mir erklären, dass er nun, ansatzlos, mit einer Überraschung herausrückte, die sich für mich als Glücksfall darstellte. Einer seiner Kollegen und Freunde hatte sich in Övelgönne, unten an der Elbe, ein Haus gekauft und renovierte es gerade.

»Du kannst dir in den Ferien ein paar Mark verdienen«, sagte mein Vater, »bis wir in die USA fliegen. Ich nehme dich dann mit hinein in die Stadt, und dann kommst du am Abend mit der U-Bahn nach Hause. Pro Stunde gibt's zehn Mark. Ist das ein Angebot?«

»Und ob das ein Angebot ist«, strahlte ich, »klar, Papi, mach ich!«

»Na, dann werde ich mal mit dem Hund gehen«, sagte mein Vater und erhob sich von seinem Stuhl und pfiff. Im nächsten Augenblick hörten wir schon das vertraute Getrappel des Köters auf der Treppe.

Als die Eingangstür ins Schloss gefallen war, nahm mich meine Mutter in den Arm und sagte halblaut: »Ich hoffe übrigens für dich, dass nicht du rauchst, sondern dass es deine Freunde sind, die dauernd die Kippen in die Dachrinne unter deinem Fenster werfen. Denk daran, du hast mit Papi einen Vertrag!«

Ich hatte es ja geahnt: Ich musste mit einem Schmacht ins Bett gehen.

3. KAPITEL

Viva Las Vegas!

Wir machten die klassische Kalifornien-West-Tour; von Los Angeles auf der berühmten Eins die Pazifikküste entlang nach Norden bis San Francisco und von dort über die Nationalparks hinunter nach Nevada, ins Death Valley und schließlich nach Las Vegas, von wo aus wir am nächsten Morgen zum Grand Canyon fliegen wollten.

Ich saß natürlich hinten in einem dieser klimatisierten, schaukelnden Achtzylinder von Buick, und es war bereits dunkel geworden, als mein Vater uns den Strip hinunterfuhr. Das nächtliche Neongewitter, die zuckenden Leuchtreklamen an den Riesenhotels entlang des berühmten Boulevards – und das alles inmitten einer endlosen Autoschlange, die sich im Schritttempo über die sechs Spuren wälzte, zu erleben war für mich bis zu jenem Tag der wahrscheinlich beeindruckendste Anblick meines Lebens gewesen.

Wir stiegen im Flamingo Hilton ab, dem ältesten Hotel in der Spielerstadt, mit dem der spinnerte Milliardär Howard Hughes den Automatenwahnsinn angefangen hatte, mitten in der Wüste. Und wenn ich Wahnsinn sage, dann meine ich – auch heute noch – Wahnsinn: Schon in der Hotellobby quietschten, jaulten und jubelten Dutzende von einarmigen Banditen, rasselten Münzen in kleine Plastikeimer, saßen unterschiedliche Generationen einträchtig nebeneinander auf hohen, chromblitzenden Barhockern vor rotierenden Walzen und Scheiben und fütterten die Münzschlitze der Automaten mit Tonnen von Münzen. Die Spieler hatten ihre Augen starr auf die Walzen und Scheiben gerichtet und zogen wie Roboter den großen Hebel herunter, der sich an der linken Seite des Einarmigen befand. Dann starteten die Maschinen ihre Mechanik mit lautem Knacken und Knarschen.

Im eigentlichen Kasino, so viel hatte ich während des Eincheckens schon erhaschen können, musste dieser Wahnsinn aber noch um ein Vielfaches höher sein. Ich konnte es kaum abwarten, auf Entdeckungstour zu gehen und erst einmal eine zu rauchen, und war gottfroh, als wir endlich auf unserem Hotelzimmer waren und meine Eltern sich, ein wenig erschöpft von der langen Autofahrt durch die Wüstenhitze, aufs Bett legten und ich endlich aufbrechen konnte.

»Bleib bitte nur eine Stunde, wir wollen nachher noch schnell etwas zusammen essen«, murmelte mein Vater, aber ich war bereits draußen, rannte den Flur entlang zum Fahrstuhl und glitt in der Kabine hinunter in eine mir unbekannte, aber ganz sicher sehr aufregende und spannende Welt.

In meinem Portemonnaie steckten hundertfünfzig Dollar. Es war das Geld, das ich mit Schuttschaufeln im Haus des Freundes meines Vaters verdient hatte. Ein bisschen was davon wollte ich riskieren, zwanzig, dreißig Dollar vielleicht, nicht ahnend, dass ich glatte sechs Jahre zu jung war, um überhaupt das Kasino betreten zu dürfen. Aber war ich inzwischen nicht über eins neunzig groß? Braun gebrannt von der Sonne Kaliforniens? Und außerdem herrschte im Spielsaal ein schummeriges Halbdunkel. Ich würde ganz bestimmt nicht auffallen, und so trat ich lässig an eine der Wechselkassen, hinter deren mit Messingrahmen eingefassten Panzerglasscheiben der Kassierer saß.

»Your age«, fragte mich der Kaugummi kauende Boy und musterte mich von oben bis unten.

»Einundzwanzig«, antwortete ich auf Deutsch, »ich bin einundzwanzig Jahre alt.«

»What?«

»Ich möchte bitte Fünfcentmünzen für zwanzig Dollar«, sagte ich und stellte mich so doof wie möglich. Nix verstehen.

»You must be twenty-one years old to hang in here around or gamble«, sagte der Kassierer, der mich natürlich nicht verstand. Aber ich ihn.

»Nein, nein: nicht einundzwanzig Dollar, sondern bloß zwanzig Dollar in Fünfcentmünzen, hier!«, sagte ich und schob ihm den grünen Schein über den Tresen.

»You're kiddin' me«, sagte er genervt, nahm einen großen Plastikbecher und hielt ihn unter eine große Apparatur. Dann tippte er in eine Art Registrierkasse die Summe von zwanzig Dollar ein, und wie aus einem Füllhorn ergossen sich vierhundert Fünfcentmünzen durch einen stählernen Schnabel in den Becher.

»Good luck«, sagte der Kassierer, als er mir den Becher über den Tresen schob, *»and beware of the police!«* Ich meinte, ein Augenzwinkern gesehen zu haben.

Meinen Becher fest umklammert, ging ich nun durch die schier endlosen Reihen von Automaten. Die einarmigen Banditen waren viel einfacher zu begreifen als die Automaten, die ich von meinen seltenen Spielhallenbesuchen bei Harry in Ahrensburg kannte. Doch die Walzen rotierten viel schneller, die einzelnen Spiele dauerten nicht mal fünf Sekunden, und es gab viel höhere Summen zu gewinnen.

Nachdem ich ein paar Minuten durch den Saal geschlendert war, möglichst ohne aufzufallen, entdeckte ich eine etwas abseits gelegene Ecke mit Automaten, die tatsächlich Fünfcentmünzen fraßen. Bevor ich jedoch die erste Münze in den Schlitz gleiten ließ, vergewisserte ich mich noch einmal mit einem Rundblick, dass kein Polizist in der Nähe war. Die Luft war rein. Ich fingerte eine Münze heraus, steckte sie in den Automaten und zog kräftig am Hebel. Der ließ sich zu meiner Überraschung leichter als erwartet herunterziehen. Mein Bandit ratterte los – und stellte sich schon im nächsten Augenblick wieder tot. Nichts. Auf den drei Walzen befand sich nur ein Obstsalat aus Pflaumen, Melonen und Kirschen, garniert mit einem Geldsack, Sternen und einer roten Sieben. Ich guckte genauer hin und merkte, dass ich nur auf einer Gewinnlinie, der mittleren, gespielt hatte. Davon gab es jedoch fünf: drei in der Waagerechten und zwei diagonale. Die fünfte Linie, von links unten nach rechts oben, brachte mit drei Siebenen hundertfünfzig Dollar. Allerdings musste ich für jede Gewinnlinie eine Münze einsetzen. Warum nicht, dachte ich, alles oder nichts.

In den nächsten Minuten gewann ich ein paarmal kleinere Beträge. Kurzzeitig war ich sogar im Plus und hatte bestimmt schon mehr als zehn Dollar gewonnen. Aber dann kam längere Zeit überhaupt nichts. Nicht mal eine einzige Kirsche, was mickerige zehn Cent gebracht hätte. Langsam wurde ich sauer. Und wenn es stimmen sollte, was der dicke Harry in Ahrensburg vom Anfängerglück gefaselt hatte, dann hatte er sich gründlich geirrt. Mein Plastikbecher war schon ganz leicht geworden, und der silbrig-schmutzige Becherboden war zu sehen. Zwanzig Dollar, dachte ich, so ein Mist. Das waren mehr als fünfzig Mark! Ein Monat Taschengeld! Aber steckten zu Hause nicht noch zweihundertfünfzig Mark im Jack-London-Roman? Also konnte ich doch eigentlich noch mal zehn Dollar wechseln! Oder lieber doch nicht?

Doch dann weigerte sich mein Bandit plötzlich endgültig, weiterzuspielen. Stattdessen blinkte ein Lämpchen auf, das oben auf dem Kasten montiert war, und das Ding gab eine lustig dudelnde Musik von sich.

Es dauerte bestimmt zehn, fünfzehn Sekunden, bis ich begriff, dass ich den Höchstgewinn erzielt hatte. Ich hatte ihn tatsächlich! Drei Siebenen, fünfte Gewinnlinie diagonal, macht hundertfünfzig Dollar! Harry hatte also doch recht gehabt! Ich hatte schon wieder Anfängerglück gehabt, und wie! Zweimal hintereinander! So gefreut hatte ich mich noch nie. Das war einfach irre!

Mein Bandit begann jetzt hundertfünfzig Dollar in Fünfcentmünzen auszuspucken. Ein ganzer Schwall ergoss sich in das verchromte Auffangbecken, und ich rannte durch die Reihen, um zwei weitere Plastikbecher zu organisieren, bis sich plötzlich eine schwere Hand auf meine Schulter legte.

»May I see your driving licence, son?«, fragte ein Mann mit einer kernigen, strengen Stimme. Sie gehörte zu einem Polizisten, der trotz des schummerigen Halbdunkels meine offensichtliche Jugend erkannt haben musste. Was für ein Mist, schoss es mir durch den Kopf, zehn Meter weiter rasselt dein Gewinn, und du steckst jetzt hier in Schwierigkeiten! *»Come on, follow me!«*, sagte der Cop. *»You're not old enough to be in here. You must be twenty-one years old. You are a tourist? You're German?«*

Ich versuchte, die englischen Vokabeln in meinem Kopf zusammenzusuchen, die diesem unerbittlichen Bullen erklärt hätten, dass dort hinten meine hundertfünfzig Dollar inzwischen aus dem Banditen gerasselt sein mussten und darauf warteten, von mir eingesackt zu werden. Aber ich brachte nur ein elendes Gestammel heraus, während er mich, fest am Oberarm gepackt, aus dem Kasino in die Hotellobby führte. Dort ließ er mich endlich los. Meine schönen hundertfünfzig Dollar waren jetzt bestimmt mehr als dreißig Meter entfernt oder schon geklaut. Ich drehte mich also um und versuchte, am Polizisten vorbei wieder zurück zu meinem Banditen zu gehen, aber der Polizist verstellte mir den Weg.

»I have won money«, sagte ich, *»I want to fetch it,* oder wie das heißt!«

»You mean collecting your jackpot?«, fragte er und runzelte die Stirn.

»Yes, I have won hundred and fifty Dollars! This is my money.«

»Hundred and fifty bucks«, grinste der Bulle. Er erinnerte mich stark an einen dieser fiesen Polypen in den amerikanischen Krimis: Er trug eine schwarze Schirmmütze, Pilotenbrille mit grünen Gläsern, ein hellblaues Hemd mit angeheftetem Polizeiabzeichen über dem Herzen, eine schwarze Reiterhose, und seine Füße steckten in hohen schwarzen Stiefeln. An seiner rechten Hüfte baumelte ein gewaltiger Revolver in einem schwarzen Lederholster und ums linke Handgelenk, an einer Lederschlaufe, ein Gummiknüppel. *»Yeah«,* sagte er und kniff dabei seine Lippen zusammen, wohl um besonders gefährlich auszusehen, *»bad luck! I can not give you the allowance to enter. You are obviously not twenty-one years old. I am sorry!«*

Ich hätte heulen können. Hundertfünfzig Dollar hatte ich verschissen. Nein, dachte ich, die hat dieser Scheißbulle auf dem Gewissen. Aber was sollte ich schon ausrichten gegen den Mann, mit meinem Schulenglisch und der Tatsache, dass ich wirklich erst fünfzehn war. Fünfzehneinhalb. Ich hatte verloren. Mir blieb nichts anderes übrig, als zu meinen Eltern hinaufzugehen.

Mit hängenden Schultern drehte ich dem Mistkerl meinen Rücken zu und trottete in Richtung Fahrstuhl. Um mich herum pulsierte das Leben, schienen sich plötzlich alle Spieler zu freuen, schienen plötzlich alle Spieler zu gewinnen, nur einer nicht, und das war ich.

»Excuse me, Sir!«, sprach plötzlich eine krächzende Stimme, und etwas Knochiges, Leichtes tippte mich an, *»excuse me, darling!«*

Ich wandte mich um und sah von oben herab einer kleinen, alten Frau ins Gesicht, die ungefähr siebzig Jahre alt war und die mir einen kleinen Plastikeimer entgegenhielt, der randvoll mit Fünfcentmünzen war. Ich blickte die Alte fragend an.

»You have forgotten your jackpot, darling«, sagte sie und strahlte mich an. Ihre Haut sah aus wie gegerbtes Leder, und sie hatte eine ganze Menge Pigmentflecken. Aber sie strahlte mich an.

»This is my money?«, fragte ich fassungslos.

»Of course it is!«, jubelte sie und sagte, während sie sich nach dem Polizisten umblickte. *»I have been watching you struggling with this rough guy. Here, take it.«*

Mein Herz machte einen riesigen, einen gewaltigen Sprung. Auch mein Gesicht schien sich zu entknittern. *»Thank you, madam«,* sagte ich ergriffen und nahm der Alten endlich den Eimer ab, der ziemlich schwer war, *»thank you very much!«*

Sie veränderte ihren Gesichtsausdruck. Jetzt lag etwas sehr Großmütterliches in ihrem Blick, etwas irgendwie Wissendes, das durch einen Hauch von erhobenem Zeigefinger verstärkt wurde. Die alte Lady streckte mir ihre Hand entgegen und sagte nur: *»I understand, honey, I understand. Take care!«*

Dann drehte sie sich um und ging, erstaunlich federnd für ihr Alter, zurück ins schummerige Halbdunkel des Kasinos. Noch im Laufen streifte sie sich einen derben Gartenhandschuh über ihre rechte Hand. Richtig: Die war voller Schwielen gewesen, als ich sie genommen und leicht gedrückt hatte.

»Du kommst reichlich spät, Junge«, sagte mein Vater mit einem Blick auf seine Armbanduhr, »wir wollten doch eigentlich um zehn essen gehen.« Meine Eltern hatten sich schick gemacht.

»Jetzt zieh dir schnell was anderes an«, sagte meine Mutter so verbindlich wie möglich, »du weißt ja, wie Papi ist, wenn er hungrig ist!«

»Wie viel hast du denn verloren?«, fragte mein Vater. Er konnte ein leichtes, zynisches Lächeln nicht unterdrücken.

»Ich habe hundertfünfzig Dollar gewonnen«, platzte ich heraus.

»Ach was«, blaffte er, »zeig mal!«

Ich zog mein Portemonnaie aus der Jeans, klappte es auf, holte die drei grünen Fünfziger heraus und blätterte sie ihm stolz wie Oskar auf dem Bett vor. Mein Vater setzte seine Brille auf, guckte nachdenklich und lange auf die drei Scheine und sagte: »Anfängerglück!« Und fügte nach einer kleinen Pause hinzu: »Herzlichen Glückwunsch. So, und nun lasst uns endlich essen gehen.«

Harry hatte also offenbar doch recht gehabt.

Der Vater (1993)

»Damals sagte ich zu meiner Frau: Der Junge ist ja ganz verrückt auf diese Automaten. Natürlich hatte ich viel Verständnis dafür, dass ein fünfzehnjähriger Junge, der zum ersten Mal nach Amerika kommt oder, in diesem Fall, nach Las Vegas, auf Entdeckungsreise geht. Ich hatte auch Verständnis dafür, dass er gespielt hat. Ich hätte in seiner Situation sicher dasselbe getan. Aber irgendetwas an seinem Benehmen damals machte mich stutzig. Sicher war sein Erlebnis mit dem Polizisten und dem ganzen Ärger, dem dann auch noch dieses

Riesenglück durch die alte Frau gefolgt war, aufregend gewesen. Doch erst im Nachhinein, fast zwölf Jahre später, wurde mir klar, dass ich mich damals nicht getäuscht hatte, obwohl ich es ja selbst nicht glauben wollte, dass ich im Grunde einem potenziellen Spieler gegenübergestanden hatte. Das sind Gefühle, die man nur sehr schwer beschreiben kann. Ich würde es deshalb heute auch lieber als Ahnung beschreiben, die man als Vater oder Mutter eben manchmal so hat. Je älter er wurde, desto mehr begann er ja auch, sich Reibungsflächen zu suchen, Angriffspunkte. Meine Frau und ich hatten nämlich den Fehler gemacht – heute muss ich das einfach so sagen –, ihn die erste Klasse überspringen zu lassen. Mit anderen Worten: Von seiner Veranlagung her hätte er niemals sitzenbleiben müssen, aber von seiner Reife her musste es irgendwann passieren, denn er war doch zu jung gewesen; vor allem in den späteren Klassen.

Meiner Frau fiel damals auf, dass er nur ältere Freunde hatte. Ich fand das richtig und in keiner Weise besorgniserregend, auch wenn ich in dieser Zeit meine wohl bitterste Niederlage in der Erziehung kassiert habe. Ich meine damit meine kläglich gescheiterten Versuche, meinem Sohn das Rauchen erst zu verbieten, dann durch obskure Vereinbarungen zu verhindern und ihm zum Schluss sogar noch vorzuleben, dass es auch ohne Zigarette geht. Ein Jahr lang hatte ich damals selbst auf Zigaretten, Zigarillos und Pfeifen verzichtet, aber wie sich herausstellen sollte, vergeblich. Er hatte uns mit seiner heimlichen Raucherei fast zweieinhalb Jahre an der Nase herumgeführt. Er raucht ja noch heute, leider. Das meine ich mit Disziplin. Die hat er erst entwickelt, als er mit einundzwanzig ins Berufsleben ging, erst in dieses Behindertenheim und später dann auf die Journalistenschule, aber auch nur sehr einseitig: Dass er hart arbeiten kann, hat er bisher bestimmt bewiesen. Nur sich selbst, und damit meine ich seine Freunde, seine Frau, seine Kinder und vielleicht manchmal auch uns als Eltern, hat er manchmal vernachlässigt. Vor allem jedoch sich selbst. Ich meine nicht, dass er sich zum Beispiel nie gemeldet hat, sondern ich meine sein Verhalten und seine Unfähigkeit zu dieser gewissen Konsequenz, die man im Leben braucht. Die reichte für seinen Job, aber in der anderen Zeit seines Lebens brach er halt immer wieder aus. Irgendwo anzuecken, Partys, Feten, immer mittenmang zu sein, das war ihm, glaube ich, sehr wichtig. Zuerst habe ich das nur als eine etwas übertriebene, pubertäre Freiheitsliebe gedeutet, später als seine ganz persönliche Revolution gegen ein paar herrschende Systeme und Regularien, die ihm nicht passten.

Um eine Zeit, als er nächtelang in den Kneipen jobbte, das war während seines Zivildienstes Anfang der Achtzigerjahre, hatten meine Frau und ich große Angst, dass er Drogen nehmen würde. Denn bei aller Härte, die er entwickelt hatte, war ich mir sicher ob seiner des Öfteren ziemlich labilen Haltung. Heute muss ich fast froh sein, dass es nicht Kokain oder Heroin gewesen ist, ja, vielleicht auch Alkohol, was ihm die gelegentlichen Abstürze einbrachte.

Ich erinnere mich zum Beispiel noch ganz genau, dass wir eines Abends, nach einer seiner ersten Beichten – sie kostete mich, glaube ich, dreitausend Mark – zusammen in seine Stammhalle gegangen sind. Ich wollte mal sehen, was meinen Sohn so fürchterlich an den Automaten fasziniert. Er war damals einundzwanzig, wenn ich mich recht erinnere. Was ich gesehen habe, hat mich schon sehr enttäuscht. Da saßen ein paar armselige Gestalten und bearbeiteten unter den komischsten Verrenkungen die bunten Kästen. Manchmal machte so ein Automat mal piep, aber das war es dann schon wieder gewesen. Und mein Sohn, den ich nun wirklich nicht für einen dieser Typen, die dort saßen, hielt, schaffte es meiner Meinung nach innerhalb von Sekunden, sein Wesen zu verändern, kaum dass ich ein Fünfmarkstück in einen der Automaten gesteckt hatte. Mir kam es vor, als ob die miese Luft, das schlimme Ambiente, die offensichtlich hirnlosen Männer, die dort saßen, und natürlich die Automaten sein ganzes Wesen, sein ganzes Verhalten, mit einem Ruck verändert hatten. Obwohl er mir eine Stunde zuvor dreitausend Mark Schulden, die er sich bei seinem Freund Bernd geliehen hatte, offenbart hatte, erklärte er mir nun den Automaten, an dem wir beide spielten, mit einer so ungeheuren Inbrunst, dass ich mir sicher sein konnte, dass seine betretene Gleichgültigkeit nur gespielt war.

Damals dachte ich zum ersten Mal: Mensch, so hat dich in deinem ganzen Leben noch niemand auf den Arm genommen. Als der ganze Mist mit seiner Spielerei vor knapp zwei Jahren endgültig ans Licht getreten ist und ich begreifen musste, dass man diesem Kerl helfen muss – aber nicht mehr nur mit Schecks, so wie ich es einige Male getan hatte, sondern medizinisch, psychologisch oder wie auch sonst immer –, damals habe ich begreifen müssen, dass es Probleme gibt, die man nicht mit Disziplin allein lösen kann. Damals habe ich ihm übrigens auch den Spieler von Dostojewski geschenkt, den er bis dahin nicht hatte lesen wollen.

4. KAPITEL

Seuche an den Fingern

Ich hatte den verdammten Wecker nicht gehört. Es war schon zehn Uhr vorbei, meine Eltern düsten irgendwo in Südamerika herum, und bei uns zu Hause düste nur ein Staubsauger. Unsere Perle hatte mich glücklicherweise schlafen lassen, aber vor gut eineinhalb Stunden hätte ich in der Schule sein sollen.

Eine ausgiebige Duschorgie wusch mir den Jetlag aus dem Kopf. Vier Wochen lang würde ich nun sturmfreie Bude haben; ausgestattet mit einem unbegrenzten Kredit beim Supermarkt und reichlich Taschengeld. Ich zog meine neuen Klamotten an, die mir meine Mutter in New York spendiert hatte, quälte mich in die Cowboystiefel, raste an unserer Putzfrau vorbei aus dem Haus in die Garage und brauchte gut zehn Minuten, bis mein Hobel ansprang. Dann knatterte ich nach Ahrensburg. Um noch in der Schule vorbeizuschauen, war es jetzt eh zu spät. Also, dachte ich mir, fährst du mal rasch bei Harry vorbei und wartest eben dort auf die anderen. Am ersten Schultag nach den großen Ferien war ja nie was Besonderes los.

Heute glaube ich zu wissen, nein, ich bin sogar fest davon überzeugt, dass ich an jenem ersten Schultag nach den Sommerferien im Jahr 1976 das Fundament zu meiner späteren extremen Spielerei gelegt haben muss. Zu meiner Spielsucht? Ja. Denn auf einmal spielte ich um des Spielens willen. Das Spielen zog mich magnetisch an. Erst beim Spielen gelang es mir, mein alltägliches Leben auszublenden, Abstand von ihm zu gewinnen. Am Anfang sah ich darin ausschließlich den Spaßfaktor und die Möglichkeit, ganz schnell an viel Geld ranzukommen. Mit der Zeit aber wuchs in mir das Verlangen nach dieser Welt des Spiels, die mir seltsamerweise als Spiegelbild meiner Wirklichkeit erschien. Hier waren Dinge möglich, die in meiner privaten Wirklichkeit undenkbar gewesen sind, und ich lechzte danach, meiner privaten Wirklichkeit ein Schnippchen zu schlagen.

Wie einfach machten es mir doch zu Anfang die Automaten. Sie ließen mich so lange in einer Schleife hängen, bis sie sich meiner Loyalität versichert hatten. Dann aber wurden sie gnadenlos. Schon an jenem Vormittag verlor ich, sozusagen im Vorbeigehen, einhundert Mark. Egal, welchen Spielautomaten ich auch angetestet hatte, alle blieben stumm. Sicher hatte ich den einen oder anderen kleinen Geldgewinn erzielt, sechzig Pfennige, neunzig Pfennige und ein paarmal drei Mark. Nur Sonderspiele, Serien waren nicht ums Zerplatzen eingelaufen. Und als der erste Hunderter weg war – und sich noch immer keiner meiner Klassenkameraden hatte blicken lassen –, hatte ich noch einen Fünfziger gewechselt; mit dem gleichen, niederschmetternden Ergebnis.

»Das kann schon mal passieren«, sagte der dicke Harry, »ich steck ja nicht in den Automaten drinne, nich'. Sind wohl leer gespielt, die Kästen, vielleicht von gestern Abend noch. Siehste, was ich gesagt habe: Anfängerglück!«

Sollte er doch quatschen, wie er wollte. Bis jetzt hatte ich doch immer Glück gehabt. Und außerdem stand doch auf den Automaten drauf, dass sechzig Prozent des Einsatzes wieder ausgezahlt würden. Hundertfünfzig hatte ich riskiert. Wenn ich noch einen Fünfziger riskieren würde, stünden zweihundert Mark auf dem Spiel, aber irgendwann musste ja mal was kommen, sechzig Prozent der Einsätze macht hundertzwanzig Mark, das musste doch klappen! So dachte ich, musste aber eine halbe Stunde später aufgeben. Ich hatte keinen Pfennig mehr in der Tasche und hatte das großzügig für den einen Monat des Alleinseins erhöhte Taschengeld meiner Eltern verspielt.

Ich erinnere mich jedoch, dass ich mich damals nicht besonders geärgert habe. Wahrscheinlich, weil ich ja noch mehrere Hundert Mark gebunkert hatte, zweihundertfünfzig steckten nach wie vor im Jack-London-Roman und in meinem Brustbeutel weitere hundertfünfzig Dollar, die ich aus Las Vegas über den Atlantik herübergerettet hatte. Alles in allem waren das um die siebenhundert Mark, das war schon eine gewaltige Summe für mich, damals, mit fünfzehneinhalb Jahren – und dieses Geld würde ja wohl für die nächsten Wochen reichen.

Diese nächsten Wochen verbrachte ich, wenn mir die Schule nicht gerade dazwischenkam, überall und nirgends. Das heißt, ich hing mit meiner alten Gang zusammen, frischte alte Beziehungen zu meinen Großhansdorfer Freunden auf und schmiss am Freitag vor der Rückkehr meiner Eltern, auf deren Kosten natürlich, eine Gartenfete, zu der mehr als hundert Leute kamen. Aber ich knapste mir zunächst alle zwei Tage, dann aber bereits jeden Tag, mindestens eine Stunde meiner Zeit ab, um spielen zu gehen.

Vor allem meine Schularbeiten erledigte ich im Schnelldurchlauf, denn es gab für mich Wichtigeres zu tun. So hatte ich mir fest vorgenommen, zwei Tage nach meinem ersten herben Verlust bei Harry, mein Geld zurückzugewinnen. Zwei Tage mussten einfach ausreichen, um die leer gespielten Automaten wieder voll werden zu lassen. So naiv war ich damals. Und verlor wieder. Und wieder. Gewann, ein bisschen. Und verlor wieder. Ganz langsam wurde mein dickes Bündel Scheine immer dünner.

An diesen Nachmittagen, die ich in Harrys Spielhalle verbrachte, lernte ich natürlich auch andere Spieler kennen. Für die war ich aufgrund meines Alters immer nur der »Bubi«, aber ich merkte, viele hatten auch Respekt, weil Bubi über ziemlich viel Geld zu verfügen schien.

An keinem einzigen dieser Nachmittage tauchte die Polizei auf, um die Ausweise der Spieler zu kontrollieren. Ein paarmal hatte mich Harry zwar als Vorsichtsmaßnahme hinten über den Hof hinausgeschmissen, aber es war immer nur blinder Alarm gewesen.

In dieser Zeit lernte ich auch die Regeln und die Verhaltensweisen, die in einer Spielhalle gelten, und auch die Sprache der Spieler kennen. Wer, so wie ich, Pech hatte, wurde grundsätzlich bedauert. Wer gewann, wurde meistens angepumpt. Stammgäste bekamen ihren Kaffee kostenlos, während Neulinge für den Plastikbecher fünfzig Pfennige zahlen mussten. Wenn Harry seine Kisten alle zwei Tage, meistens so gegen fünf Uhr am Nachmittag, leerte, sollte man möglichst gerade spielen, weil es dann für die Störung immer ein Fünfmarkstück extra gab. Fünfmarkstücke hießen jetzt Heiermänner, aus dem Spielen wurde Daddeln und aus dem Spieler ein Zocker. Wenn ein Automat leer gespielt wurde, fassten die Stammgäste den Kasten erst wieder an, wenn sie von ein paar Zufallsgästen wieder aufgefüllt worden waren. Kein Zocker pfuschte dem anderen ins Handwerk, im Gegenteil, wir gaben uns gegenseitig Tipps, wie wir die Maschinen überlisten konnten.

Ich erinnere mich besonders gut an die ewigen Diskussionen, ob man nun drücken oder den Automat sein Spiel ganz von selbst machen lassen sollte.

»Immer wenn du drückst«, sagte Harry mir einmal, »denkste, du tust den Automat beeinflussen. Aber der macht alles von allein!«

Aber damals glaubte ich das nicht, und die anderen Zocker glaubten dies auch nicht, und so diskutierten wir eben weiter. Und nach nicht einmal drei Wochen wurde ich, der Bubi, von den weitaus älteren Spielern, die sich bei Harry tummelten, voll akzeptiert. Allerdings war der Preis, den ich für diese Anerkennung zu zahlen hatte, mit über siebenhundert Mark sehr hoch. Tja, und dann kam der Tag, an dem meine Eltern von ihrer halben Weltreise zurückkehrten …

»Du hast dir Geld bei deinen Freunden geliehen?« Meine Mutter brauchte ihr Entsetzen nicht einmal zu heucheln. »Wie viel denn, um Gottes willen?«

Ich druckste herum. »Na ja, so um die dreihundert Mark.«

»Dreihundert Mark? Du hast dreihundert Mark gebraucht? Wo sind denn die zweihundert Mark Taschengeld geblieben und die zweihundert Dollar? Und wie in aller Welt musste ich heute beim Spar über sechshundert Mark bezahlen?«

Sie konnte vielleicht Fragen stellen! Hatte sie denn nicht verstanden, was ich ihr eben erzählt hatte? Dass ich nach drei Wochen der Daddelei völlig pleite gewesen war. Nein, das hatte sie nicht. Das hatte sie auch nicht ahnen können. In meiner Hilflosigkeit hatte ich bisweilen seltsame Anwandlungen. Ich reagierte auf alles aggressiv, was mich an meine Niederlagen erinnerte. Und so fuhr ich fort: dass ich die Gartenfete veranstaltet hatte. Und dass mir ausgerechnet an jenem Wochenende auch noch mein Mofa unter dem Hintern zusammengebrochen war, mit Kolbenfresser. Ich war einfach gezwungen gewesen, mir Geld zu leihen. Die Gang in meiner Klasse hatte natürlich Verständnis gehabt für meine Situation:

meine Eltern nicht da, mein Großvater auch nicht da, im Grunde niemand da, und dann eine Mofareparatur für über hundertfünfzig Mark. Meinen Großhansdorfer Freunden, Bernd, Wolfgang und seiner Freundin Sabine, hatte ich übrigens das Gleiche erzählt. Es hatte zwar niemals einen Kolbenfresser gegeben, aber hätte ich vielleicht sagen sollen, tut mir leid, ich habe mal eben ein paar hundert Mark an Automaten verzockt, würdet ihr mir bitte kurz mal aus der Klemme helfen? Nein, da klingt ein technisches Märchen doch weitaus besser, hatte ich gedacht und auf diese Weise dreihundert Mark zusammengeschnorrt.

»Da stimmt doch was nicht, Junge«, sagte meine Mutter und sah mich fragend an, »komm, sag die Wahrheit: Was ist wirklich passiert?«

Meine Entscheidung, die Wahrheit zu sagen, war da schon längst gefallen. Das war sogar fast schon am Abend der Gartenparty geschehen, für die ich im Supermarkt für über vierhundert Mark Bier, Cola und Würstchen eingekauft und zu uns nach Hause hatte schicken lassen. Als ich dann jedoch mit den geliehenen dreihundert Mark meiner Freunde bei Harry endgültig auf die Schnauze gefallen war, hatte ich mich zur Beichte entschlossen. Entschließen müssen. Ich ahnte bereits, dass da was im Argen lag.

»Also«, begann ich vorsichtig, »ich glaube, ich habe großen Mist gebaut. Du weißt schon, diese Spielhalle in Ahrensburg, wo ich neulich schon mal, vor unserer Reise, hängen geblieben bin.«

Weiter kam ich gar nicht erst.

»Du hast das ganze Geld verspielt, stimmt's?«, fragte meine Mutter, und ich merkte an ihren Augen und an ihrer Stimme, dass ihr Entsetzen noch größer geworden war. Ich nickte.

»Ich weiß nicht, wie mir das passieren konnte, ehrlich nicht«, sagte ich. Jetzt bloß nicht heulen.

Meine Mutter faltete die Hände vor ihrem Mund und atmete hörbar aus. »Junge«, sagte sie dann, und das sagte sie immer, wenn sie eine Hiobsbotschaft erfuhr, die mich betraf, »ach, Junge, wenn Papi etwas davon erfährt! Der hatte mir in Las Vegas nach deinem Abenteuer weismachen wollen, dass du ein Spielertyp seist.«

Und dann erzählte ich meiner Mutter die ganze Geschichte, auch das Märchen vom kaputten Mofa, denn das sollte die Katastrophe ein wenig abschwächen. Ich erinnere mich genau: Wir saßen damals hinten auf der Terrasse, tranken Tee, und sie genoss die wohl letzten warmen Sonnenstrahlen des Jahres, denn es war bereits Mitte September. Eine Woche lang war ich nach der Rückkehr meiner Eltern aus Südamerika durch unser Haus geschlichen. Mir war plötzlich bewusst geworden, dass ich von meinem Taschengeld allein niemals meine Schulden hätte zurückzahlen können. Ich hatte nur auf einen günstigen Augenblick für die Beichte gewartet, und um mich innerlich zu festigen, hatte ich in den letzten Tagen zur Überraschung meiner Lehrer sogar die Schularbeiten gemacht, und noch mehr: Ich hatte mir geschworen, nie wieder zu Harry oder in eine andere Spielhalle zu gehen und überhaupt nie wieder um Geld zu spielen.

»Und jetzt weiß ich einfach nicht mehr, was ich machen soll, Mami!«

Meine Mutter sagte eine ganze Weile lang nichts. Dann stand sie auf, um sich ihre Zigaretten aus dem Wohnzimmer zu holen, aber sie setzte sich nicht wieder auf ihre Liege, sondern ging auf der Terrasse auf und ab.

»Auf jeden Fall darf dein Vater nichts davon erfahren«, sagte sie, »hörst du: kein Wort. Deine Schulden bezahle ich.

Morgen Nachmittag, wenn du aus der Schule kommst, kriegst du von mir das Geld. Aber das bringst du deinen Freunden zurück, hörst du! Ich will nie wieder etwas davon hören. Du gehst nie wieder in diese ekelhafte Spielhalle, das versprichst du mir!«

»Danke, Mami.«

In diesem Augenblick fiel mir nichts anderes ein. Da fielen keine Zentnerlasten von mir ab, sondern Tonnen, und ich war plötzlich kein abgebrühter Zocker mehr oder Daddelkönig und auch kein Hansdampf auf allen Hochzeiten, sondern nur ein fünfzehneinhalbjähriger Teenager mit einem schlechten Gewissen, der Rotz und Wasser heulte und seine Mutter umarmte. Aber der kleine Daddelkönig hatte sie – ohne es recht zu wissen – zu seiner Komplizin gemacht.

TEIL 2

Der Eingang zum Teufelskreis

5. KAPITEL

Endlich erwachsen

Die Ehefrau (1993)

Ich habe ihn kennengelernt, als sein bester Freund Wolfgang und ich zusammen waren. Alexander war damals fünfzehn, ziemlich groß für sein Alter, aber auf der anderen Seite eine ungeheure Magerlatte. Er war damals aus Wolfgangs Klasse in eine andere Schule gewechselt, und mein damaliger Freund war einige Zeit ziemlich sauer auf ihn, weil er sich nicht mehr meldete. Mein jetziger Mann hatte neue Freunde in Ahrensburg gefunden, und später, als er nochmals aus der elften Klasse freiwillig ein Jahr zurückgegangen ist und noch einmal die Schule gewechselt hatte, herrschte tatsächlich so etwas wie völlige Funkstille zwischen ihm und meinem damaligen Freund, manchmal wochenlang. Aber dann, wenn man es überhaupt nicht mehr erwartet hatte, stand er plötzlich wieder vor der Tür.

Damals ist mir schon aufgefallen, dass er, wenn es darauf ankam, einen ziemlichen Charme entwickeln konnte. Ich will ihn jetzt nicht schönreden, aber er war bestimmt einer von den Jungs, die keine Probleme gehabt haben, andere Leute kennenzulernen und sie für sich zu gewinnen.

Wir waren eine Clique hier auf dem Dorf, aber Alexander fühlte sich damals zu keinem Kreis so richtig zugehörig. Er flippte hin und her auf seinem kleinen Mofa und war überall und nirgends zu finden, hatte keine feste Freundin, sondern knutschte vielleicht mal herum, aber wenn wir uns dann alle trafen oder auch nur mal zu dritt oder viert einen Tee tranken – das waren ja die Zeiten, in denen es mit Räucherstäbchen und Kirschtee losging –, dann war er auch voll dabei. Was ich gut fand, ist, dass er ziemlich offen auf Menschen zugehen konnte und Verständnis für alles und jeden hatte und auch sehr hilfsbereit war. Auf der anderen Seite jedoch konnte er richtig fies und zynisch werden und jeden, wenn er es darauf anlegte, bis aufs Blut reizen und provozieren. Eines muss ich ganz klar sagen: Er hat niemals klein beigegeben, auch in extremen Situationen nicht. Das hatte er ja auch gar nicht nötig, denn wenn es auf irgendeiner Fete oder, noch früher, im Jugendzentrum mal zu einem Streit kam, so typisch für Jungs in dem Alter, dann kriegte er immer gerade noch so eben die Kurve und bog alles ab, indem er zum Beispiel sich und die gesamte Situation ins Lächerliche zog.

Was ich komisch fand zu der Zeit und auch in den folgenden Jahren, war, dass er jedoch chronisch pleite war. Er hatte nur ganz selten Geld, und ich habe ihm bestimmt einmal pro Monat fünfzig Mark geliehen, die ich am nächsten Monatsersten aber auch immer prompt wiederbekam. Heute weiß ich, dass er sich bei den meisten in unserer Clique immer mal wieder Geld geliehen hat, aber komischerweise ahnten wir damals nichts von diesem ausgeklügelten Leih- und Rückgabesystem, das er entwickelt hatte und das ja auch prima funktioniert hatte, weil er seine Schulden immer pünktlich zurückbezahlte. Ich habe nie gehört, dass irgendeiner sagte, mein Mann würde ihm Geld schulden, auch später nicht, als wir bis zum Hals in Geldsorgen steckten.

Diesen Fehler habe ich übrigens immer wieder gemacht: Ich habe ihm und seinen Beteuerungen geglaubt, genauso wie seine Eltern. Wahrscheinlich hat er die Versprechungen in dem Moment, als er sie aussprach, auch ernst gemeint. Nur, das hielt ja nie sehr lange vor.

Kurz nach einer Frankreich-Reise, die Wolfgang und er zusammen gemacht hatten, mit Interrail, hat er mir erstmals gestanden, dass er öfter in eine Spielhalle gehen würde. Das war im Herbst 1978. Damals war er siebzehn, fast achtzehn, und seine Eltern wussten nichts davon, das heißt, er hatte sie bereits zwei Jahre an der Nase herumgeführt. Seine Mutter hatte ihm ja einmal aus der Patsche helfen müssen. Natürlich hat sie das als einen einmaligen Ausrutscher abgetan, so wie auch ich später seine Spielerei einige Male als Ausrutscher akzeptierte. Er ging inzwischen in Bargteheide zur Schule, das war nun schon sein dritter Freundeskreis, und er war gerade dabei, seinen Führerschein zu machen. Ich muss damals wohl die einzige Person gewesen sein, der er sein Geheimnis anvertraute, und ich erinnere mich, dass er auf der einen Seite tierisch unglücklich war, aber auf der anderen Seite wiederum erzählte er von seiner Spielerei so, als ob er damit einen gewissen Eindruck machen wollte, ganz nach dem Motto: Seht her, wie ich leide! Und obwohl ich ihm sein Leiden nicht ganz abnahm, merkte ich doch, dass er im Grunde so etwas wie eine gespaltene Persönlichkeit war oder, anders ausgedrückt, von einer Sekunde auf die andere sein Verhalten ändern konnte.

Ich habe ihm wieder Geld leihen müssen, denn wir waren uns alle damals in einem Punkt zumindest einig, nämlich dass wir gegen unsere Eltern zusammenhalten mussten, wenn es darauf ankam. Bei seinen Eltern habe ich das jedoch nicht verstanden, denn die schienen mir schon damals sehr, sehr tolerant zu sein. Meine Eltern waren viel strenger. Seinen Vater, der heute mein Schwiegervater ist, fanden alle seine Freunde irrsinnig nett, und ich glaube, viele von uns hätten gern so einen Vater gehabt, der um elf Uhr in den Partykeller herunterkommt, ein paar Flaschen Wein ausgibt und mitfetet. Deshalb habe ich eigentlich auch nie verstanden, warum mein Mann damals, als er achtzehn wurde, und auch später, mit zwanzig, so wahnsinnige Probleme zu Hause kriegen konnte. Mit seinen Eltern konnte man ja über alles reden, da war immer Open House für uns Freunde.

In Bargteheide, auf dem Gymnasium, hatte er dann zum ersten Mal seit vier Jahren keine Probleme mehr mit der Schule. Er schien es plötzlich irgendwie gepackt zu haben, und nach den vielen Gesprächen, die wir logischerweise in den vielen Jahren, die wir uns nun kennen, geführt haben, glaube ich heute, dass ihm das ständige Quatschmachen und Herumalbern am Ende selbst mehr auf die Nerven gegangen ist als den anderen. Natürlich war das auch eine Art Spiel, das er bis zum Exzess betrieben hat. Aber das Spiel des ewigen Clowns ist ihm dann wohl tatsächlich zu langweilig geworden. Dann, im Winter 1979, habe ich ihn für über ein halbes Jahr völlig aus den Augen verloren. Ebenso wie Wolfgang, mein Freund, und die anderen, ausgenommen Conny. Er hatte sich nämlich schwer verliebt und fuhr jetzt nicht mehr mit dem Mofa, sondern mit dem Wagen seiner Mutter, die sehr krank geworden war und nicht mehr Auto fahren konnte, ständig zwischen seiner Freundin, der Schule und den beiden großen Spielhallen in Ahrensburg hin und her.

Nach dem ersten Schuljahr auf dem Kreisgymnasium in Bargteheide hatten sich sogar meine Eltern an den Gedanken gewöhnt, dass meine Phase als Schulversager endgültig vorbei war. Ich hatte mir auferlegt, im Unterricht wie ein Streber möglichst in der ersten Reihe zu sitzen, den Mund zu halten und mitzuschreiben. Mir war inzwischen klar, dass ich ohne

Abitur wahrscheinlich schlechte Chancen gehabt hätte, und darüber hinaus hatte ich aufgrund meiner exzessiven Daddelei Probleme genug – warum sollte ich mir also ausgerechnet mit der Schule ein weiteres Problem ans Bein binden? Es war ein Rechenexempel: Je weniger Zeit ich mit Hausaufgaben zu tun hatte, desto mehr Zeit hatte ich zum Zocken und die anderen angenehmen Dinge des Lebens. Überdies hatte ich damit begonnen, Nachhilfe zu geben, um die chronische Ebbe in meinem Portemonnaie zumindest einigermaßen zu kompensieren.

Etwa achtzehn Monate vor dem Abitur rannte ich dann auf dem Weg in den Deutsch-Leistungskurs in ein Mädchen von einem anderen Stern hinein. Ich hatte sie schon öfter auf dem Schulhof oder im Raucherraum beobachtet; ein großes, blondes Mädchen, ziemlich stark geschminkt, mit einer Bombenfigur, die sie, und das fand ich sagenhaft, mit ihren Klamotten zu betonen verstand. Inge war damals schon zwanzig, sie war natürlich kein Mädchen mehr, sondern eine junge Frau und mit keiner anderen Oberstufenschülerin aus unserem Jahrgang zu vergleichen. Sie gab sich und sie wirkte auf ihre Umgebung so erwachsen und reif. Ich hatte herausbekommen, dass sie einen sehr viel älteren Freund hatte und zusammen mit ihrer Zwillingsschwester – die ihr nebenbei bemerkt überhaupt nicht ähnlich sah – und ihrer Mutter ganz in der Nähe des Kreisgymnasiums wohnte. Ihr Vater war vor ein paar Jahren gestorben.

Wir hatten zwei Kurse zusammen, Mathematik und Französisch, und sie war dafür verantwortlich, dass diese beiden Fächer auf einmal zu meinen Lieblingsfächern wurden. Aber ich liebte sie ja nur heimlich und ging meinen engeren Schulfreunden mit meiner Schwärmerei auf den Wecker, die mein Gequatsche meistens mit den Worten kommentierten:

»Dann bagger sie doch endlich an!«

Ich fragte mich aber: Wie denn, wann und vor allem, womit?

Fast alle meine Freunde, Freundinnen und Bekannten waren damals bereits in festen Händen. Ich war noch solo, vielleicht, weil ich meinte, keine Zeit zu haben für Frauen. Natürlich hatte ich hier und da mal herumgeknutscht auf Feten, aber mehr als eine zweiwöchige Teenager-Romanze war dabei niemals herausgekommen.

Sexuell war ich daher ein absoluter Spätzünder, und ich erinnere mich nur unter Schmerzen an das erste Mal, als es über den Zungenkuss hinausging. Wenn Carina und ich uns heute ab und zu in Berlin treffen und an jenen aufregenden, verregneten Nachmittag zurückdenken, an dem wir aus einer Laune heraus beschlossen: »So, nun müssen wir das auch mal ausprobieren!«, dann kommen wir nach dem ersten Kicheranfall stets zu der gleichen Erkenntnis, dass wir damals wohl beide so etwas wie Opfer waren.

Neben meiner jetzigen Frau, damals Freundin meines besten Freundes, war die siebzehnjährige Carina meine zweitbeste Vertraute. Das heißt, auch sie wusste von meiner Daddelei und hatte mir, da sie von ihrem Vater reichlich gestopft war, immer wieder über meine finanziellen Engpässe hinweggeholfen. Und wenn ich richtig klamm war und gar nichts mehr ging, fuhr ich halt mit meinem Mofa zu ihr, und dann quatschten wir oder spielten wie die Besessenen Kniffel, dieses Würfelspiel, das damals neu auf den Markt gekommen war.

Warum wir eines Nachmittags zusammen ins Bett gegangen sind und dann nie wieder, wissen wir bis heute nicht. Aber an einem dieser Kniffelnachmittage hatte es plötzlich zwischen uns geknistert. Keiner von uns beiden sprach aus, was wir beide dachten: Die Eltern sind nicht zu Hause, die Schwester ist nicht zu Hause, und warum fährst du jetzt verdammt noch mal nicht allerschnellstens mit deinem Mofa los und holst aus der Apotheke eine Packung Fromm's?

Genauso sachlich, wie mir die Apothekerin dann die beiden Päckchen Präservative verkauft hatte, gingen wir im Bett miteinander um. Schritt für Schritt betraten wir Neuland, wobei wir solche Dinge wie Küssen und Streicheln vergaßen, weil wir mit den Gummis enorme Schwierigkeiten hatten, und dann war es auch ganz schnell vorbei und überhaupt nicht so doll; aber das Problem lösten wir beide damals vom Kopf her: Wir wissen jetzt, dass es geht und wie es geht, aber noch einmal üben wir nicht miteinander, sondern bleiben weiterhin gute Freunde.

Ich hatte zu jener Zeit eine Menge Probleme mit meinen Eltern, und wir stritten uns häufig. Ich empfand meinen Vater plötzlich als zu autoritär, zu mächtig und zu stark. Ich ließ mir nichts mehr von ihm sagen, sondern versuchte mit aller Macht ein selbstständiger, erwachsener Mensch zu werden oder zumindest das, was ich mir damals darunter vorstellte: spät nach Hause zu kommen, am frühen Morgen nach Hause zu kommen, gar nicht nach Hause zu kommen.

Irgendwann wurde das meinem Vater zu blöd, und an meinem neunzehnten Geburtstag schlug er mir eine Neuregelung unserer Familienverhältnisse vor, von der er annahm, dass sie mir die gewünschte Selbstständigkeit und ihnen, meinen Eltern, ihre Ruhe garantierte.

Mein alter Fetenkeller wurde gestrichen, in der Waschküche wurde ein Bad eingebaut, und ich bekam von nun an fünfhundert Mark auf ein Girokonto bei der Kreissparkasse Stormarn überwiesen, von denen ich bis aufs Essen und die Miete zu Hause alles bezahlen sollte. Fünfhundert Mark! Ich war reich, und eigentlich war ich es doch nicht. Mein Vater konnte natürlich nicht wissen, dass ich den größten Teil dieses Geldes in die Spielautomaten des Fair Play steckte, eine Spielhalle, die im Jahr zuvor in Ahrensburg eröffnet worden war und der kleinen, vermufften Klitsche des dicken Harry um Lichtjahre voraus war. Auf über zweihundert Quadratmetern war dort alles zu finden, was in der Welt des kleinen Mannes Rang und Namen hatte; vor allem die brandneuen Crowns und Merkur-Discs, teuflische Automaten, an denen man seine Gewinne riskieren konnte.

Innerhalb kürzester Zeit zählte ich damals zu den Stammgästen des Fair Play, und selbst wenn ich nur nach der Schule, schnell mal zwischendurch, kurz vor dem Mittagessen, dort hineinschaute, kam es mir immer vor, als würde ich mein anderes Leben draußen abstreifen. Kein Zweifel: Diese in sich abgeschlossene Welt, im ersten Stock eines der neu entstandenen Bürohäuser, empfand ich als meine Welt, zu der niemand anderer Zutritt hatte und die ich auch mit niemandem teilen mochte. Es hätte wahrscheinlich doch sowieso niemand von meinen Freunden verstanden.

Das Fair Play wurde nun zu meinem zweiten Wohnsitz; ich kannte alle Stammgäste, und alle Stammgäste kannten mich. Wir sprachen die gleiche Sprache, wir verstanden einander; zum Beispiel wenn es um den Dauerdruck, einem angeblichen Allheilmittel gegen geizige Spielautomaten ging. Man presste den Daumen krampfhaft auf die Stopptaste und verkürzte so die Spielzeit. Inzwischen weiß ich, dies waren nichts weiter als verzweifelte Versuche, die unbestechliche Elektronik irgendwie doch aus der Fassung zu bringen. Denn natürlich hatten wir längst begriffen, dass die Automaten von zweierlei Arten von Programmen gesteuert wurden: Eines bestimmte die Walzen, das andere die Risikoleiter.

Im Walzenprogramm unterschieden sich der Crown und der Merkur-Disc nicht wesentlich vom guten alten Super Bell (der auch noch im Fair Play an der Wand hing, aber langsam verstaubte): Drei Kronen oder drei Sonnen brachten jeweils eine Ausspielung von Sonderspielen. Beim Crown war, mit unterschiedlicher Häufigkeit, von drei bis einhundert Sonderspielen alles drin. Natürlich liefen, wenn ich das Glück einer solchen Ausspielung hatte, meistens nur drei Sonderspiele ein. Aber die konnte ich ja jetzt mit der spannenden Risikotaste aufs Spiel setzen: auf sechs, auf zwölf, auf vierundzwanzig, ja bis auf fünfzig Sonderspiele vervielfachen.

Am Merkur-Disc konnte man sogar mit einem einzigen Tastendruck von fünfzig auf einhundert dieser Sonderspiele kommen. Je höher man auf der Risikoleiter nach oben kletterte, desto höher wurden auch die beiden geradezu gequält klingenden Töne, die der Automat dann von sich gab und die von einem optischen Signal begleitet wurden: Beim höchsten Ton leuchtete oben die Einhundert auf, beim tieferen Ton das Nichts am unteren Ende der Leiter. Wenn man dann aber verlor, dann waren fünfzig bis sechzig Mark weg. Nicht wenige ließen ihre Wut an den Automaten aus. Eine Glasscheibe kostete damals im Fair Play zweihundertfünfundachtzig Mark, plus Mehrwertsteuer, und wer dauernd auf die Kästen einprügelte, flog aus der Halle hinaus.

Mit der Zeit hatten sich für mich zwei verschiedene Spielertypen herauskristallisiert. Der eine ging immer volles Risiko und entschied sich zwischen Sekt und Selters. Dazu gehörten diejenigen, die mehrere Automaten gleichzeitig am Laufen hatten. Drei Automaten gleichzeitig zu bearbeiten war kein Problem, denn die hingen an hölzernen Trennwänden in den offenen Separees, wie in Harrys Daddelhalle, dicht nebeneinander.

Es gab aber auch Zocker, die spielten gleichzeitig an bis zu sechs Kästen und mehr. Die wetzten dann an einem ausgiebigen Daddelabend bestimmt drei bis vier Kilometer zwischen den einzelnen Automaten hin und her. Meistens hatten sie eines dieser Separees als Basis gewählt und ließen die weiter entfernten Automaten mit Start- und Risikoautomatik laufen. Dann machten die Kästen alles von allein; nur wenn eine Serie einlief oder ein Dreißig-Pfennig-Gewinn auf der Risikoleiter die Sonderspielebene erreicht hatte, mussten sie, wenn sie den erzielten Gewinn riskieren wollten, innerhalb von fünfzehn Sekunden am Apparat sein. Der andere Spielertyp spielte vorsichtig und auch höchstens zwei Automaten auf einmal, teilte riskierte Sonderspiele, um nicht alles auf einen Schlag zu verlieren – auch das war möglich –, und verließ sich bei seiner Suche nach dem Glück eher auf das Walzenprogramm.

Ich selbst stand öfter zwischen Baum und Borke. Meine Taktik war, mir möglichst einen kleinen soliden Grundbetrag zu erarbeiten, anhand dessen ich dann in die höheren Sphären aufsteigen konnte. Ich war damals noch kein Sekt-oder-Selters-Typ, noch nicht, sondern ich zählte mich eher zu den vorsichtigeren Spielern. Aber wenn dann mal wieder so eine richtig schöne, satte Hunderter-Serie am Crown eingelaufen war und die Siegesfanfare erklang: »Freude schöner Götterfunken« aus Beethovens *Neunter,* oder Glenn Millers »In the Mood«, dann konnte ich alles um mich herum vergessen: die vorausgegangenen Verluste, die Betteltouren bei meinen Freunden, das Versteckspiel vor meinen Eltern. Dann guckten alle mal kurz herüber oder zeigten mir den gestreckten Daumen, um sich gleich wieder auf ihr eigenes Spiel zu konzentrieren.

Damals glaubte ich, nur des Geldes wegen zu zocken. Wahrscheinlich, weil es meine eigene Kohle gewesen ist. Hatte ich welches, ging es mir richtig gut, und ich gab gern auch mal einen in der lebendigen Kneipenszene Ahrensburgs aus. Hatte ich aber kein Geld, dann war es auch nicht so schlimm. Morgen war ja auch noch ein Tag, und wenn es in der neuen Schule weiterhin so klappen würde wie bisher, hatte ich auch von meinen Eltern weder Ärger noch Nervereien zu erwarten. Das Spielen um Geld machte mir einfach Spaß. Deshalb war ich in letzter Zeit auch öfter in die Skatrunden eingestiegen, die während der vielen Freistunden über die Tische des Raucherraums liefen. Da ging es zwar nur um einen Pfennig pro Punkt, aber es war ungeheuer reizvoll, spannend und aufregend; und es war mir außerdem ziemlich egal, ob ich gewann oder verlor, denn am Monatsersten hatte ich garantiert wieder fünfhundert Mark auf dem Konto. Nach einem Vierteljahr durfte ich das Konto sogar um zweihundert Mark überziehen – das Geld kam ja regelmäßig, und außerdem waren meine Eltern sehr gute Kunden bei der Kreissparkasse …

Ich fuhr inzwischen mit dem Auto meiner Mutter durch die Gegend, hatte meinen eigenen Eingang zu Hause, jede Menge guter Freunde, und weder die Schule noch das Fair Play stellten mich vor ernsthafte Probleme. Ich war neunzehn Jahre alt, ich fühlte mich selbstständig und total erwachsen. Manchmal glaubte ich jedoch zu spüren, dass meine Spielerei – mein Doppelleben – vielleicht doch ein Problem war (oder sich zu einem Problem auswachsen würde), das ich dann doch nicht so einfach abtun konnte. Ich versuchte jedoch, diese Gefühle zu verdrängen, meine Zockerei zu kaschieren, und bot all das dafür auf, was meine Persönlichkeit ausmachte. Ich wusste jedoch nicht, wie sehr mich dies prägen sollte.

Und dann erwischte mich der große Blitz. Inge schien zwar immer noch unerreichbar für mich zu sein, aber ich tat alles, um ihr näherzukommen. Ich wusste, jetzt irgendwann musste ich meinen heimlichen Schwarm irgendwie dazu bringen, mit mir etwas zu unternehmen, sonst würde ich durchdrehen.

Mit einem Bananensplit in der Bargteheider Eisdiele, so viel war mir klar, würde ich bei ihr garantiert nicht landen können; mindestens ein griechisches Restaurant würde es schon sein müssen. Schon wieder schien mir ein Wochenende ohne den Versuch einer Anmache bevorzustehen.

»Hör mal«, sagte mein Vater an diesem Freitagmorgen, als ich wie üblich mein Frühstück hinunterschlang, »vielleicht hast du ja mal Lust, am Wochenende etwas anderes zu machen, als immer nur auf irgendwelchen Partys herumzuhängen oder in Kneipen zu sitzen: Ich habe für morgen Abend zwei Theaterkarten. Deine Mutter und ich sind nämlich eingeladen, und es wäre schade, wenn die Karten verfallen würden. Es ist immerhin die vierte Reihe, Parkett, im Thalia-Theater, eine Komödie von Molière. Kennst du überhaupt was von Molière?«

So war er eben, mein Vater. Seitdem ich lesen konnte, führten wir wahrscheinlich schon diese Diskussion über Sinn und Zweck von Kunst und Kultur. Immer hatte er mich mit Büchern bombardiert, mich zum Lesen angehalten, und im Nachhinein muss ich zugeben, dass er in diesem Bereich einen beachtlichen Erziehungserfolg erzielt hat. Ich war ja nun wirklich kein naturwissenschaftlich begabter Mensch, sondern konnte im Grunde nur mit Sprachen und den Schulfächern etwas anfangen, die der sogenannten Allgemeinbildung dienen. Jetzt waren es Theaterkarten: Aber ich würde selbstverständlich, wohl aber zu seiner Überraschung, nicht herummaulen, sondern begeistert sein Angebot annehmen.

»Kann ich wirklich beide haben?«, fragte ich.

»Wer von deinen Freunden interessiert sich denn bitte schön noch für den *Geizigen*?«, fragte mein Vater zurück, und weil ich offensichtlich ein bisschen rot geworden war, fügte er nach ein paar Sekunden Stille verschmitzt hinzu: »Ich habe meine Mädels auch immer ganz gern ins Theater ausgeführt. Wie heißt sie denn? Kenne ich sie?«

»Ehrlich gesagt, Papi«, sagte ich, »weiß sie wahrscheinlich noch gar nichts von ihrem Glück.«

In der ersten großen Pause fand ich sie im Gewühl der Aula inmitten einer Gruppe Mädchen. Die ganze vorangegangene Doppelstunde in meinem Leistungskursfach Englisch hatte ich mir zwar die idiotischsten Variationen meiner Anmache zurechtgelegt, aber jetzt, da ich auf die Mädchengruppe zusteuerte, wollte mir partout keiner der auswendig gelernten Sätze mehr einfallen.

O Mann, dachte ich, dich hat es wirklich ziemlich böse erwischt. Dann stand ich neben ihr, tippte sie an und fragte sie einfach nur, ob sie nicht Lust hätte, am nächsten Abend mit mir ins Theater zu gehen, da ich von meinem Vater zwei Karten geschenkt bekommen hätte und gern mit ihr ausgehen würde. Die anderen Mädchen warfen sich die berühmten vielsagenden Blicke zu. Aber mir war das plötzlich völlig egal, denn Inge reckte ihren Busen ein wenig vor und ihre Nase in die Höhe und fragte nur: »Was wird denn gegeben?«

Was wird denn gegeben! Diese Formulierung stammte sicher aus dem vorigen Jahrhundert, aber SIE hatte es gesagt, und ich schmolz dahin.

»*Der Geizige* von Molière«, sagte ich, »im Thalia-Theater. Ich hole dich dann um sieben ab.«

»Gut«, sagte sie, »um sieben stehe ich unten. Du kennst meine Adresse?«

»Nein«, log ich, und sie sagte sie mir.

Wie unglaublich einfach plötzlich alles war, wenn man bloß das sagte, was man auch meinte, direkt ins Gesicht, ohne Schnörkel. Jetzt kam es nur noch auf den geordneten Rückzug an. Ich murmelte so etwas wie: Dann bis morgen!, drehte mich um und ging mit normalen Schritten in Richtung Raucherraum, um eine Zigarette durchzuziehen. Die musste ich jetzt haben, jetzt auf der Stelle, wo ich doch eine Verabredung hatte mit der bestimmt irrsinnigsten Frau in der nördlichen Hemisphäre.

Die Ehefrau (1993)

Ich hatte ihn als Showtyp in Erinnerung, einer, der gern im Mittelpunkt stand und eine ganze Gesellschaft unterhalten konnte, wenn er wollte. Das war sogar richtig komisch, aber mir kam Alexander öfter vor, als ob er es regelrecht darauf anlegte, nicht ernst genommen zu werden, oder diese Tatsache zumindest ad absurdum führte. Wir haben später oft darüber gesprochen. Ich empfand es als ein Problem, mit einem Menschen zusammenzuleben, von dem ich manchmal nicht wusste, ob er jetzt die Wahrheit sagt oder ob er übertreibt, ob er spinnt oder sonst was.

Von vielen seiner anderen Freunde wusste ich, dass es ihnen ähnlich erging. Viele waren durch das, was er sagte, verunsichert und fragten sich ernsthaft, ob sie dem Glauben schenken könnten, was er von sich gab. Manchmal hatte er wirklich ein richtiges Feuerwerk im Kopf, obwohl er doch wissen musste, dass er in vielen Situationen mit der reinen nackten Wahrheit oder besser, mit mehr Normalität besser dran gewesen wäre und sicherlich mehr erreicht hätte. Aber das ist seine Art. Und so ist er auch heute noch. Bisweilen ist er nicht zu bremsen, dann will er einfach nur provozieren, vielleicht, um ans Eingemachte zu gelangen. Ich weiß es einfach nicht.

An diesem Freitagvormittag bin ich nicht ins Fair Play gefahren, um schnell noch ein paar Mark im Daddelautomaten zu versenken. Ich fuhr direkt nach Hause an den Mittagstisch, legte mich danach eine halbe Stunde aufs Ohr und stand pünktlich um halb drei vor der Kreissparkasse, um mein Konto zu plündern. Dreihundert Mark gaben sie mir, obwohl das Konto jetzt schon wieder mit zweihundert im Minus stand, aber mir war zu diesem Zeitpunkt, in diesem Zustand ganzheitlicher Verliebtheit, alles recht.

Warum dachte ich nicht ans Zocken? Wieso mähte ich den Rasen freiwillig? Letzteres wird sich wahrscheinlich auch meine Mutter gefragt haben – da sie ja von Ersterem keine Ahnung hatte –, und ich muss heute sagen, wir hatten an diesem Tag und auch am folgenden Samstag keine einzige Meinungsverschiedenheit.

Ich erinnere mich sehr genau, dass ich an jenem Tag seit langer Zeit zum ersten Mal einkaufen gegangen bin, ohne die Abrechnung zu meinen Gunsten zu gestalten. Meine Eltern hatten schon mehrere Jahre immer die teuerste Salami der Welt gegessen, dessen war ich mir sicher. Vor allem wenn ich gegen Ende des Monats finanziell mal wieder am Ende gewesen war, hatte ich mich um familiäre Aufgaben dieser Art förmlich gerissen, weil ich auf diese Weise immer ein wenig Wechselgeld unterschlagen konnte. Das war aber niemals mehr als einen Zehnmarkschein, denn ich hatte ja meine Eltern eigentlich nie bestehlen wollen, auch wenn ihnen die paar Mark bestimmt nicht wehtaten. So dachte ich eben.

Überhaupt verging im Grunde kein einziger Samstagvormittag mehr ohne einen Besuch im Fair Play, auch wenn Ahrensburg von den Großhansdorfer Hausfrauen überschwemmt wurde und ich höllisch aufpassen musste, um nicht gesehen zu werden, wenn ich die Spielhalle betrat. Man musste eine lange Treppe hinaufsteigen, und von oben hörte ich dann immer schon die vertraute Dudelei der Automaten.

»Hallo, Zocker-Ali!«

»Alles klar, Alter?«

»Logisch, und selbst?«

»Man lebt ja! Haben sie schon irgendwas geschmissen?«

»Tot, Mann, tot!«

»Na denn ...«

»Alles klar! Hau rein!«

Das waren die Begrüßungsformeln, wobei ich, als Stammgast des Fair Play, von Mike, der Hallenaufsicht, immer mit Handschlag empfangen wurde, was er nicht bei jedem tat. Ich habe ihn jetzt schon seit fast zehn Jahren nicht mehr gesehen und weiß auch nicht, was er, der ehemalige Chemie-Facharbeiter, heute macht. Ob er vielleicht in irgendeiner anderen Spielhalle sitzt und Kaffee kocht, Scheine in Münzgeld wechselt, aggressive Verlierer hinausschmeißt und jubelnde Gewinner beruhigt. Aber ich möchte mal vermuten, dass Mike, dessen Nachnamen ich nicht einmal kenne, damals schon gesehen hat, wie scharf ich auf die Daddelei war, und dass ich eigentlich nicht hierhergehörte. Ich glaube, dass er aus diesem Grund öfter den Versuch unternommen hat, mich von den Kästen abzubringen.

Einmal, als ich ihm damals während einer ausgesprochenen Pechsträhne gestanden hatte, dass mich die Spielerei eigentlich doch ankotzte, war mitten in unsere Unterhaltung eine Serie geplatzt. Wir hatten am Tresen gestanden, die Wechselstube und Kaffeebar in einem war. Ganz hinten in der Halle lief mein Crown auf Start- und Risikoautomatik; ich hatte an jenem Abend bereits einen Hunderter verloren, und es liefen meine letzten fünf Spiele. Ich hatte nur noch eine Mark fünfzig auf der Uhr, und ein Spiel dauerte fünfzehn Sekunden und kostete eben dreißig Pfennig.

Bisher war dies ein verlorener Abend für mich. Doch dann, gerade als Mike meinen Plastikbecher zum vielleicht fünften Mal mit dem bitteren Automatenkaffee füllen wollte, lief tatsächlich doch noch eine Serie ein: hundert Spiele, und das zehn Minuten vor Feierabend. Um eins war Schluss.

»Definitiv«, sagte Mike, und ich stand da mit meinen hundert Sonderspielen, und der Apparat brachte ein Gewinnfeld nach dem anderen. Um ein Uhr schmiss Mike die anderen Daddler hinaus und begann, die Scheiben der zwei Dutzend Automaten mit einem Glasreiniger abzuwischen. »Kannst ruhig bleiben«, sagte er zu mir, »spiel die Serie ab und dann raus. Ich weiß sowieso nicht, was du hier immer machst.«

»Verstehe ich nicht«, antwortete ich.

»Also, du machst mir doch irgendwie 'n anderen Eindruck wie die anderen, die täglich hier ihre Kohle verzocken. Gehste aufs Gymnasium, oder wie?«

»Ich verstehe dich nicht, Mike«, antwortete ich und zuckte mit den Schultern.

»Ganz einfach«, sagte er, »guck doch mal, Erik zum Beispiel hat sowieso 'ne Vollscheibe, Peter, der dicke Maler, verdient schwarz ohne Ende und kann außer Anstreichen und Zocken überhaupt nichts, und Jens ist auch irgendwie gestört. Du aber passt hier gar nicht rein, verstehste?«

Ich fühlte mich natürlich einerseits geehrt. Andererseits wurde ich auf einmal in meiner Einbildung das beklemmende Gefühl nicht los, dass er es ernst meinte.

»Hast du keine Freundin?«, fragte er ganz unvermittelt.

»Nein«, antwortete ich, »zu wenig Zeit.«

»Das glaub ich gern«, sagte Mike, »so oft, wie du hier rumhängst. Schaff dir 'ne Freundin an, und du sparst Geld.

Sieh mal, dein Crown schmeißt seit zwanzig Spielen auch nichts mehr. Mann, kapierste das nich'. Mit Daddeln ist noch nie jemand reich geworden!«

Am Ende der Serie, gegen halb zwei, hatte ich insgesamt nur einhundertzwanzig Mark gewonnen. Theoretisch hätten es zweihundertsiebzig Mark werden können, einhundert Sonderspiele mal drei Mark minus dreißig Mark Einsatz. Auch Serien kosten dreißig Pfennige pro Spiel. Natürlich hatte ich nur zwanzig Mark gewonnen, hundert Mark hatte ich ja eingesetzt, aber für einen Zocker ist es ja schon ein Hauptgewinn, wenn er plus/minus null aus der Spielhalle herauskommt. Aber auch das merkte ich erst viel später.

Es hätte meinetwegen auch eine Schülertheater-Aufführung des *Faust* sein können, so aufgeregt hatte ich neben Inge gesessen und immer wieder versucht, möglichst unabsichtlich mein rechtes Bein gegen ihr linkes Bein zu drücken. Vergeblich. Sie hatte konzentriert auf dem Stuhl gesessen, auf das Geschehen auf der Bühne geachtet und sogar an den richtigen Stellen des *Geizigen* gelacht. Dann hatte ich sie zu einem Glas Wein eingeladen, wobei ich mich anfangs verflucht hatte, dass ich den Tipp meines Vaters angenommen hatte und mit Inge in das kleine, verwinkelte Kellerlokal in der Nähe des Gänsemarktes gegangen war, wo der offene Rote zehn Mark pro Glas gekostet hatte. Jetzt standen wir in einer ziemlich kühlen, frühherbstlichen Nacht auf dem Alsteranleger der Alten Rabenstraße, guckten die Sterne an, und ich versuchte, sie zu küssen. Inge aber glitt elegant aus meiner Umarmung heraus und tippte mir mit dem Zeigefinger sanft, leicht tadelnd, aber auch ein bisschen zärtlich, wie ich glaubte zu spüren, auf die Lippen.

»Warum bist du so ungeduldig?«, fragte sie, und dann strahlte sie mich an, und ich sah eine Spur von Frechheit in ihrem Gesicht. »Wir haben doch noch so viel Zeit!«

Als ich in den Wagen meiner Mutter stieg, war die Sonne bereits aufgegangen, und die Glocken der katholischen Kirchen begannen gerade zu bimmeln. Es war acht Uhr am Sonntagmorgen. Ich hatte einen furchtbar schlechten Geschmack im Mund; nach Wein, nach Zigaretten und wieder nach Wein: Aber ich schwebte – nicht nur aus Müdigkeit – und war mit ungeheurem Stolz erfüllt, jetzt endlich ein richtiger Mann zu sein. Dabei hatte ich zunächst nur versucht, so zu sein wie der jugendliche Held in Manfred Bielers Roman *Der Kanal*; ein Junge, der bei den reiferen Mädchen deshalb so beliebt war, »weil seine Hand nicht wie ein nasskalter Frosch zwischen ihren Schulterblättern saß«. Aber Inge hatte, als ich sie nach meinem erbärmlich gescheiterten Kussversuch auf dem Alsteranleger der Alten Rabenstraße eine gute halbe Stunde später vor der Haustür absetzte, den Spieß einfach umgedreht und mir gezeigt, dass es auch Frauen gibt, die ihre Hände zu gebrauchen verstehen. In dieser Nacht stellte ich so unter anderem fest, dass der Bauch keineswegs nur eine kitzelige Zone des Körpers war.

Und doch, das hatte ich sehr genau gespürt, hatte sie auf irgendeine Weise auch nur mit mir gespielt. Ich konnte es zwar nicht in klare Gedanken fassen, auch fehlten mir die genauen Anhaltspunkte, aber wenn Liebe ein Spiel war, dann würde ich dieses Spiel gewinnen. Ganz sicher.

6. KAPITEL

Schluss in Monte Carlo

Wir steuerten zielstrebig aufs Abitur zu, Inge und ich, und ihre Mutter und meine Eltern äußerten nicht selten die Befürchtung, wir könnten vielleicht sogar heiraten.

»Ihr kommt mir manchmal vor wie ein altes Ehepaar«, sagte meine Mutter, deren Polyarthritis immer schlimmer wurde, sodass sie manchmal einen ganzen Vormittag im Bett warten musste, bis die schweren Medikamente anschlugen und sie sich einigermaßen bewegen konnte. Mein Vater hatte sich inzwischen pensionieren lassen und lernte jetzt, mit zweiundsechzig Jahren, zu kochen.

Ein Jahr war ich nun schon mit Inge zusammen, und in der ersten Zeit habe ich weitgehend aufs Spielen verzichtet. Ich daddelte nur dann, wenn wir uns gestritten hatten. Jeden Streit empfand ich als Beleidigung meiner Würde, ich fühlte mich verletzt und versuchte mein Leiden für mich selbst zu kanalisieren, indem ich mich als Werther für die Armen bezeichnete. Doch das half auch nicht weiter. Meistens bin ich dann mit meiner Stinkwut im Bauch aus der Wohnung abgerauscht und im Fair Play gelandet. Je länger wir uns kannten, desto öfter beendete ich unseren Zoff nicht mit einer Versöhnung, sondern mit einem schnellen Zock in meinem zweiten Zuhause. Von meinen alten Freundeskreisen war ich inzwischen ziemlich isoliert; die meisten von ihnen mochten Inge nicht besonders und hielten sie für arrogant und zickig. Vielleicht war sie das auch; ein bisschen zumindest, aber ich mochte sie, auch wenn sie sich alle zehn Minuten ihre Lippen nachzog und einer Laufmasche fast immer ein Erdbeben folgte. Dann war sie ungenießbar, und ich musste sie in Ruhe lassen. Nur meistens schaffte ich das nicht.

Wenn wir uns zankten, stritten, anbrüllten und manchmal auch gegenseitig ohrfeigten, dann immer nur wegen irgendwelcher Lappalien – wie zum Beispiel wegen einer blöden Laufmasche. Dann schaukelten wir uns gegenseitig hoch, ich wurde laut und aggressiv, und wenn ich endlich angefangen hatte zu brüllen, sagte sie spitz: »Du kannst auch immer nur brüllen«, worauf ich natürlich erst recht explodiert war. O ja, wir liebten uns wirklich. Das glaubte ich damals felsenfest. Aber wahre Liebe scheitert nicht an einer Laufmasche. Auch das wusste ich damals noch nicht …

Doch dann saß ich eine knappe halbe Stunde später vor meinen mechanischen Freunden, in den bequemen Kunstledersessel gelümmelt, die Füße auf die Kaffeetassen-Ablage gelegt, eine gemütliche Zigarette in der linken Hand, eine kleine Säule Fünfmarkstücke neben meinen Schuhen, und schaute zu, wie sich die Scheiben drehten und die Walzen rotierten. Es dauerte meistens nicht sehr lange, bis ich so meine innere Ruhe wiederfand. Die Automaten wirkten geradezu sedierend auf meinen angeknacksten Männerstolz; sie brachten die Emotionen und Aggressionen auf null und bauten sie dann in eine andere Richtung wieder auf.

Inge hatte ich vielleicht nicht im Griff, aber die Daddelkästen, die gehorchten mir aufs Fünfmarkstück. In diesen Augenblicken war alles, was mir über theoretische Gewinnausschüttung, Chancen und Verluste bekannt war, scheißegal. Vielleicht, weil es so einfach war; viel einfacher jedenfalls als der Versuch, so etwas wie eine Streitkultur aufzubauen und Konflikte auszutragen, Entscheidungen zu treffen und sich über deren Konsequenzen Gedanken zu machen …

Der Vater (1993)

Mich hat an ihm wenig gestört, außer der Tatsache vielleicht, dass er kein besonders guter Zuhörer war, wenn wir einmal eine Auseinandersetzung hatten. Dann wurde er frech und unterbrach meine Frau oder mich, oder er fing an zu brüllen. Schon als kleines Kind war mir das aufgefallen: Wenn die ganze Bande in der Nähe des Hauses spielte oder in unserem Garten und ein Kind brüllte, dann war er in den allermeisten Fällen derjenige, der schrie. Kritik hat er sich selten gefallen lassen. Als Kind und Jugendlicher eigentlich gar nicht, erst später, als er älter wurde und ins Berufsleben eintrat. Und als Kind hat er es ausgesprochen schlecht vertragen, wenn er geärgert wurde.

Einmal hat er einem zwölfjährigen Mädchen mit seinem Holzgewehr alle vier Schneidezähne ausgeschlagen. Ein paar Kinder hatten ihn damals, er war vier Jahre alt, in einem Laubhaufen vergraben, und er ist völlig ausgeklinkt und hat sich wohl das erstbeste Stück genommen, mit dem er auf die viel Älteren losgehen konnte. Ich musste damals zweitausend Mark Schmerzensgeld bezahlen; es waren ja bereits die richtigen Zähne gewesen, aber wir haben die Sache außergerichtlich geregelt. Noch heute bin ich felsenfest davon überzeugt, dass er dem armen Mädchen die Zähne nicht absichtlich ausgeschlagen hat. Sie lief noch fast fünf Jahre mit Provisorien herum, bevor sie eine Brücke bekam, die ich auch bezahlt habe.

Aber wenn er richtig sauer war, ich meine, richtig böse, dann konnte ihn wirklich niemand aufhalten, vor allem nicht, wenn er wusste, dass er wirklich recht hatte, wenn zum Beispiel irgendein Schüler einen losen Spruch über ihn oder uns Eltern gemacht hat oder irgendeinen anderen völlig hirnrissigen Mist. So erhielt meine Frau im Frühjahr 1973 einen Anruf seiner damaligen Klassenlehrerin. Mein zwölfjähriger Sohn hatte einen achtzehnjährigen Primaner, der ihm mit dem Fuß eine Klassentür an den Hinterkopf getreten hatte, dermaßen vermöbelt, dass der eine Woche zu Hause bleiben musste. Wie ein Bullterrier war er auf den Stärkeren losgegangen, urplötzlich und ohne Rücksicht auf Verluste. Zwei Lehrer mussten ihn damals mit Gewalt von seinem Opfer losreißen, das auf dem Rücken gelegen hatte und von den Ohrfeigen schon ziemlich geschwollene Backen gehabt haben muss. Ich als Vater war, das muss ich heute zugeben, schon ein wenig stolz auf ihn, dass er praktisch so gehandelt hatte, wie es im Fliegenden Klassenzimmer *von Kästner nachzulesen ist. Das Buch hatte ich ihm geschenkt, als er zehn war.*

Andererseits haben wir uns über diese unangenehmen Zwischenfälle, die immer mal passieren können, keine weiteren Sorgen gemacht, denn im Grunde war er eigentlich ein friedliches Kind, das sich stundenlang allein beschäftigen konnte, mit Legosteinen spielte, bastelte oder malte. Nur wenn ihm eben mal etwas nicht passte, dann war Holland manchmal in Not.

In den letzten Sommerferien vor dem Abitur fuhren Inge und ich mit dem Wagen meiner Mutter nach Italien, an die Riviera. Meine Noten waren für meine Verhältnisse so gut gewesen, dass mein Vater meinen Kontostand geflissentlich übersehen und uns den Urlaub spendiert hatte. Alle dachten, wir wären ja so gut wie verlobt, aber wir wussten es besser. Wahrscheinlich hätte mein Vater uns die Reise nicht bezahlt, wenn er damals gewusst hätte, wie oft ich in den vergangenen Wochen wieder im Fair Play herumgesessen hatte. Allmählich war auch Inge hinter meine Zockerei gekommen, denn irgendwann lässt sich das vor demjenigen, mit dem man zusammen *lebt,* einfach nicht mehr verheimlichen. Sie machte mir die Hölle heiß, mit dem Ergebnis, dass ich nun noch öfter spielen ging. Ich hatte jedoch in den letzten Wochen eine Glückssträhne gehabt. Plus/minus null, die Verluste egalisiert – damit gab ich mich zufrieden.

Schon in den Kasseler Bergen begann sie herumzuzicken. Die Aussicht, die nächsten drei Wochen in einem Zweimann-Bergzelt hausen zu müssen, behagte ihr gar nicht. Aber auf der anderen Seite musste es ja die italienische Riviera sein, und da konnten wir uns mit unseren lächerlichen tausendfünfhundert Mark sicherlich kein Hotelzimmer leisten.

Nach einer Übernachtung in München bei Freunden meiner Eltern fuhren wir über den Brenner nach Bozen und erreichten am späteren Abend, gegen zehn Uhr, Imperia an der ligurischen Küste. Um uns herum tobte das mediterrane Leben mit Campari, Prosecco und Frutti di Mare, während wir verschwitzt, müde und hungrig einen Campingplatz nach dem anderen abklapperten, wo ich mein Zweimann-Bergzelt aufbauen und schnellstens im Schlafsack verschwinden wollte. Gegen ein Uhr morgens hatten wir noch immer kein freies Plätzchen gefunden. Inge war am Rande eines Nervenzusammenbruchs, und ich fühlte mich als Versager.

»Dann fahren wir eben nach Frankreich rüber«, sagte sie, »an die Côte!«

Sie sagte nicht Côte d'Azur. Sie sagte nur »Côte«, und das war gleichbedeutend mit einem Befehl.

»Frankreich ist verflucht teuer«, sagte ich.

»Das ist mir egal«, sagte Inge, »fahr los.«

Sie hatte keinen Führerschein, ich schon sechzehn Stunden auf der Uhr, aber sie kannte keine Gnade. Auf der Küstenschnellstraße Richtung Nizza holte ich auf den geraden Strecken, wenn es mal welche gab, das Allerletzte aus dem Vierzig-PS-Motor heraus, und nach manch einer Kurve glaubte ich bereits, weiße Mäuse zu sehen.

Gegen drei Uhr morgens überquerten wir die Grenze zu Frankreich, gegen halb fünf rollten wir durch Nizza, und um fünf Uhr morgens, als sich der Horizont im Osten bereits orangerot zu färben begann, machte ich auf der dreispurigen Küstenstraße eine Wende, bretterte auf den breiten Kiesstrand hinauf und sagte:

»Schluss. Aus. Finito. Ich kann nicht mehr weiterfahren.«

Inge zeigte sich einsichtig. Wahrscheinlich sah sie ein, dass sie den Bogen überspannt hatte. »Gut«, sagte sie, »dann schlafen wir eben jetzt zwei Stunden im Auto oder am Strand, gehen dann frühstücken und suchen uns später in aller Ruhe ein Zimmer.«

Das waren die Momente, in denen ich sie wirklich hätte heiraten können. Das waren die Momente, in denen sie nicht mehr die feine Dame spielen wollte, da fühlte ich mich von ihr verstanden. Aber eigentlich hatte sie nur deswegen eingelenkt, weil sie an ihre eigenen Grenzen gestoßen war. Ich, das »Vehikel«, hatte versagt, sie wollte sich aber noch meiner bedienen, daher gönnte sie mir die Rast, wie sie es einem treuen Maultier auch gewähren würde. Derartige Geschichten konnten nicht ohne Folgen bleiben. Wir ahnten beide, dass da etwas Unausgesprochenes zwischen uns lag.

Vielleicht hatte sie mir ja schon ein paarmal Signale gegeben, mit denen sie ihre Gesprächsbereitschaft andeuten wollte, und vielleicht hatte ich diese Signale überhört oder sogar überhören wollen. Aber nie wäre ich auf die Idee gekommen, von mir aus das eigentliche Problem zwischen uns beiden anzugehen. Davor hatte ich viel zu viel Schiss: ihr ausgerechnet im Urlaub zu sagen, dass ich mich vor dem Tag fürchtete, an dem sie, wie sie mir drei Monate zuvor eröffnet hatte, für mindestens ein Jahr nach Paris gehen würde, um zu modeln – und Paris war ja so verdammt weit weg. Sie hatte immer noch eine andere, eine »wichtigere Option« in petto, und sie würde nicht zögern, diese zu ziehen, wenn ich ihr nicht jeden Wunsch von den Lippen ablesen würde. Verlassen zu werden: Davor fürchtete ich mich wirklich, während sie eigentlich schon in dieser Scheinwelt der Models lebte und sich nur noch nicht traute, sich ganz darauf einzulassen. Das war im eigentlichen Sinne ihr Manko: Sie fühlte sich zu Höherem berufen und hat doch mir Normalsterblichem den Vorzug gegeben. Unter hohen Auflagen. Unter Bedingungen, die eigentlich nicht erfüllbar waren: »Siehst du nun ein, warum eine Laufmasche sie aus dem Konzept bringt?« Ich ahnte es zwar, doch fehlte mir noch die Lebenserfahrung, um dies richtig einzuschätzen.

Am nächsten Morgen fanden wir tatsächlich ein Zimmer mit Kochnische, das natürlich viel zu teuer war, doch wir beide hatten nur noch den Wunsch, ein paar Tage abzuhängen. Jeden Tag essen zu gehen, das war selbst Inge klar, war nicht drin, und selbst mit meiner Gitarre, die ich mitgenommen hatte, konnte ich so einen Luxus nicht finanzieren.

»Warum spielst du nicht einfach in ein paar Straßencafés«, sagte Inge am zweiten Tag unseres Urlaubs, »die Typen, die wir bis jetzt gehört haben, waren weitaus schlechter als du.«

Ich war mir sehr unsicher, ob die Touristen Bob Dylan, Simon and Garfunkel und ein paar selbst komponierte Stücke meines alten Freundes Bernd goutieren würden.

»Wahrscheinlich muss ich zuzahlen«, sagte ich, während ich mich geehrt fühlte, dass sie mich darauf angesprochen hatte.

»Quatsch«, sagte Inge, zog sich ihre Lippen nach, bürstete sich ihre Haare und fingerte im Sand nach ihrer Sonnenmilch mit Lichtschutzfaktor zwölf, weil sich die Haut an ihren Schultern bereits gefährlich gerötet hatte, »das klappt. Außerdem brauchen wir Geld. Ich habe nur noch vierhundert, und du?«

Ich brauchte nicht sehr lange zu zählen.

»Noch achthundert in Reiseschecks.«

»Also, eine andere Möglichkeit sehe ich nicht«, sagte sie schulterzuckend, und damit begann das Theater mit Signore Boccafusca.

Als mich meine Eltern ein paar Jahre zuvor vom Geigenunterricht befreit hatten, hatte mir meine Großmutter, wenige Monate vor ihrem Tod, in einem letzten Anfall von Musikbesessenheit eine Konzertgitarre geschenkt. Das Ding hatte einen furchtbar breiten Hals gehabt und verstaubte im Keller. Aber vor drei Jahren hatte mir Bernd eine alte Ibanez-Akkustik-Gitarre zum Schleuderpreis verkauft, und auf dieser Klampfe hatte ich mir im Lauf der Zeit ein ziemlich umfangreiches Repertoire der typischen Lagerfeuer-Romantik-Jugendgruppen-Songs angeeignet. Jetzt also sollte ich – auf besonderen Wunsch meiner Herzensdame – das erste Mal für Geld spielen.

Inge bereitete meinen ersten Auftritt generalstabsmäßig vor. »Du musst abgerissen aussehen«, sagte sie, »am besten gehst du barfuß!«

So war ich dann losgezogen: barfuß, mit dem ältesten T-Shirt und der abgerissensten Jeans und um die Hüften ein buntes Baumwolltuch zu einem Geldsack zusammengebunden, während Madame vom ordinären Strand in eines der zahllosen Liegestuhlverleih-Unternehmen mit angeschlossenem Restaurant wechselte.

Aber in Juan Les Pins, unserem Ferienort, waren klampfende Countrysänger in den Bars und Straßencafés nicht erwünscht. Ich solle es doch lieber in Antibes versuchen. Ich ließ mich davon nicht verunsichern. Also stieg ich in den Käfer, fuhr die paar Kilometer hinüber nach Antibes und nahm die Herausforderung an.

Dass ich selbst nicht darauf gekommen war, mir meine Urlaubskasse mit der Gitarre aufzufüllen! Touristen honorieren nahezu alles, um wie viel mehr das, was ihren Gefallen findet. Im ersten Café war ich noch so aufgeregt, dass ich die eine oder andere Textstelle vergessen und mit einem dahingehauchten »la, la, la« übertüncht hatte – der Umsatz fiel entsprechend mager aus –, aber bereits im zweiten Café hatte mich eine holländische Gruppe aufgefordert, etwas Eigenes zu spielen; und diesem Wunsch konnte ich dank Bernds trauriger deutscher Balladen entsprechen. Allein die Holländer hatten sich mit dreißig Franc für meinen zwanzigminütigen Auftritt bedankt, und am Nachmittag hatte ich nahezu eintausend Franc zusammen und einen höllischen Sonnenbrand.

»Siehst du«, sagte Inge, »das klappt ja prima. Wann gehst du wieder los?« Sie wusste, ich würde alles für sie tun. Und sie nutzte es, wenn auch auf unverschämt charmante Art, kräftig aus. Alle zwei Tage zog ich für ein paar Stunden los, während sie sich bräunen ließ. Am nächsten Tag schmissen wir dann das verdiente Geld gemeinsam mit vollen Händen hinaus. Nach zweieinhalb Wochen beschlossen wir, noch eine Woche dranzuhängen. Finanziell war das ja nun kein Problem mehr. An jenem Abend schenkte ich ihr ein paar goldene Ohrringe, über die sie sich sehr freute. Ich hatte ja keine Ahnung, dass diese Ohrringe letztendlich zum Theater mit Signore Boccafusca führen sollten – und ich zum ersten Mal in meinem Leben ein richtiges Spielkasino von innen sehen sollte.

Am nächsten Tag bekam Inge dann ihre Tage, wurde wie immer unausstehlich, und deshalb stritten wir uns bereits beim Frühstück über irgendwelche Belanglosigkeiten. In der Folge warf sie mir zunächst meinen Reisewecker an den Kopf und dann, in einem Anfall hysterischer Theatralik, die von mir geschenkten Ohrringe aus dem Fenster. Ich fühlte einen cholerischen Wutanfall in mir heraufziehen. Inge spürte diesen offensichtlich auch und machte, dass sie aus unserem Zimmer kam.

Ich schmorte einige Minuten. Dann machte ich mich auf, die Ohrringe zu suchen. Unser Zimmer ging zum Strand hinaus. Nach einer halben Stunde Wühlarbeit im Sand gab ich es auf. Sie hatte, ohne zu zögern, mal eben vierhundert Franc weggeschmissen. Schluss, aus, dachte ich, rannte nach oben, packte unsere Sachen, schnappte mir eine Flasche Rotwein, die ich nebenbei austrank, belud unseren Käfer und bezahlte dann das Zimmer. Jetzt hatte ich noch dreihundert Mark. Die würden bis nach Hause reichen. Ich stiefelte hinunter zu Inges Stammplatz am Strand. Mitnehmen wollte ich sie schon noch, obwohl sie es diesmal zu weit getrieben hatte. Ich fand sie jedoch nicht und geriet in Panik. Ich lief den ganzen Strand auf und ab. Die Sonne brannte und ließ den Rotwein in meinem Kopf kochen. Wir hatten ja noch nicht einmal zu Ende gefrühstückt!

Irgendwann gegen Mittag entdeckte ich sie in einem Restaurant, an dem wir beide öfter vorbeigelaufen waren, denn für die Preise hätte ich Tag und Nacht in den Straßencafés klampfen müssen. An Inges Seite saß ein kleiner, fetter Mann, der ihren erschrockenen Blick sofort bemerkt hatte, als sie mich in voller Montur, mordlüstern, durch den heißen Sand stapfen sah. Als ich ihm gegenüberstand, reagierte er äußerst lässig:

»Möchten Sie einen Wein trinken?« Er sprach in gebrochenem Deutsch, und ehe ich etwas erwidern konnte, stand ein gekühlter Weißwein vor mir, und mein Platz wurde von zwei Kellnern eingedeckt.

»Setz dich doch endlich hin!«, sagte Inge. Ich ließ mich mechanisch auf den mir unter den Hintern geschobenen Stuhl fallen.

»Das ist Signore Franco Boccafusca«, sagte Inge, und ganz beiläufig ergänzte sie: »Er hat uns auf den Rotkreuz-Ball nach Monte Carlo eingeladen. Ein Zimmer im Hôtel de Paris ist bereits reserviert. Wir müssen um spätestens sieben Uhr in Monte Carlo sein.«

Betrunken oder nicht, eins wusste ich genau: Mich hatte der kleine Italiener bestimmt nicht ins teuerste Hotel an der gesamten Mittelmeerküste eingeladen. Und zum Rotkreuz-Ball sicher auch nicht.

»Und morgen sollen wir in den Beach-Club des Hotels kommen und abends ins Kasino«, plapperte meine Freundin munter weiter.

»Von was sollen wir uns das bitte schön leisten?«, fragte ich. »Weißt du, was das kostet?« Der Italiener verstand offenbar schlechter Deutsch, als ich angenommen hatte, denn er blickte ständig zwischen Inge und mir hin und her und nippte nervös an seinem Weißwein. »Außerdem«, sagte ich mutig, »ist das hier sowieso der größte Strich der Welt, und der alte Bock ist nur geil auf dich.«

»Aber ich bin nicht geil auf ihn«, sagte Inge, »und das müsstest du eigentlich wissen. Aber wenn du immer so brüllst.«

Damit hatte sie mich. Wieder einmal. Es wurde ein harmonisches Mittagessen mit viel Small Talk und Krustentieren. Der Small Talk kostete Nerven, die Krustentiere viel Geld. Gegen vier Uhr am Nachmittag erhob sich Signore Boccafusca, der angeblich Rechtsanwalt in Neapel war – bestimmt für die Mafia, dachte ich –, und verabschiedete sich mit Handkuss von Inge. Mir gab er dann die Hand, nahm seine Sonnenbrille ab und sah mir strahlend in die Augen. Um seinen Blick zu erwidern, musste ich mich bücken. Dann griff er in seine Hosentasche und holte das dickste Bündel Fünfhunderter heraus, das wir bis dahin jemals gesehen hatten. Es war mit einer brillantenbesetzten Geldklammer zusammengehalten. Boccafusca leckte seinen rechten Daumen, zählte zwei der gelben Scheine ab und steckte sie mir blitzschnell in die Brusttasche meines Hemdes.

»For essence!«, rief er und kugelte sich aus dem Restaurant. Wir hatten uns längst auf ein Sprachenkauderwelsch geeinigt. Durch die Glasfront sahen wir, wie er in einen flachen, offenen gelben Sportwagen stieg.

»Du«, sagte Inge, »das ist ein Ferrari.«

»Nein«, sagte ich, »ein Lamborghini. Aber sag mir jetzt bitte, was wir machen sollen?«

Es kommt wahrscheinlich nicht alle Tage vor, dass ein weißer, etwas zerbeulter VW-Käfer mit Bad Oldesloer Kennzeichen an einem dieser herrlich warmen Sommerabende an der Côte d'Azur wild hupend an der Barriere, die den Parkplatz des Hôtel de Paris vor eben solchen Fahrzeugen schützen soll, Einlass begehrt, durchgewunken wird, an mehreren Dutzend Luxuskarossen vorbeirollt und an der kolossalen Freitreppe stoppt; sodann zwei braun gebrannte junge Menschen aus dem Auto steigen und sogleich umringt werden von muskulösen Mitarbeitern dieser feinen Adresse des Luxus und der Moden:

»Qu'est que vous voulez?«

Inge antwortete arrogant in englischer Sprache: *»We have an appointment with Mr Boccafusca!«* Als dieser Name gefallen war, lockerten sich sogleich die Gesichtszüge der Bodyguards, ein freundlicher Hotelboy fuhr unseren zerbeulten Käfer über den Parkplatz und platzierte das gute Stück zwischen zwei Bentleys; die Touristen an der weiß-rot lackierten Schranke, die das gemeine Volk von den oberen Fünfhundert trennte, wunderten sich, und wir wurden in die Hotelhalle geleitet.

»Das ist nicht wie im Kino«, wisperte Inge, »das ist echt und viel besser!«

Keine Frage: Sie hatte recht. Bereits eine Minute später wurden wir zur Concierge geführt, die uns in lupenreinem Schweizerdeutsch erklärte, Signore Boccafusca ließe sich für eine weitere halbe Stunde entschuldigen. Wir sollten doch bitte solange Platz nehmen und uns einen Champagner kommen lassen. Ich bekam plötzlich kalte Füße. Sicher, dieser unvorhergesehene Abstecher auf der vorzeitigen Rückreise war schon eine ziemlich spannende Angelegenheit. Andererseits fand ich mein Benehmen zum Kotzen. Denn auf einmal dachte ich, was du hier tust, ist Zuhälterei! Du verkaufst deine Freundin für tausend Franc Benzingeld an einen stinkreichen, geilen, alten Bock. Deshalb suchte ich ein Telefon, um meinen Vater anzurufen.

Es kostete mich fünfzig Franc, bis ich ihm die ganze Geschichte erzählt hatte. Seine Antwort war kurz und bündig: »Hüte dich vor alternden Millionären!«

Das ist ausnahmsweise keine große Hilfe, dachte ich.

Als ich an den kleinen Tisch in der Halle zurückkehrte, scharwenzelte der Signore schon um Inge herum. Ich versuchte, eine gleichgültige Miene zu ziehen, und setzte mich auf das grüne runde Ledersofa zwischen die beiden. Boccafusca musste zur Seite rücken. »Er hat mich gefragt, ob du einen Smoking hättest«, sagte Inge.

Genauso gut hätte er fragen können, ob mein Käfer nicht vielleicht doch ein verkleideter Bentley war.

»Er will jetzt mit mir zum Ball«, fuhr meine Freundin fort, »aber in einer Stunde wollen wir wieder hier sein.«

»Du hast wir gesagt«, fauchte ich, »also hast du dich schon entschieden!«

Aber Inge setzte ihr kokettes Lächeln auf, das Grönland auftauen lassen könnte. »Mach dir doch keine Sorgen«, versuchte sie mich zu beruhigen, »du brauchst wirklich nicht eifersüchtig zu sein. Nicht auf einen so alten Knacker!«

Und dann gingen die beiden tatsächlich los. Ein paar Minuten später brachte ein Boy eine Flasche Roederer, *»with compliments from Mr Boccafusca«,* aber mir wollte die Vergnügungsbrause nicht so richtig schmecken. Ich saß auf diesem kleinen grünen Ledersofa an diesem kleinen Mahagonitisch in dieser großen Hotelhalle; um mich herum blitzten die Diademe und Jacketkronen der feinen Leute, aber ich fühlte mich als jämmerliches Weichei. Immerhin: Der Preis für Inge hatte sich um eine Flasche Champagner erhöht, und was sollte ich anderes tun: Ich trank sie allein aus, während ich darauf wartete, dass sie zurückkam.

»Wir wollen jetzt ins Kasino gehen«, weckte mich Inges Stimme aus meiner alkoholgeschwängerten Gefühlsduselei aus Melancholie und Verzweiflung, »er hat angeblich die Eintrittskarten für den Ball vergessen. Komisch, nicht?«

Sie waren nicht einmal eine Stunde weg gewesen, und mir war im Grunde jetzt alles egal. Also stand ich auf und schlenderte dem neuen Traumpaar hinterher: die große Freitreppe des Hotels hinunter, auf der uns Joan Collins im Blitzlichtgewitter der Fotografen und Touristen an den Schranken gerade entgegenkam; quer über die Place du Casino zum Grand Casino, wo man mir am Eingang eine gestreifte Krawatte verpasste.

In der Vorhalle sammelten sich gerade mehrere Reisegruppen zum Rundgang durch diesen prächtigen Bau aus den späten Siebzigerjahren des vorigen Jahrhunderts. Boccafusca pflügte mit meiner Freundin durch den aufgebretzelten Touristenschwarm. Ich folgte ihnen in gebührendem Abstand. So erreichten wir das Atrium, den sogenannten Promenadensaal, in dem sich das gemeine Volk an einarmigen Banditen austoben konnte, die ich ja schon von Las Vegas her kannte, aber Boccafusca hielt sich zielstrebig nach links, wo die eigentlichen Spielsäle begannen.

Hier drängten sich zwar genauso viele Menschen um die Roulette-, Baccara- und Black-Jack-Tische, aber ihr Benehmen war viel vornehmer und zurückhaltender als das der amerikanischen Zocker.

Dicke Teppiche und Brokatvorhänge dämpften den Geräuschpegel in den prunkvollen Sälen. Die Dekorationen auf den Decken und an den Wänden muteten seltsam schwülstig und pompös an; eine wahllose Mischung von Barock und Renaissance. Boccafusca hatte für all das, was Inge und mich geradezu erschlug, nichts übrig, sondern drängelte sich rücksichtslos an einen der umlagerten Roulettetische heran. Dann schoss sein kurzer dicker Arm zwischen einigen Körpern hervor, und Inge wurde unaufhaltsam neben ihn an den Tisch gezogen.

Ich war irgendwie nicht hinterhergekommen und musste nun zusehen, wie Boccafusca seine Geldklammer aus der Tasche holte, zwei Fünfhunderter auf Schwarz setzte und gewann. Er lachte dreckig, und in diesem Augenblick hätte ich ihm wahnsinnig gern aufs Maul gehauen. So was Verrücktes, dachte ich, als ich dann auch noch mit ansehen musste, wie er Inge zwei große Scheine in die Hand drückte und ihr mit ausladenden Bewegungen zu erklären versuchte, was sie setzen sollte. Sie setzte fünfhundert auf die Neunundzwanzig, immerhin meinen Geburtstag – und verlor. Aber Boccafusca bedeutete ihr, es ruhig nochmals zu versuchen. Sie setzte noch einmal fünfhundert Franc auf die Zwei – ihren Geburtstag – und gewann. Ich fasste es einfach nicht: Inge hatte mal eben so siebzehntausendfünfhundert Franc gewonnen. Es war zwar nicht ihr Geld, aber was machte das schon. Boccafusca nahm die Chips in Empfang, teilte sie in zwei gleich große Säulen auf dem grünen Filz, schob den Croupiers von der einen Säule einen Fünfhunderter-Chip zu, und die andere Säule war für Inge bestimmt.

»*You can* nehmen«, radebrechte der italienische Rechtsanwalt, »spielen, spielen, *joue, joue*!«

Inge hatte völlig vergessen, dass ich auch noch anwesend war. Sie setzte wahllos zwei Jetons auf irgendwelche Zahlen und verlor. Sie setzte einen Jeton auf Rot und gewann. Sie ließ die eintausend Franc liegen und gewann wieder. Sie nahm eintausend Franc weg und setzte sie wieder auf die Neunundzwanzig. Die Eins kam, sonst wäre ich wahrscheinlich in Ohnmacht gefallen, aber sie hatte abermals zweitausend Franc, da sie eintausend auf Rot stehen gelassen hatte. Sie befand sich im Spielrausch, während ich mit meiner Rolle nun völlig unzufrieden war: Die ganze Welt um mich herum vergnügte sich mit meiner Lieblingsbeschäftigung, und ich war gezwungen zuzuschauen. Hätte mir Inge aber ein paar Franc zugesteckt, wäre ich sofort zu den einarmigen Banditen im Kleinen Spiel gerannt.

Als ich später diese Geschichte Freunden erzählte, haben sie mich gefragt, warum ich denn nicht einfach abgehauen sei. Warum ich so feige gewesen sei. Aber abhauen konnte ich damals einfach nicht. Irgendwo, ganz tief im Gefühlsmeer von Eifersucht, Zorn, Enttäuschung und Hilflosigkeit, atmete am Grund noch ein kleiner Rest von Verantwortungsgefühl, der mich dazu bewog, diese irrwitzige Szenerie nicht zu verlassen. Aber dem drohenden Konflikt, dem Showdown in dieser merkwürdigen Menage à trois, war ich aus dem Weg gegangen. Die Angst, Inge nach einem richtig schönen Zoff vielleicht ganz zu verlieren, war größer gewesen als mein Stolz.

Als sich meine Freundin für einen Augenblick hektisch nach mir umdrehte, bemerkte ich den irren Glanz in ihren Augen, den nur Spieler haben können und den nur Spieler erkennen. Ist der Kopf weggetreten, dann stellt der Körper sich (meist) darauf ein: Der Zocker wird von einer starken Anspannung erfasst; von seinem Handschweiß werden die Jetons, das Geld, die Karten und auch die Scheiben der armseligen Spielautomaten feucht und klebrig.

Zocken ist Leistungssport. Der Schweiß perlt von der Stirn. Heißkalte Schauer jagen von den Fußsohlen bis hinauf in die Haarwurzeln. Der Körper ist nun hundertprozentig aufs Spielen eingestellt. Nie würde es der kleinen Blase im Unterbauch jetzt einfallen, zu stören, nicht einmal nach zwei Litern Weizenbier, und nicht einmal der Darm wagt es, sich in dieser Phase höchster Konzentration und Nervenflattern zu regen. Konnte ich nicht auch vier, manchmal sogar sechs Stunden vor mehreren Automaten stehen und regelrecht arbeiten? Es hatte Tage gegeben, in denen die Zockerei mit einem Mal nichts Entspannendes mehr hatte, sondern zu einer kräftezehrenden Tätigkeit wurde. Und abends im Bett, hundemüde seine verkrampften Beine zu (wieder zu) spüren, wie ein Fußballer nach der Verlängerung oder ein Ober nach der Schicht im Ausflugslokal, war schließlich auch kein Vergnügen.

Die Lippen pressen sich aufeinander, und im Inneren beschwört der Spieler alles, was ihm lieb und teuer ist. Manchmal entdeckt er sogar eine vorübergehende Liebe und Nähe zu Gott, vor allem, wenn es der letzte Chip oder der letzte Scheck ist, den er gerade einsetzt. Dann liegt da Geld auf dem Tisch, da steckt Geld im Automaten, da entscheidet eine Zwei beim Black Jack über plötzlichen Reichtum und eine rote Sieben im falschen Gewinnfeld über bittere Armut. Und immer ist Hoffnung da, die Hoffnung auf mehr Geld. Diese Hoffnung strengt an. Wenn er wieder mal einige Zeit lang erfolglos gespielt hat, beginnt der Spieler, irgendwelche geheimnisvollen Gewinnsysteme zu entdecken. Er glaubt, den Tisch oder den Apparat durchschaut zu haben und ihn zu beherrschen. Er hört auf jedes fremde Geräusch, das der Automat von sich gibt. Er glaubt bei jedem unvorhergesehenen Knacken der Walzen und der Scheibenelektronik an den großen Gewinn – der dann aber wieder nicht einläuft. Doch war da nicht vorher noch dieses optimistische Gefühl, dieses »Heute klappt es bestimmt?« Je länger der Spieler spielt und verliert, desto schneller weicht sein Optimismus einer aufbrausenden Aggression. Er kann sich kaum noch beherrschen. Zunächst flucht er noch lautlos in sich hinein, dann kommt ihm immer öfter das eine oder andere Schandwort über die Lippen.

»Alte Drecksau!«

»Wichsapparat!«

»So ein Arschloch!«

Alle Spieler, ob Biedermann oder Brandstifter, gelangen früher oder später zu dem Punkt, an dem sie den Daddelkasten, den Automaten, personifizieren. Auch ich sprach bereits mit den Walzen und der Risikoleiter. Ich flehte und bettelte sie an, ich verfluchte sie und dankte ihnen. Sie waren meine Brüder und Schwestern und Freunde, und sie waren auch meine ärgsten Feinde. In diesen Momenten war ich nichts anderes als ein Automaten-Mann.

Nach zwei Tagen, in denen uns der fette, kleine Anwalt aus Neapel ausgehalten hatte, sind wir dann endlich aus Monte Carlo abgehauen. Inge hatte, glaube ich, Boccafusca noch ein paar Tausender abgenommen, die sie nicht verspielt hatte. Doch als ich sie vorsichtig auf dieses Geld ansprach, meinte sie nur:

»Du willst Geld von mir? Bist du ein Zuhälter oder was?«

Immerhin bezahlte sie den Sprit und die Übernachtung in einem besseren Hotel, und etwas anderes hatte ich doch gar nicht von ihr gewollt. Doch auf der gesamten Rückfahrt redeten wir nur noch das Allernötigste: »Gibst du mir bitte mal eine Zigarette?«

»Ja, hier!«

Die vielen weiteren Stunden auf der Autobahn in Richtung Norden zogen sich wie Kaugummi. Mir kam es vor, als ob das Feuer zwischen uns erloschen war, sie aber eine neue Flamme entzündet hatte: Inge hatte vom Reichtum genascht und Appetit auf mehr bekommen. Wie sollte ich ihr das bieten können? Und als ich sie dann endlich zu Hause abgeliefert und ihren Kleidersack und ihren Kosmetikkoffer nach oben in den dritten Stock geschleppt hatte, wo ihre Mutter stand und als Erstes die Frage stellte, von wem denn die fünfzig dunkelroten Rosen geschickt worden seien und vor allem das

Flugticket nach Genua, bekam ich nicht einmal mehr einen Kuss zum Abschied. So schnell ging das also. Ich drehte mich wortlos um, lief die Treppen hinunter, stieg in den guten alten Käfer meiner Mutter und beschloss nachzuholen, was ich drei Tage zuvor in Monte Carlo versäumt hatte, auch wenn es nur das Fair Play war und ich eigentlich nur eines wollte: verlieren und leiden.

7. KAPITEL

Ins Schleudern

Es hatte zu regnen begonnen, ein warmer Sommerregen erfüllte die Luft mit dem Geruch von frischer, nasser Erde, als ich aus Bargteheide hinausfuhr, um meine erste große Liebe im wahrsten Sinne hinter mir zu lassen. Ich muss ziemlich schnell gewesen sein, vielleicht so um die einhundert Stundenkilometer. Es war bereits kurz nach Mitternacht an einem Freitag, und die Spielhalle schloss um zwei Uhr morgens. Ich drückte das Gaspedal bis zum Anschlag durch.

Kurz nach Bargteheide kam diese lang gezogene S-Kurve, die nach außen hing. Du bist nicht angeschnallt, dachte ich, ließ das Steuer los, hielt den Käfer mit den Knien in der Spur und griff mit der rechten Hand zum Sicherheitsgurt. Im Radio dudelte irgendetwas von J. J. Cale, und ich glaube mich zu erinnern, dass das Stück »After Midnight« hieß, als ich in die Zeitlupe eintauchte: Zuerst war da was kleines Graubraunes, das über die Straße hoppelte. Ein Karnickel!, registrierte ich und bremste. Aber die Bremsen reagierten nicht, und der Käfer kam ins Rutschen. Dann schleuderte er, stellte sich quer und rutschte, rutschte, rutschte. Warum bist du bloß so ruhig, schoss es mir durch den Kopf. Ich ergriff das Lenkrad mit beiden Händen, aber ich konnte nichts tun. Ich war wie paralysiert in diesem außer Kontrolle geratenen Auto. Gleich wird es krachen, war das Einzige, was mir einfiel, und in diesem Moment rauschte der Käfer mit der Fahrerseite in die Linde hinein. Der Aufprall ergab ein widerliches, dumpfes

Geräusch, das sich mit dem Kreischen von Metall und dem Splittern von Glas vermischte.

Stillstand. Ich registrierte, dass meine Beine offenbar in Ordnung waren. Mein Gesicht und mein Kopf auch. Kein Blut. Ich begann, mich abzutasten. Ganz mechanisch, von unten nach oben. Warum saß ich nicht im Wagen? Wie war ich hierher, nach draußen gelangt? Ich erinnerte mich nicht, ausgestiegen zu sein. Warum war die Beifahrertür offen? Und warum konnte ich plötzlich meinen linken Arm nicht mehr bewegen?

Das Aufstehen tat weh. Gebückt humpelte ich um das herum, was einmal der Wagen meiner Mutter gewesen war. Der Käfer hatte sich um den Baum gewickelt. Dort, wo ich eben noch gesessen haben musste, wuchs ein Baumstamm in den Wagen hinein. Die Sitze waren aus ihrer Verankerung herausgerissen worden, das Gepäck war zum Teil aus dem Auto herausgeflogen, und aus der Rückbank ragte der zersplitterte Hals meiner Gitarre hervor. Plötzlich hupte es, und von ganz weit her fragte eine Stimme:

»Brauchen Sie Hilfe? Soll ich Hilfe holen?«

Eine Woche später holten mich meine Eltern aus dem kleinen Ahrensburger Unfallkrankenhaus ab. Mein Vater bestand darauf, dass ich seinen Wagen nach Hause fuhr, auch wenn die Rippenbrüche trotz des Dachziegelverbandes unangenehm stachen, vor allem beim Schalten. »Du musst dich sofort wieder ans Autofahren gewöhnen«, sagte er, »wir haben deshalb auch schon einen neuen Wagen für deine Mutter bestellt, na ja, auch für dich, wahrscheinlich.«

Der Vater (1993)

Wenn er angeschnallt gewesen wäre, hätte er nicht aus dem Wagen fliegen können. So hat es uns damals jedenfalls die

Polizei erklärt. Das war wohl einer dieser äußerst seltenen Zufälle, wo der Sicherheitsgurt mehr schadet als nutzt. Er hat unglaubliches Schwein gehabt, damals, wie eigentlich immer im Leben. So sehe ich das nun mal. Dazu gehört auch, dass er endlich, mit zwei Jahren Verspätung allerdings, sein Abitur gebaut hat und der Horror mit der Schule damit endlich vorbei war. Der Durchschnitt war sogar ganz ordentlich, er lag so bei drei, wenn ich mich recht entsinne.

In der Zwischenzeit war er gemustert und für die Bundeswehr als tauglich eingestuft worden. Für ihn war aber klar, dass er verweigern würde, und er hat sich dann auch diese Stelle in einem Behindertenheim gesucht.

In den Monaten zwischen dem Ende seiner Schulzeit und dem Beginn des Ersatzdienstes ist er uns damals jedoch ein wenig entglitten. Er war kaum noch zu Hause und wenn, dann kam er meistens erst gegen drei Uhr morgens an. Er hatte ja diesen Kneipenjob, war aber auch sonst ständig auf Achse. Aber warum hätten wir uns Sorgen machen sollen? Der Junge war einundzwanzig und sollte sich austoben. Erst ein halbes Jahr später, als er seine spätere Frau kennengelernt und sich mir das erste Mal offenbart hat, bin ich über das Doppelleben meines Sohnes aus allen Wolken gefallen.

Ich konnte mich damals aber auch wenig um ihn kümmern. Meine Frau mit ihrer chronischen Polyarthritis erst recht nicht. Nur manchmal fiel es uns damals auf, dass er blass und äußerst reizbar war und bei jedem noch so geringfügigen Anlass förmlich in die Luft ging. So hatten wir ihn bis dahin nie gekannt, und meine Frau äußerte mal die Befürchtung, er könne womöglich Drogen nehmen. Seine alten Freunde hatte er, seit er diese eineinhalb heftigen Jahre mit Inge zusammen gewesen war, ziemlich vernachlässigt, und die Typen, mit denen er manchmal unten in seinem Zimmer saß, stundenlang

Tee trank und eine Zigarette nach der anderen rauchte, kamen uns ein bisschen komisch vor. Außerdem war er damals ständig pleite, obwohl ich ihm monatlich fünfhundert Mark überwiesen habe und er außerdem zwei- oder dreimal in der Woche in einer Kneipe arbeitete. Aber wenn ich ihn dann einmal nach Haschisch oder Marihuana gefragt habe, hat er immer strikt verneint: Er nehme keine Drogen. Sein Wort hat mir damals genügt.

Mein Zivildienst im Behindertenheim sollte erst am ersten Oktober beginnen, und so hatte ich viel Zeit; Zeit, die ich ab zehn Uhr morgens vorwiegend in der Daddelhalle verbrachte. Meine Eltern hatten noch immer keine Ahnung von meiner Zockerei. Zu Hause spielte, nein, war ich der wohlgeratene Sohn aus gutbürgerlichem Hause, der gerade sein Abitur bestanden und sich vorsorglich an der Hamburger Universität für Politologie und Jura eingeschrieben hatte, obwohl ich mir im Grunde nicht einmal sicher war, ob ich überhaupt jemals studieren wollte. Denn das Einzige, was mich für die Zukunft wirklich interessierte, war der Beruf meines Vaters: Ich wollte Journalist werden. Schreiben konnte ich ja angeblich ganz gut, und ich hatte auch Freude daran. Aber wahrscheinlich wollte ich damals nur meinem erfolgreichen alten Herrn nacheifern. Meinen Berufswunsch verbannte ich also irgendwo ganz hinten in meinem Gehirn unter der Rubrik »Vorsatz«. Ich wollte lieber zunächst mit dem Studium anfangen. In meiner Kombination waren dies damals zwei Numerus-Clausus-Fächer, aber mein Abi-Durchschnitt, zusammen mit dem Schleswig-Holstein-Bonus und der sechzehnmonatigen Zivildienstzeit reichten für einen pünktlichen Studienbeginn.

Am wichtigsten aber war in diesem Sommer der Langeweile die Frage, wie ich endlich aus den Miesen herauskommen könnte. Sehr viel länger, das spürte ich, würde ich meine Leidenschaft für Spielautomaten nicht mehr unter der Decke halten können. Mein Konto bei der Kreissparkasse stand ungefähr eintausend Kilometer tief in den roten Zahlen, und wenn am Monatsersten die Überweisung kam, reichte das Geld gerade mal dafür aus, um die sogenannte geduldete Überziehung des Überziehungskredits auszugleichen. Wenn ich Glück hatte, konnte ich dann mit dem Einsatz von einem Hunderter so viel aus den Kästen herausholen, um die ärgsten Gläubiger mit einer Rate zu beruhigen. Ein gutes Dutzend Leute bekamen Geld von mir; zumeist Beträge zwischen fünfzig und zweihundert Mark.

Geld heranzuschaffen war also zu einer zentralen Lebensaufgabe für mich geworden, und schon damals hatte ich nichts mehr, was ich noch hätte verkaufen können: Mein altes Mofa war für zweihundert Mark weggegangen, meine Geige hatte ich heimlich für fünfhundert Mark verkauft, und auch von meiner elektrischen Eisenbahn hatte ich mich getrennt. Ich hatte meinen Großvater angepumpt, meinem Onkel mit einer herzzerreißenden Geschichte über ein angebliches Problem mit Spielschulden am Kartentisch dreihundert Mark herausgeleiert, und die Griffe ins Portemonnaie meiner Eltern, mein Zigarettengeld, häuften sich.

Doch immer, wenn man mir eine unverhoffte Finanzspritze injizierte, mit der ich einen Großteil meiner Verpflichtungen hätte ablösen können, brachte ich den größten Teil dieses Geldes in der Spielhalle durch, wo wieder einmal eine neue Generation von Automaten Einzug gehalten hatte: Die Multis, die Jackys mit den goldenen Siebenen und die neuen Crowns versprachen noch mehr Gewinnkombinationen. Das Superrisiko stellte mich jetzt öfter vor die schwere Gewissensfrage, mit einem Tastendruck zehn Sonderspiele mit ihren Verlängerungsmöglichkeiten trotz einer Chance von nur eins zu vier gegen fünfzig Sonderspiele aufs Spiel zu setzen.

Und wieder trennte sich die Spreu vom Weizen; die einen zockten Sekt oder Selters, die anderen Spieler versuchten weiterhin, sich mühsam über Kleingewinne nach oben zu hangeln, aber einige der Stammgäste stiegen damals plötzlich aus. Die Spielerei fing jetzt nämlich an, so richtig ins Geld zu gehen.

Die Ehefrau (1993)

Als wir im vergangenen Jahr gemeinsam mit unseren Kindern durch Ahrensburg schlenderten, war ich erstaunt, wie viele Menschen mein Mann kannte, die ich nie zuvor auf einer Party oder in den Kneipen der Stadt gesehen hatte und die ihm nun zunickten. Er erklärte mir, das hätte mit der Arbeit hinterm Tresen der beiden Szenelokale in der Kleinstadt zu tun, was zum Teil sicher auch stimmte. Aber ich war regelrecht geschockt, als plötzlich irgendwo ein vierschrötiger Kerl auf der anderen Straßenseite, mitten im Gewühl, den Namen meines Mannes brüllte und ihm hinterherrief: »Na, Alter, was macht das Zocken?« Einige Menschen drehten sich natürlich um, und mir war die Sache furchtbar peinlich.

Am liebsten ging ich morgens spielen, wenn alle Automaten frei waren. Dann glaubte ich, die besten Chancen zu haben. Denn meistens wusste ich ja, welcher Kasten in der Nacht zuvor geschmissen hatte und welcher Kasten bis zum Rand gefüttert worden war, sodass die Münzen schon klackernd in den Bauch des Automaten durchfielen, anstatt wie in den meisten Fällen in die Geldröhre zu gleiten. Für mich als Spieler war dies ein untrügliches Zeichen dafür, dass der Kasten nur darauf wartete, gemolken zu werden.

So gegen fünf vor zehn rollte ich dann mit dem Wagen meiner Mutter auf den gegenüberliegenden Parkplatz. »Und wenn du nach Ahrensburg fährst, kannst du gleich einkaufen gehen!«, hatte sie beim Abschied gesagt. Klar würde ich einkaufen gehen. So viel sie nur wollte. Das hieß zehn Mark mehr Einsatz, mindestens.

Um nicht wie ein Depp vor der Sicherheitstür zu warten, blieb ich im Auto sitzen und beobachtete, wie die harten Zocker Ahrensburgs sich vor dieser Tür versammelten: Peter, der Maler; Erik, der vor zwei Jahren die Schule geschmissen hatte und jetzt in der Springer-Druckerei jobbte, Harald, ein arbeitsloser Automechaniker, und Jo, der noch zur Schule ging, aber von seinen Eltern reichlich gestopft war. Ich gehörte schon lange zu dieser Clique der tollkühnen Daddel-Desperados, die die Pleite nicht fürchteten und ohne nervöses Zucken vierundzwanzig Sonderspiele riskierten. Sekt oder Selters eben, was anderes kam für uns nicht mehr infrage.

Pünktlich um zehn wurde von drinnen das Rollo hochgezogen, Mike öffnete die beiden Sicherheitsschlösser, und dann war es auch für mich allmählich an der Zeit, auszusteigen, den Wagen abzuschließen und hineinzugehen, um nicht die allerletzte Krüppelkiste abzukriegen.

Um schneller zu sein als die anderen, hatte ich immer ein paar Fünfmarkstücke lose in der Tasche, damit ich nicht erst umständlich wechseln musste. Ich sprintete die Treppe hoch in den ersten Stock, in die eigentliche Spielhalle – im Erdgeschoss standen nur ein paar Flipper –, und steuerte zielstrebig auf das Separee zu, über das ich mir schon auf der Fahrt Gedanken gemacht hatte. Heute seid ihr reif zum Schlachten, dachte ich, steckte drei Fünfmarkstücke hintereinander in drei verschiedene Automaten, stellte die Start- und die Risikoautomatik per Tastendruck ein und ging dann zu Mike an den Wechseltresen hinüber, um den ersten Fünfziger des Tages gegen zehn Fünfmarkstücke einzutauschen, einen Kaffee zu trinken und mit Eddy, Erik und den anderen darüber zu debattieren, welcher Automat schmeißen würde und welcher nicht. Währenddessen machten die Automaten alles von allein.

»Ich lass die Dinger immer laufen«, sagte der dicke Eddy, »wenn er kommt, dann kommt er eben. Wenn er nich kommt, kommt er eben nich.«

»Eine tierische Logik«, sagte Mike, und zu uns gewandt fuhr er fort: »Eddy liegt voll auf dem richtigen Kurs. Ihr könnt die Automaten nicht beeinflussen.«

»Drohungen helfen manchmal«, sagte ich, und alle sahen mich fragend an.

»Wenn eine Kiste schon für einen Lübecker nichts rausgetan hat, sage ich ihm manchmal ganz leise, dass ich ihn gleich von der Wand holen würde. Dann zeige ich ihm meine Rechte und sage ihm, dass dieser Schlag 'nen Ochsen töten kann.«

»O Kleiner«, dröhnte Eddy und streckte mir seine Pranken entgegen, »wenn das danach ginge, müsste ich heute ja schon Millionär sein!«

Alles lachte über den gnadenlosen Blödsinn, das flache Gequatsche von uns Männern, die am Tresen einer Spielhalle standen und darauf warteten, dass einer der Automaten, die sie bespielten, losheulen würde.

»Eddy, Ausspielung!«, rief Mike.

Wir glotzten alle interessiert auf den Crown, der im Sonderspielfeld sein Lichtgewitter abzog.

»Drei, sechs oder hundert!«, rief Erik.

»Drei«, sagte der dicke Eddy, der von uns allen am teilnahmslosesten dreinschaute. Die Ausspielung blieb auf der Sechs stehen.

»Na dann wollen wir mal«, sagte der dicke Eddy und setzte sich schneller, als es sein Leibesumfang vermuten ließ, in Bewegung, Richtung Crown. Ein paar Sekunden hatte er noch Zeit, dann würden die sechs Sonderspiele angezählt werden, und die Chance, den Gewinn zu verdreifachen, wäre dahin.

Auf der rechten Risikoleiter des Crown leuchteten jetzt abwechselnd zwei Felder auf; die Zwölf und Nichts und das Ganze mit Musik. Der dicke Eddy hatte sich mit der linken Hand am Automaten abgestützt, sah in gebückter Haltung auf die gelbe Risikotaste hinunter und hörte offensichtlich ganz genau hin: Beim hohen Ton leuchtete die Zwölf auf, beim tieferen Ton das Nichts. Seinen dicken Daumen hatte er ausgefahren. Er wirkte wie ein Sumo-Ringer kurz vor dem entscheidenden Angriff auf den Gegner. Und plötzlich knallte er seinen Daumen dreimal kurz hintereinander auf die gelbe Taste, das Licht sprang vom Nichts auf die Zwölf, weiter auf die Vierundzwanzig und am Ende ganz hoch auf die Fünfzig. Die Fünfzig leuchtete dreimal hintereinander auf, der Automat trällerte das wohlbekannte »In the Mood«, und als die Melodie endete, hatte auch das Display die Zahl der Sonderspiele hochgezählt.

»Geil, Eddy!«

»Super, Eddy!«

»Hast kurz gedrückt, nich?«

»Klar«, sagte der Gefeierte, der jetzt lässig zu uns an den Tresen zurückgeschlendert kam, »immer kurz, weißt du doch. Mach mal noch 'nen Kaffee, Mike!«

»Okay«,sagte ich, »jetzt zeige ich euch mal, wie es geht!«

Wieder lachten alle ihr dröhnendes, angesoffenes Männerlachen, verbunden mit chronischer Bronchitis, hervorgerufen durch unzählige Zigaretten. Meine drei Automaten hatten bis dahin noch keinen Ton herausgebracht, nicht mal dreißig Pfennig.

Ich ging zurück ins Separee, das eigentlich nur aus drei leichten, furnierten Pressspanplatten mit eingelassenen Glasscheiben bestand, fütterte die drei Kästen mit neuen Heiermännern, zeigte ihnen den gestreckten Mittelfinger und sagte drohend:

»Noch zwei Spiele nichts, und ich hole euch von der Wand, klar?«

»Der spinnt wieder«, grinste Mike vom Tresen herüber, aber dann machte er große Augen. Alle machten große Augen, denn fast zur gleichen Sekunde liefen bei meinem Crown und dem einen der beiden Venus-Multis Serien ein: Der Venus zeigte zwei Doppelsonnen auf den äußeren Walzen und die Doppelsonne in der Mitte. Einhundert Sonderspiele. Den Crown ließ ich gar nicht erst loslaufen: Ich presste den Daumen auf die Stopptaste, und im gleichen Augenblick leuchtete auch schon die Hundert auf.

»Das gibt's ja nicht!«, brüllte Harald aus der Kabine nebenan. »Gestern habe ich die Dinger gefüttert ohne Ende! O Scheiße!«

Aber noch sollte die Serienflut nicht vorüber sein: Noch während ich die ersten beiden Sonderspielgewinne registrierte, lief im mittleren Multi eine Ausspielung ein. Sie blieb auf der Fünfzig stehen. Fünfzig Multi-Sonderspiele natürlich. Ich war ein Held.

»Super!«, sagte Mike, der für uns Stammgäste immer viel Mitgefühl zeigte. »Aber lass die Dinger laufen. Wenn du Glück hast, kriegste sechshundert Mark raus und mit ein paar Verlängerungen vielleicht noch mehr.«

Ich hatte mich inzwischen auf den bequemen Kunstledersessel fallen lassen, mir nervös eine Zigarette angezündet und mich im Kopfrechnen geübt. Wenn ich heute in die Jauche gefasst haben sollte – und es sah ja wirklich danach aus –, musste ich einfach noch ein paar von den Kisten laufen lassen. Sekt oder Selters: Und die ersten drei Automaten schmissen prima. In jedem zweiten Spiel kamen weitere drei Mark hinzu, abzüglich der dreißig Pfennig Spieleinsatz natürlich; die Multi-Serie verlängerte eh automatisch um ein paar Sonderspiele, wenn auf der mittleren Walze Sonnen- oder Pfennig-Symbole erschienen, und Mike hatte sicher recht: Mit einer Verlängerung konnte ich rechnen.

Dieser Vormittag im Fair Play im September 1982 war mein Vormittag. Egal, welchen Automaten ich auch anfasste, er bescherte mir mindestens einhundert Mark Gewinn. Ich hatte anfangs nicht mehr als siebzig Mark riskiert, aber zum Schluss spielte ich an ungefähr zehn Kästen gleichzeitig, tigerte wie ein Olympiageher von einem Automaten zum nächsten, knallte die Risikoleitern hoch, drückte mal hier, drückte mal da und wurde dabei begleitet von den hämischen Kommentaren der anderen Spieler:

»Er kriegt noch einen Herzinfarkt!«

»Nu lass aber mal gut sein, die kotzen noch Schrauben!«

»Willst du nicht noch einen daddeln? Erst beim runden Dutzend macht das Daddeln richtig Spaß.«

Sollten sie doch reden. Jeder von ihnen hätte genauso gehandelt. Hätte gespielt, gezockt, gedaddelt auf Teufel komm raus. So einen Tag erwischt man nicht oft im Leben, wenn eine Spielhallenaufsicht zur Bank gehen muss, um für einen glücklichen Spieler Scheine zu holen. Sollte sich der dicke Eddy doch gehackt legen: Das hatte auch er bestimmt noch nie geschafft. Der Automaten-Mann, ein Daddelkönig!

Vielleicht hätte ich mit den elfhundert Mark, die ich gegen ein Uhr mittags ausbezahlt bekam, meine Schulden bei den Kumpels begleichen sollen. Dann hätte ich noch zweihundert Mark aufs Konto einzahlen können und hätte für den Monat noch gut dreihundert Mark übrig gehabt.

Hätte, hätte, hätte: Ich musste mich beeilen, sonst hätten vor allem die Geschäfte über Mittag zugemacht, und ich sollte ja noch einkaufen gehen. Abgehetzt kam ich um halb zwei nach Hause. Meine Mutter war stinksauer.

»Wo hast du nur so lange gesteckt?«

»Ich hatte zu tun.«

»Du solltest einkaufen gehen. Meinst du, ich hab jetzt noch Lust zu kochen?«

Eine Herdplatte dazu brauchte meine Mutter in diesem Augenblick bestimmt nicht.

»Ich hatte eben zu tun.«

»Wo hast du gesteckt?«

Dieses Frage- und Antwort-Spiel würde sich wahrscheinlich noch ein paarmal wiederholen. Auch wenn meine Mutter krank war: Wo ich gewesen war, ging niemanden etwas an. Ich jedenfalls hatte überhaupt keine Lust auf eine Auseinandersetzung, räumte wortlos die Plastiktüten aus, pfefferte den Aufschnitt und den Käse in den Kühlschrank und verzog mich hinunter in mein Reich, wo ich mich aufs Bett legte und die schönen blauen elf Hunderter vor mir ausbreitete. Von oben hörte ich, wie meine Mutter schwerfällig die Treppen in ihr Schlafzimmer hinaufschlurfte, krank wie sie war, um sich ihrerseits hinzulegen, ein paar Tabletten einzunehmen und darauf zu warten, dass sie sich am späteren Nachmittag noch ein bisschen besser bewegen konnte.

»Wo hast du die tausend Mark her?«

Die Stimme kannte ich. Sie kam von sehr weit weg.

»Sag mal, spinnst du? Treibst dich den ganzen Vormittag irgendwo herum und lässt deine kranke Mutter hier zu Hause versauern.«

Verflucht: Ich war eingeschlafen und hatte vergessen, das Geld zu verstecken. Der Wecker auf dem Nachttisch zeigte auf halb sieben Uhr; mein Vater war früher als gewöhnlich aus der Stadt gekommen und jetzt offensichtlich dabei, mir die Leviten zu lesen.

»Ich habe Schulden eingetrieben«, sagte ich und rieb mir die Augen, »was ist überhaupt los?«

»Du hast Schulden eingetrieben? Ach, erzähl mir doch keinen Quatsch. Spielen warst du!«

Wenn mein Vater laut wurde, war die Kacke wirklich am Dampfen. Ich setzte mich auf. Er stand an meinem Bett und wedelte mit den Hundertmarkscheinen herum.

»Mein Gott«, sagte ich und versuchte, in einem möglichst gleichgültigen Tonfall zu reden, »ich zahle doch nun wirklich alles selbst, von deinem Geld natürlich, und deinen monatlichen Scheck finde ich ja auch wirklich klasse, aber wenn du schon auf Selbstständigkeit bestehst, dann lass mich doch mit der Kohle machen, was ich will!«

Aber so leicht gab sich mein alter Herr nicht geschlagen.

»Erklär mir bitte mal, wem du eintausendeinhundert Mark leihst?«

Also rappelte ich eine Liste mit Namen von Leuten herunter, von denen ich sicher sein konnte, dass sie mein Vater nicht kannte.

»Und warum verleihst du Geld? Gerade du?«

»Weil ich es eben habe, Papi.«

Das war natürlich gelogen. Aber ich musste irgendwie aus der Nummer herauskommen. Ich versuchte es eben auf die blöde Tour.

»Hattest du so viel gespart, oder was?«

»Nein«, druckste ich, »ich habe das Konto überzogen.«

»Du hast was?«

»Ich habe das Konto überzogen! Bin ich so schwer zu verstehen?«

Er schüttelte den Kopf. »Du verleihst Geld, indem du dir selber Geld borgst? So einen Schwachsinn habe ich selten gehört.«

»Das weiß ich ja auch«, sagte ich gepresst, damit es sich so anhörte, als ob ich meinen eigenen Blödsinn sofort kapiert und eingesehen hatte, »das passiert mir auch nicht wieder. Deshalb hat das heute Morgen auch länger gedauert, denn bei der Bank wollten sie mir schon nichts mehr geben.«

»Wie ist denn der Kontostand?«, wollte er jetzt wissen.

»Fünfzehnhundert in den Miesen«, sagte ich.

Mein Vater griff sich an den Kopf.

»Heute ist der vierte September, und du hast elfhundert Mark hier in der Hand und fünfzehnhundert Mark Schulden bei der Bank. Dafür zahlst du Zinsen, Junge, und überhaupt: Vierhundert Mark fehlen dir sowieso.«

»Na ja, übermorgen soll ich von Tom noch tausend kriegen«, sagte ich. »Dann bin ich ja wieder im Plus.«

Natürlich wollte mein Vater jetzt wissen, wer Tom war.

»Zwei Helle, eine Cola und 'n Baguette!«

Das Kokomo brummte wie üblich. Gegenüber gab's noch die Enge Weste, dort trafen sich die Motorradfahrer Ahrensburgs, aber das »Koks« war der Treffpunkt für die älteren Schüler und die Studenten der aufstrebenden Kleinstadt zwischen Hamburg und Lübeck.

Der Laden gehörte Tom, und der war so etwas wie der König der Ahrensburger Kneipenszene, die damals im Aufschwung begriffen war; ein Computerhändler aus Winsen, der sein Geschäft an den Nagel gehängt hatte, um Kneipier zu werden.

Um Tom herum schwirrten einige Gerüchte; zum Beispiel hatte er angeblich über eine Million auf der hohen Kante, denn entsprechend gönnerhaft gab er sich. Er fuhr damals schon einen auffälligen amerikanischen Jeep in Leuchtfarben und hatte mit Jenny, einer ehemaligen Stewardess, eine Freundin wie aus einer anderen Galaxie, die lange Beinen, bis hinauf zu den Backenzähnen besaß.

Alle liebten Tom. Wer völlig abgebrannt war und zu den Stammgästen des Kokomo gehörte, konnte einen Zettel machen, und wenn überhaupt nichts mehr ging, half er auch mal mit einem Hunderter aus. Und wer ihm besonders gut gefiel, dem bot er einen Job an, als Kellner oder Zapfer hinterm Tresen. Und manchmal hörte er auch nur einfach zu und spendete Tipps und Trost fürs Leben. Für viele war Tom so etwas wie ein Ersatzvater.

Dabei hatte er seinen Laden fest im Griff. An den Wänden hingen in knallroten Aluminiumrahmen moderne Zeichnungen; immergrüne Plastikpalmen verbreiteten den Flair von Sonne, Strand und guter Laune. Im Kokomo konnte man frühstücken und den ganzen Tag auf den bequemen Holzstühlen abhängen – wenn man wollte auch bis ein Uhr morgens; man konnte Schach spielen, lesen, diskutieren und die neuesten Nachrichten aus der Szene erfahren; kurzum: Für viele war das »Koks« ein zweites Zuhause und für mich neben dem Fair Play ziemlich schnell das dritte geworden.

Ich hatte mir binnen eines Monats meinen Stammplatz am Tresen erkämpft, dort, wo auch Tom immer saß und seine hellwachen Augen durch den Laden wandern ließ. Meistens enterte ich erst gegen elf Uhr abends den Laden, denn um die Zeit hatte ich im Fair Play entweder gewonnen, oder ich hatte, häufiger natürlich, bereits meinen Tagessatz verspielt. Aber um diese Zeit saßen auch nur noch die älteren und damit wichtigeren Leute der Szene im »Koks«, fast schon ein erlauchter Kreis, zu dem nicht jeder gehören konnte. Man musste schon etwas Besonderes sein: Denn das, so schien es mir damals, verlangte Tom von seinen Gästen.

Jenny (1993)

Was ihn von den anderen jüngeren Gästen vor allem unterschied, war, dass ich ihn niemals aggressiv erlebt habe, auch nicht, wenn er mal blau war. Außerdem war er einer der wenigen, die niemals um ein Freibier gebettelt haben. Natürlich habe ich gesehen, wenn einer klamm war, und dann habe ich auch mal einen Schuss herüberwachsen lassen, aber wenn ein Gast herumnölte, er will jetzt mal einen ausgegeben haben, dann blieben wir hinterm Tresen stur. Geschäftsprinzip.

Er war auch immer gut drauf, was mich wunderte, denn Tom hatte er wohl irgendwann einmal erzählt, dass er spielen würde und höllisch pleite sei, und darauf hat ihm Tom ja auch einen Job gegeben. Da hat er sich reingehängt wie nichts Gutes. Ich habe damals die Kasse kontrolliert, und ich bin sicher, er war die einzige Aushilfe, die keine einzige Mark an Tom vorbeimanövriert hat.

Später hat er, glaube ich, sogar Doppelschichten gefahren. Erst Zivildienst in diesem Heim und nachts bei uns. Aber es gab nur wenige Tage, an denen er nicht klamm gewesen ist.

Ich muss ziemlich am Arsch gewesen sein damals, völlig pleite, vielleicht auch betrunken, als ich plötzlich begann, Tom eines Nachts am Tresen von meiner Zockerei zu erzählen. Jedenfalls hatte ich verloren, hatte den letzten Groschen verzockt und konnte einfach noch nicht nach Hause fahren. In den vergangenen Wochen hatte ich festgestellt, dass ich nach einem solchen verlorenen Abend, an dem nichts, aber auch gar nichts gelaufen war, nicht allein sein konnte. Denn die Spielerei – aber das war damals nur so eine Ahnung, die sich erst viel später bestätigen sollte – brachte kaum noch Entspannung, sondern hatte sich zu einem Problem entwickelt; einem Problem, das wie ein großer Klumpen Kaugummi in meinem Magen festsaß.

Heute wundere ich mich nicht mehr, dass ich mich ausgerechnet diesem leicht verrückten Kneipier gegenüber so richtig ausgekotzt habe; einem Menschen, der ja nicht einmal ein guter Bekannter war. Denn ich hatte außerdem festgestellt, dass kaputte Menschen sich in ihrer Kaputtheit gegenseitig magnetisch anziehen. Jahre später, als ich bereits beim Fernsehen in Luxemburg arbeitete, fand ich dann eine kleine Meldung der Deutschen Presseagentur: In Orly, auf dem Pariser Flughafen, war ein Deutscher aus einer kleinen norddeutschen Kleinstadt festgenommen worden, der versucht hatte, fünfundachtzig Kilogramm Haschisch in Taucherflaschen nach Deutschland zu schmuggeln. Es stand zwar kein Name da, aber ich war mir sofort sicher, dass die Flics Tom erwischt hatten. Denn die Nachricht fiel zusammen mit einer Razzia der Kripo im Kokomo, woraufhin der Laden plötzlich geschlossen wurde. Tom, der König der Ahrensburger Szene, hatte unrühmlich abgedankt. Neun Jahre soll er einen schwunghaften Handel mit Drogen betrieben haben, genau wusste das niemand, und die Stammgäste des »Koks« überquerten geschlossen die Straße und vertrieben die Motorradfahrer aus der Engen Weste.

Als offensichtlicher Spieler war ich natürlich etwas Besonderes für ihn gewesen. Tom hatte mir ein Pfeifchen angeboten, wir waren zusammen in seine Wohnung gegangen, die über der Kneipe lag, und ich hatte zum ersten Mal in meinem

Leben Haschisch – und das pur – geraucht. Eine halbe Stunde später war ich nur noch ein müdes, verzweifeltes Häuflein Elend, das sich mit rauer Zunge und trockener Kehle den ganzen Spielfrust von der Seele geredet hatte; zum ersten Mal übrigens, und ich glaube mich zu erinnern, dass es sehr gut getan hat.

»Spielen ist doch Scheiße«, hatte der Kneipier gesagt und mir einzuhämmern versucht, dass ich das doch überhaupt nicht nötig hatte: »Du bist doch nicht blöd, oder? Also, bevor du morgen Abend wieder zocken gehst, fängst du bei mir hinterm Tresen an, zweimal in der Woche mindestens, für zehn Mark die Stunde. Einverstanden?«

Natürlich war ich damit einverstanden. Vor allem mit dem Vorschuss, hundertfünfzig Mark, die er aus der Tasche seiner Bermudas gezogen hatte. Was ich doch für ein Glückskind war!

Mehr hatte er nicht zu erzählen gehabt. Ich fühlte mich auf einmal leicht und unbeschwert, obwohl mir schlecht im Magen war. Damals musste ich erfahren, dass ich Haschisch nicht vertrug. Ich habe das Zeug nie wieder angerührt, und wenn mich jetzt meine Eltern über Drogen ausfragten, dann hätte ich ein reines Gewissen gehabt.

»Dann will ich mir diesen Tom jetzt mal anschauen«, sagte mein Vater, »komm, steh auf und lass uns fahren. Ich möchte gern mal wissen, wofür mein Sohn einem Kneipier eintausend Mark leiht.«

Ich geriet in Panik. »Nein, nein, das hast du falsch verstanden. Wir haben alle zusammengelegt für Dieter, dessen Laden ausgebrannt ist, und Tom hat angekündigt, er würde die dreißigtausend ja übernehmen, nur im Moment nicht, weil er klamm sei!«

Ich war mir sehr unsicher, ob mein Vater diese nebulöse Geschichte schlucken würde. Und ich wusste überhaupt nicht, wie Tom reagieren würde, wenn ihn mein Vater auf das Geld ansprechen würde. Zeit und Gelegenheit, ihn zu warnen, hatte ich ja nun keine mehr.

Dieter, der zu den Stützen der Szene gehörte und eigentlich gelernter Ofensetzer war, hatte ein halbes Jahr zuvor, im Frühjahr 1982, einen kleinen Antiquitätenladen eröffnet, der durch einen Kurzschluss in der Nacht ausgebrannt war. Unglücklicherweise hatte er gerade Kommissionsware für knapp dreißigtausend Mark im Laden stehen gehabt und war völlig unterversichert gewesen. Es hatte allgemeines Bedauern geherrscht, und dann hatten ein paar Leute tatsächlich zusammengelegt. Mich hatte selbstverständlich niemand gefragt; meine notorische Geldknappheit war inzwischen doch allgemein bekannt, und die eintausend Mark, von denen ich jetzt faselte, hatte ich natürlich nicht verliehen, sondern im Lauf der Monate von Tom gepumpt; es waren Vorschüsse, die sich summiert hatten.

»Sie sind also der berühmte Tom, von dem mir mein Sohn schon so viel erzählt hat«, sagte mein Vater lachend zum Wirt, und die beiden Männer begrüßten sich mit Handschlag. Tom lud uns zu einem Bier auf Kosten des Hauses ein, aber mein alter Herr nahm die Einladung nicht an: »Nein, nein, ich möchte Ihnen doch finanziell nicht schaden, wo Sie sich doch offenbar eintausend Mark von meinem Sohn geliehen haben. Tschuldigung, wenn ich mal ganz direkt frage: Wie kommt denn so etwas zustande?«

Nichts. Kein Moment des peinlichen Schweigens, keine Spur von Verlegenheit in Toms Gesicht, sondern nur ein entwaffnendes Lächeln: »Doch, doch, das ist richtig und ist mir auch sehr unangenehm. Aber er ist ja nicht der Einzige, der für den Antiquitätenhändler gespendet hat. Kennen Sie die Geschichte?« Mein Vater musste nicken. »Ja, und ich«, fuhr Tom fort, »bin jetzt eingesprungen, um erst einmal das Gröbste zu übernehmen. Leider war just vor einer Woche die letzte Rate für dieses Haus fällig, sodass ich selbst etwas klamm gewesen bin. Dreißigtausend Mark sind ja schließlich kein Pappenstiel, aber am Freitag ist Zahltag.«

»Nicht übermorgen, am Donnerstag?«, fragte mein Vater. Seine Stimme hatte etwas Scharfes, Schneidendes.

Aber Tom blieb ganz ruhig.

»Ach ja, heute ist ja schon Dienstag, und wir hatten übermorgen vereinbart, nicht?«

Ich nickte, und mein Vater sagte in verbindlichem Tonfall: »Sie müssen schon entschuldigen, aber ich habe in meinem langen Leben noch nie gehört, dass Gäste ihrem Stammwirt Geld leihen. Sonst läuft das doch immer umgekehrt, oder?«

»Ach wissen Sie«, antwortete Tom mit einem entwaffnenden Lächeln und blickte sich in seinem Laden um, »wir sind hier doch so was wie eine richtige Familie, in der die Uhren manchmal eben anders ticken …«

Tom hatte mich gerettet, allerdings zu einem hohen Preis. Denn jetzt musste er mir am kommenden Donnerstag tatsächlich eintausend Mark in die Hand drücken, die ich wiederum auf mein Konto einzahlen würde. Jetzt hatte ich zweitausend Mark Schulden bei ihm, aber keinen blassen Schimmer, wie ich aus der Nummer herauskommen sollte. Mein Vater bestand darauf, den Einzahlungsbeleg und ab sofort auch einmal pro Woche die Kontoauszüge zu sehen. Ich hatte keine andere Wahl: Ich musste meinen alten Kumpel Bernd anhauen, von dem ich wusste, dass er zum einen von seinen Eltern gestopft und zum anderen mir einen Gefallen schuldig war: Denn jeden Freitagnachmittag um vier Uhr hatte ich den Tee fertig.

Jeden Freitagnachmittag um vier Uhr klopfte es am Kellereingang. Jeden Freitagnachmittag um vier Uhr war Bernd auf Droge, vollgepengt mit Tabletten, die er aus der Medikamentenausgabe des Bundeswehrkrankenhauses in Wandsbek geklemmt hatte, wo er seine fünfzehn Monate Bund als Sanitäter herunterriss.

Zum Entsetzen der Lehrer und seiner Freunde hatte er die Schule geschmissen und war orientierungslos in der Gegend herumgepaddelt; ein musikalisches Genie, ein hochintelligenter blasser, schlaksiger junger Mann, äußerst sensibel, der damals einfach die Schnauze von allem voll gehabt hatte und sich vielleicht in einer für ihn völlig ungeeigneten Welt beweisen wollte. Nur so konnte ich mir seinen vollkommen idiotischen Entschluss erklären, zur »starken Truppe« gehören zu wollen …

Seine Eltern lebten getrennt, und seit sie ihren Sohn für erwachsen genug hielt, hatte seine Mutter damit begonnen, sich für die Sozialfälle unserer Waldgemeinde zu engagieren. Der Vater, ein hoch dotierter Exmanager aus der Mineralölbranche, legalisierte seine Nichtanwesenheit mit großzügigen Schecks.

Jetzt war Bernd jeden Freitagnachmittag zu und schlüpfte zum Ausnüchtern bei mir unter. An einem dieser Freitage, im September 1982, wenige Tage vor dem Beginn meines Zivildienstes, sollte nun alles wieder gut werden. Ich hatte zwar gelernt, mit Schulden zu leben. Aber jetzt hatte ich das Gefühl, dass es finanziell gesehen bereits fünf nach zwölf war. In den wenigen Anfällen von Selbstkritik und -zweifeln hatte ich mich gefragt, ob ich das alles eigentlich nötig hatte; dieses selbst gesponnene Netz aus Verpflichtungen und Schulden; dieses Lügengebilde aus herzzerreißenden Geschichten, Notlügen und Spinnereien, alles auf die Beantwortung der

Frage ausgerichtet, die nun endgültig zum Lebensmittelpunkt eines Spielers wie mir geworden war: Wie komme ich an Geld heran?

»Und wie willst du mir die dreitausend zurückzahlen?«, fragte Bernd. Seine Pupillen waren stecknadelkopfgroß, und er musste sich verdammt zusammenreißen, um nicht abzukippen. Ich hatte mich schon immer gewundert, dass er in diesem Zustand Auto fahren konnte.

»Ratenweise, denke ich. Pro Monat hundertfünfzig vielleicht«, antwortete ich, ohne selbst daran zu glauben. Andererseits hatte in meinem Kopf ein toller Plan Gestalt angenommen. Ich hatte mir genau ausgerechnet, was ich im kommenden Monat einnehmen würde und was ich auszugeben gedachte, und das alles schien mir völlig logisch, plausibel und machbar: eintausendfünfhundert sofort zurück an Tom, eintausend sofort zurück an die Bank, fünfhundert für den kommenden Monat. Anfang Oktober wäre mit den fünfhundert Mark Taschengeld meines Vaters das Konto ausgeglichen gewesen, und am Ende des Monats würde es knapp die gleiche Summe vom Zivildienstamt geben.

»Auch zweihundert sind kein Thema«, sagte ich – und hatte so ganz nebenbei beschlossen, nie wieder spielen zu gehen. Wirklich, in diesen Stunden hätte nichts auf dieser Welt mich wieder an die Automaten zurückbringen können, denn ich begann zu ahnen, wie gefährlich sie waren.

»Okay«, sagte Bernd, »nächsten Freitag treffen wir uns bei der Bank. Dreitausend geht. Mein Alter hat gerade mal wieder überwiesen.«

Er hatte nicht einmal gefragt, warum ich so viel Geld brauchen würde – und ich saß auf meinem Sofa und konnte mir vor lauter Fingerzittern nicht mal eine Zigarette drehen. Dauernd riss das Papier. Es war eine Erlösung, die viel stärker war als der Gedanke, der sich manchmal heimlich in meinen Kopf schlich: Alter, machst du nicht einen riesengroßen Fehler – und vor allem: Belügst du dich nicht selbst?

Wie lange damals mein Vorsatz angehalten hat, das Fair Play nur noch im Vorbeigehen zu beachten, weiß ich heute nicht mehr. Waren es drei Tage? Eine Woche vielleicht?

Mein Konto stand auf null, mit Tom war ich chico, und Bernd würde keinen Ärger machen. Am Ende der Zivildienstzeit würde ich schuldenfrei sein, ganz klar. Aber ich kann mich gut daran erinnern, dass ich die nächsten Tage einen Schmacht hatte. Einen gnadenlosen Jipper, daddeln zu gehen. Mir fehlte die vertraute Umgebung der Halle, mir fehlten die Leute, mir fehlte der Kitzel, Geld zu gewinnen und Geld zu verlieren. Denn plötzlich hatte ich furchtbar viel Zeit. Die Leihnummer, die ich meinen Eltern gegenüber abgezogen hatte, war gerade noch mal gut gegangen. Ich hing, wenn ich nicht meine Schichten auf der Pflegestation des Behindertenwohnheims abriss, den lieben langen Tag im Kokomo herum, wo wir Schach, Backgammon und Skat spielten – natürlich um Geld oder um ein Bier. Kleinere Beträge eben, nur machte mich das auf die Dauer wirklich nicht an.

Also bin ich dann irgendwann doch wieder durch die Tür des Fair Play gegangen, war die braun gekachelte Treppe hochgestürmt und hatte oben Ausschau nach einem freien Automaten gehalten. Mir kam es vor, als sei ich wieder zu Hause angelangt, so als hätte ich das Etablissement erst in der Nacht zuvor verlassen. Alle bekannten Gesichter waren da, und alle Zocker nickten mir zu. Mike, die Hallenaufsicht, begrüßte mich wie immer per Handschlag, und gleich mit den ersten fünf Mark gewann ich eine schlappe Fünfziger-Serie, die ohne Verlängerung achtzig Mark brachte, eine gute Quote.

Doch so richtig wohl fühlte ich mich trotz allem nicht. Zum Kitzel des reinen Spielvergnügens und -verlierens hatte sich plötzlich ein fremder Besucher gesellt: das schlechte Gewissen. Es war, als ob zwei kleine Männchen in mir ein Tauziehen veranstalteten; ich fühlte mich hin und her gerissen zwischen dem Daddeln und dem Verzichten. Ich spürte immer mehr, dass irgendwann das ganz dicke Ende kommen würde; ich steuerte unaufhaltsam auf eine Katastrophe zu, ganz bestimmt. Doch während ich diesen inneren Kampf austrug, warf ich bereits den nächsten Heiermann in den Automaten und glotzte auf die rotierenden Scheiben des Crown.

»Kann ich mal drücken für dich?«, fragte Harald, der plötzlich meine kleine Automatenkabine geentert hatte. Harald war Drucker, der bei Springer in Ahrensburg Schichten schob. Zum ersten Mal redete er mit mir.

»Alles schon weg?«

»Ja«, sagte Harald, »zweihundert. Seit Wochen läuft nichts bei mir, absolut nichts.«

»Warum sollte es dir besser gehen als mir?«, fragte ich ihn und ließ ihn einen Dreißig-Pfennig-Gewinn auf sechs Sonderspiele hochpeitschen. Die Zwölf schaffte er nicht mehr. Es war mir egal.

»Weißt du«, sagte er plötzlich, »eigentlich müsste man echt aufhören mit der Daddelei. Ist zu teuer. Ich bin total fix und foxi.«

»Wie meinst du das, Harald?«, fragte ich zurück.

»Schulden, Mann, nix als Schulden«, sagte er und wirkte auf einmal ganz verzweifelt, »neulich kam der Kuckucksmann.«

Er fing an, sich auszuheulen: Job weg, Frau weg, Kind weg und jetzt keine Kohle für die Miete mehr.

»Und nun?«

»Weiß nicht«, sagte Harald, »ich weiß nur, dass die Dinger Schuld haben.«

»Wie viel hast du denn verzockt, Harald?«, fragte ich.

»Zwanzig-, dreißigtausend bestimmt.«

Zwanzigtausend Mark? Das konnte ich mir beim besten Willen nicht vorstellen. »Das geht schneller, als du denkst. Eben noch bist du gut dabei«, erzählte Harald, der meine Gedanken offenbar gelesen hatte, »und plötzlich hast du 'n Minus auf dem Konto. Na ja, sagst du dir, die paar Mark, das kommt durchs Weihnachtsgeld schon wieder rein. Aber bis zum Weihnachtsgeld sind es dann zwei Monate, in denen gar nichts läuft. Also ich zur Bank und denen erzählt, ich will eine neue Einrichtung kaufen und die sei wohl doch etwas teurer. Kredit, sagt der Bankmensch, kein Problem, und zack haste wieder Kohle auf der Naht.« Bei Harald hatte es dann noch sechs Monate gedauert, bis er völlig pleite war. Er offenbarte sich seiner Frau, die bei den Schwiegereltern Geld schlauchte. »Damit wären wir aus dem Gröbsten raus gewesen«, sagte er, »klar, mit Schulden an der Backe, aber gerade noch machbar. Ich habe die nächsten Tage auch nur noch ganz wenig gespielt.«

»Verstehe ich nicht«, sagte ich, »wieso spielst du weiter, wenn du weißt, dass du am Arsch bist?«

»Gegenfrage«, sagte Harald, »wieso spielst du denn weiter? Weiß doch jeder, dass du bei Tom in der Kreide stehst. Ich sag dir, da kommste auch noch hin, wo ich bin.«

»Is' ja wohl meine Sache«, fuhr ich ihn an, »das ist ja wohl etwas ganz anderes.«

»He, he, he, meine Herren«, rief Mike vom Tresen herüber, »nicht ganz so laut, wenn ich bitten darf.«

»Leck mich doch am Arsch, Mike«, sagte Harald, »mit deinen Scheißautomaten.«

Mike blieb ganz ruhig. Er kam hinter dem Tresen hervor, ging normalen Schrittes auf Harald zu, der sich drohend in Positur gestellt hatte, und sagte zu ihm nur: »Raus, Harald. Hallenverbot.« Dann drehte er sich um und ging wieder zurück hinter seinen Tresen.

»Ich bin Stammgast hier, Mike«, rief Harald, »was soll'n die Nummer, Mensch?«

»Das ist hier keine Wärmehalle, sondern eine Spielhalle!«, meinte Mike ganz cool.

Mehrere Spieler steckten ihre Köpfe aus den Kabinen heraus. Auch die Poolbillard-Spieler verfolgten gespannt das Geschehen. Die Sache schien interessant zu werden.

»Behandelst du deine Stammgäste immer so?« Haralds Stimme klang weinerlich. »Das ist doch Scheiße, Mensch«, sagte er immer wieder. »Scheiße, Mensch.«

»Heul doch!«, rief plötzlich irgendeine Stimme.

Harald sprang auf, wie von der berühmten Tarantel gestochen, und rannte ins Separee, aus dem die Stimme gekommen war. Dort fielen dann ein paar Stühle um, und ein Mann schrie. Mike griff unter den Tresen und holte einen Gummiknüppel hervor. »Ruf mal einer die Bullen«, sagte er im Vorbeilaufen und verschwand ebenfalls im Automaten-Separee. Dann vernahm ich von dort das dumpfe Krachen, das eine blanke Faust erzeugt, wenn sie gegen eine Glasscheibe schlägt. Sekunden später hörte ich ein kurzes, scharfes Klatschen und unmittelbar danach das Wimmern des Druckers. »Raus!«, schrie Mike, »steh auf, du Idiot. Raus, raus!«

Harald wankte aus dem Kabuff und hielt sich mit seiner stark blutenden Hand den Hinterkopf. Er stolperte die Treppe hinunter.

»Hallenverbot!«, brüllte ihm Mike hinterher. »Hörst du: Hallenverbot auf ewig.« Und zu uns gewandt, die wir ziemlich fassungslos dastanden und glotzten, sagte er: »Was ist? Hat einer die Bullen gerufen?«

Wir schwiegen betreten. Die Schlägerei war interessanter gewesen. Aus dem zertrümmerten Kabuff kam ein Typ heraus, der zwar nicht zu den Stammgästen des Fair Play zählte, aber den ich hier schon mal gesehen hatte. Er schien nichts abbekommen zu haben, aber er hielt eine kaputte Brille in der Hand. »Was laufen hier eigentlich für Idioten rum?«, schrie er und hielt seine Brille hoch. »Und die hier muss er mir bezahlen.«

»Das machen wir schon«, sagte die Hallenaufsicht gelassen, »so und jetzt erst mal 'nen Fünfer zur Beruhigung.« Mike griff in die Wechselkasse, nahm eine Handvoll Fünfmarkstücke heraus und drehte eine Runde durchs Fair Play. Für jeden Automaten, den einer von uns Zockern laufen ließ, gab's vom Chef jetzt einen Heiermann extra. Auch so züchtet man sich Stammkunden heran. Besonders lohnend war es, wenn die Monteure kamen. Meistens wechselten sie dann nur ein Lämpchen aus oder überprüften das Innenleben der Automaten. Dazu mussten sie natürlich die Automaten öffnen. Für die Störung gab's dann für die Spieler eine Serie, die der Monteur gleich manuell einstellte; um Weihnachten herum auch schon mal eine Fünfziger. Daher achteten die Spieler natürlich darauf, möglichst viele Kästen zu bearbeiten, wenn sich ein Servicemann herumtrieb.

Unten im Foyer krachte und splitterte es plötzlich gewaltig, und die Alarmanlage heulte los. Mike rannte hinter den Tresen zurück, griff sich wieder seinen Knüppel und stürmte die Treppe hinunter; ein paar Gäste stürzten hinterher, aber es war Nachmittag, hell, und deshalb zog ich es vor, am Fenster stehen zu bleiben und mir das Tohuwabohu aus sicherer Entfernung von oben anzusehen.

Mir schien die Sache völlig klar zu sein: Harald hatte mit einem Pflasterstein die Scheibe des Spielsalons eingeschmissen, war aber nicht schnell genug geflitzt. Die Polizeiwache war nur einhundert Meter entfernt, und von rechts kamen bereits zwei Polizisten herangaloppiert und näherten sich der Menschentraube, die sich um den blutenden Harald gebildet hatte. Seine rechte Hand hing schlaff herunter, und sein Blut hatte auf dem Bürgersteig eine große, rote Pfütze gebildet. Wenige Minuten später heulte ein Krankenwagen heran, Harald wurde auf die Trage gelegt und weggefahren. Das Menschenknäuel löste sich auf, Mike holte einen Besen und eine Schaufel aus der Abstellkammer und fegte die Scherben auf dem Bürgersteig zusammen.

Später, bei einem Plastikbecher Kaffee, erzählte Mike, warum Harald so ausgerastet war. »Er hat schon seit zwei Monaten keinen Job mehr. Ich hab ihm zwar immer wieder gesagt, er soll die Zockerei lassen, aber vor zwei Wochen ist er an den Steindamm gefahren und hat richtig verloren.«

»Hat er was dazu gesagt?«, fragte ich.

Mike sah mich sehr ernst an. »Hör mal«, sagte er leise, »eigentlich darf ich so was überhaupt nicht erzählen, aber du musst doch begriffen haben, dass dir die Spielerei nichts bringt. Ruck, zuck bist du genauso beschissen drauf wie Harald. Und: Kein Spieler ist bis jetzt reich geworden.«

»Ich meine den Steindamm«, antwortete ich.

»Das Automatenkasino der Spielbank«, sagte Mike, »da geht es richtig um Geld. Einarmige Banditen, verstehst du, ab 'ner Mark bis fünf Mark Einsatz. Und da hat er wohl in ein paar Tagen alles verzockt, was seine Frau aufgetrieben hatte. Mir hat er doch die Geschichte auch erzählt. Na ja, und jetzt ist er richtig am Arsch.«

»Und dann ist sie abgehauen?«, fragte ich.

»Ja«, sagte Mike, »ich glaube, die wollte das nicht mehr länger mitmachen.«

Ans Spielen war an diesem Nachmittag nicht mehr zu denken. Ich zockte zwar noch ein bisschen an verschiedenen Automaten herum, ging dann aber auf ein Bier zum Abhängen hinüber ins Kokomo. Harald hatte nicht wie ein Mann verloren. Er war zu weit gegangen. Viel zu weit! Er hatte viel zu viel riskiert. Was für ein Idiot! Mir würde so was bestimmt nicht passieren. Ich hatte die Zockerei ja völlig im Griff. Ab und zu würde ich in Zukunft vielleicht mal wieder ein paar Mark riskieren. Machte ja Spaß. So dachte ich – und überhaupt nicht an ein dickes Ende.

TEIL 3

Der Automaten-Mann

8. KAPITEL

Am Steindamm

Hellblau ist für unten, Rosa für oben«, sagte die Stationsleiterin, »und vor dem Waschen müssen Sie die Bewohner ausräumen. Was genau zu tun ist, werden sie Ihnen dann erzählen.« Weg war sie, und ich stand in einem nach Pisse, Scheiße, Essig und Desinfektionsmitteln stinkenden Dreibettzimmer. Es war kurz nach sechs Uhr morgens am ersten Oktober 1981. Ich hatte meinen Zivildienst an einem Donnerstag angetreten, und Donnerstag war im Behindertenheim Abführtag: Die Bewohner, in der Hauptsache Multiple und Querschnitte, hatten in der Nacht zuvor die sogenannten Leo-Pillen bekommen, ein starkes Abführmittel, und wachten dann morgens auf dicken Moltex-Unterlagen in ihrem eigenen Kot auf.

Bei meiner Premiere als Zivi war die Station, der ich zugeteilt worden war, wegen Krankheit und Urlaub unterbesetzt. Zwei examinierte Krankenschwestern und ein Hiwi waren für achtundzwanzig Bewohner zuständig: waschen, rasieren, die Zähne putzen, anziehen, Nägel schneiden, kämmen und weniger schwer Beschädigte in den Rollstuhl setzen. Ich durfte gleich voll mit ran, obgleich ich noch niemals einen Menschen gewaschen, geschweige denn ausgeräumt hatte.

Bestimmt habe ich mich anfangs ziemlich dusselig angestellt. Ich hatte es zum Glück zunächst nur mit Männern und erst später, in den Spätdiensten, auch schon mal mit Frauen zu tun. Die meisten Bewohner beschwerten sich gleich am ersten Tag, dass diese sensible Arbeit an den intimsten Körperstellen immer wieder in neue, unerfahrene Hände gelegt wurde. Die Bewohner – die Worte Kranke oder Behinderte waren verpönt – hatten im Lauf der Jahre, bedingt durch ihre körperliche Behinderung, diverse Marotten entwickelt, die sie je nach Lust und Laune einsetzten, um das Pflegepersonal zu ärgern. Ich habe während der sechzehn Monate regelrechte Kämpfe um Autorität und Macht zwischen den Behinderten und ihren Betreuern erlebt.

Heinz Reuter war einer der angenehmsten Männer auf der Station II, wo ich meinen Dienst am Vaterland ableisten durfte, nachdem mir die Gewissensprüfungs-Kommission des Kreises ein falsches Weltbild und pubertäre Friedensutopien bescheinigt, meinem Antrag auf Kriegsdienstverweigerung jedoch stattgegeben hatte. Heinz hatte im Alter von fünfzig die Multiple Sklerose erwischt. Aber ihn zu waschen und anzuziehen war problemlos, vor allem, weil er immer sofort eine prächtige Erektion bekam, wenn man sein Geschlecht wusch, was das Überstreifen des Spezialpräsers beschleunigte: Er war wie die meisten Bewohner inkontinent und pinkelte durch einen Katheder in einen Plastikbeutel. Wir duzten uns ziemlich schnell, und Heinz achtete auch immer darauf, dass sein Beutel rechtzeitig entleert wurde, während Sergej, Sohn ukrainischer Einwanderer, gerade mal fünfundzwanzig Jahre alt, seinen Urinbeutel grundsätzlich platzen ließ, möglichst im Essbereich der Station. Er war nach einem Motorradunfall ein hoher Querschnitt geworden, und ich habe ihn in den sechzehn Monaten nicht ein einziges Mal lächeln gesehen. Er fuhr seinen elektrischen Rollstuhl per Joystick mit dem Kinn. Einzig dann, wenn ich ihm seine Motorradzeitungen vom Kiosk holte und wir zusammen das Neueste über dieses gefährliche

Fahrvergnügen lasen, schien er noch ein bisschen Freude zu empfinden. Er las, ich blätterte.

Wie jeder Anfänger im Pflegejob machte ich natürlich in den ersten Tagen meines Dienstes den gravierenden Fehler, dass ich den Bewohnern gegenüber zu nett, zu zuvorkommend und zu hilfsbereit gewesen bin. Sie können das gnadenlos ausnutzen. Dann kümmert man sich um einen etwas mehr, raucht zwei Zigaretten mit ihm statt einer – er kann ja nicht mal mehr die Fluppe halten –, erfüllt Sonderwünsche, lässt sich beim Rasieren ein wenig mehr Zeit; und hat den Kolleginnen und Kollegen damit zusätzliche Arbeit bereitet.

»Du musst mal schneller werden!«, lautete der Standardsatz, mit dem wir Zivis beim gemeinsamen Stationsfrühstück um neun Uhr im Dienstzimmer begrüßt wurden. »Lass dich bloß nicht von denen veräppeln.«

Meistens hatten wir uns gerade das erste halbe Brötchen geschmiert, als es bereits aus einem der Zimmer klingelte. Die alten Pflegehasen blieben gelassen sitzen, gossen sich ihren Kaffee ein und ratschten weiter. Drecksarbeit während der Pausen – das war oft ein Teil des Machtkampfes zwischen den Bewohnern und ihren Betreuern, der letzten Endes auf dem Rücken der billigen Zivildienstleistenden ausgetragen wurde. Das Frühstück war dann im Eimer.

In den ersten eineinhalb Monaten war ich fix und fertig. Ich lernte die Nachteile der Schichtarbeit kennen. Der Wechsel von der Spät- auf die Frühschicht ist besonders stressig. Man fällt gegen elf Uhr abends todmüde ins Bett und kann sechs Stunden später schon wieder aufstehen. Es dauerte noch weitere zwei Monate, bis ich mich an diesen Rhythmus gewöhnt hatte.

In dieser Zeit habe ich kaum gezockt, ich war viel zu müde dazu. Wenn ich mich nach dem Dienst aus den hellblauen Pflegerklamotten schälte, kam es mir immer vor, als hätten mein Körper, meine Haare und meine Zivilklamotten den unangenehmen, säuerlichen Dauermief der Station angenommen. Selbst draußen, an der frischen Luft, war meine Nase immer noch mit dem Geruch von Essig, Desinfektionsmitteln und menschlichen Ausscheidungen erfüllt.

Ich hätte den Job am liebsten geschmissen. Manchmal war ich so weit, mich freiwillig bei den Panzergrenadieren zu melden; drei Monate Grundausbildung beim Bund müssen ein Kinderspiel sein, dachte ich. Aber andererseits war ich ja sogenannter Heimschläfer, nach Hause konnte ich zu Fuß gehen, und ich bekam rund zweihundertfünfzig Mark mehr ausbezahlt als beim Bund. Zudem hatte ich Heike kennengelernt, die im Schwesternwohntrakt des Heimes ein Zimmer hatte und die genau das sexuelle Vorurteil bestätigte, das Krankenschwestern im Allgemeinen bei Männern genießen. Von Inge hatte ich zuletzt über mehrere Ecken gehört, dass sie als Fotomodell nach Mailand gegangen war. Oder war es Rom gewesen? Ich habe damals öfter im Heim übernachtet und bin nur kurz zum Duschen nach Hause.

Diese Monate vergingen ziemlich schnell. Ich zahlte meine Schulden bei Bernd ab und hatte meinen Tresenjob im Kokomo vorübergehend aufgegeben. Die Sparkasse war so sehr von meinem Kontostand beeindruckt, dass sie mir problemlos eine Scheckkarte ausstellte.

Im Frühling 1982 trat ein ganzer Schub Zivildienstleistender zur Pflege an, und die Heimleitung war froh, einen pflegerischen Gutmenschen wie mich in die Telefonzentrale versetzen zu können. Die Schichtdienste waren jetzt von den Zeiten her viel angenehmer, dafür aber langweilig. Überdies war ich auf Station nicht mehr präsent, sodass mich auch Heike nach wenigen Tagen vergaß und mit einem anderen Pfleger in die Kiste stieg.

Ich ging nicht saufen. Ich zog mir keine Drogen rein. Nein, ich konnte endlich mal wieder in Ruhe daddeln gehen. Nach fast einem halben Jahr ging ich ganz gezielt ins Fair Play, aber die Spielhalle hatte sich verändert und gefiel mir jetzt nicht mehr. Ein paar von den alten Spielern waren zwar noch da, aber Mike arbeitete jetzt, wie ich erfuhr, in der Lübecker Halle des Automatenunternehmers, und die nachgerückte Zockergeneration nervte mich. Sie war laut, fluchte kräftig herum, wie damals Harald, und prügelte auf die Automaten ein. Die neue Aufsicht erschien mir genauso unangenehm wie die Gäste: ein ekelhafter Fettsack, unfreundlich und arrogant, der mir gegenüber gleich beim ersten Mal heraushängen ließ, wer im Fair Play der Boss ist. Außerdem kostete der Kaffee jetzt sechzig Pfennig, und es gab auch keinen Keks mehr dazu.

Überhaupt war der Laden nicht mehr so gut in Schuss. Die Scheiben der Automaten waren dreckig und fettig vom Handschweiß der Spieler. Die Aschenbecher quollen über, und die Sitzflächen der Kunststoffsessel waren aufgerissen, und gelbbrauner Schaumstoff quoll aus den geplatzten Nähten hervor.

Nachdem ich lustlos fünfzig Mark verknallt hatte, entschloss ich mich, diese ungastliche Stätte zu verlassen und mein Glück zum ersten Mal woanders zu versuchen. Ich hatte einen freien Tag, ein paar hundert Mark und Schecks in der Tasche. Es war viel zu früh, um im Kokomo vorbeizuschauen, und die paar Freunde, die ich nun aus einer Telefonzelle am Rathausplatz der Kleinstadt anrief, waren unterwegs. Ich langweilte mich. Eineinhalb Stunden später stand ich daher am Hamburger Steindamm, auf dem Kleinen Kiez vor dem Hotel Graf Moltke, in dessen Erdgeschoss die Automatendependance der Hamburger Spielbank untergebracht ist. Das war also der Ort, an dem Harald, mein alter Daddelkumpel, angeblich seine Ehe verspielt hatte. Ich hatte gehört, er würde derzeit auf Stütze leben und sei wohl auch wegen unterlassener Unterhaltszahlungen an seine Frau dran. Meine Beine hatten mich fast automatisch erst zur S-Bahn und dann hierher geführt. Ich dachte, zweihundert Mark kann ich jetzt wirklich mal riskieren.

Ich zahlte eine Mark Eintritt und betrat durch ein Drehkreuz den schummerigen, klimatisierten Spielsaal. In vier langen Reihen standen mehrere Dutzend Automaten, einarmige Banditen und elektronische Roulettes, die von dichten Spielertrauben umlagert wurden. Das Stimmengewirr erinnerte an einen orientalischen Basar. Neben Türkisch wurde am meisten Italienisch gesprochen.

Die einarmigen Banditen waren im Prinzip die gleichen, die ich schon von Las Vegas her kannte. Neu dagegen waren für mich die Rouletteautomaten, große schwarze Kästen, mit einem elektronischen Roulettekessel oben und einem Setzfeld unten. Der Einsatz betrug entweder eine, zwei oder fünf Mark. Die Zahlenreihe ging von Null bis Zwölf. Man konnte auf einfache Chance setzen, aber auch auf Rot, Schwarz, Gerade und Ungerade. Doch wie ich zunächst feststellte, spielten die meisten Spieler volle Zahlen.

Jedes Zahlenfeld hatte vier kleine gelbe Knöpfe. Drückte man den ersten links oben, so spielte man mit einfachem Einsatz und bekam, wenn man gewann, den zwölffachen Einsatz ausbezahlt, der auf einem elektronischen Display hochgezählt und angezeigt wurde. Die Taste rechts oben war für den doppelten Einsatz bestimmt. Links unten galt vierfacher und rechts unten achtfacher Einsatz. Und wenn man alle vier Tasten gleichzeitig drückte, erhielt man im Erfolgsfall den fünfzehnfachen Einsatz zurück oder einhundertachtzig Münzen Gewinn. Das wollte ich ausprobieren. Ich wartete geduldig in der langen Schlange vor der Wechselkasse, bis ich drankam.

»Ja, bitte?«, fragte der Kassierer.

»Ich hätte gern hundert Markstücke«, sagte ich und legte einen Blauen auf den mit Panzerglas gesicherten Tresen. Hier ging es um ganz andere Beträge. Ich war aufgeregt, und meine Hände waren schon feucht.

Der Kassierer tippte den Betrag in eine Art Registrierkasse, nahm eine kleine, runde Gummischüssel von einem Stapel und hielt sie unter einen großen, chromglänzenden Münzenspender, aus dem jetzt meine einhundert Markstücke in fünf Sekunden in den schwarzen Napf rasselten. Der Kassierer schob ihn zu mir rüber.

»Der Nächste!«

Meine ersten Versuche, ein paar Mark zu gewinnen, scheiterten kläglich am perfiden elektronischen Innenleben der Rouletteautomaten. Ich steckte Markstück um Markstück in den Schlitz und drückte nach jeder Münze die Starttaste. Dann setzte sich oben im Kessel ein Lichtpunkt in Bewegung, der zu Beginn rasend schnell kreiste und dann immer langsamer wurde, geradezu quälend langsam, bis er fast immer genau eine Zahl neben meiner Wahl anhielt. Einmal spielte ich zehnmal hintereinander auf die Neun, aber immer liefen entweder die links danebenliegende Zwei oder die rechts danebenliegende Acht ein und zweimal hintereinander die Null. Es war zum Verrücktwerden.

»Du spielst falsch«, sagte auf einmal eine schwere Stimme mit polnischem Akzent hinter mir, »du musst setzen erst einmal auf Null und auf Rot und auf Schwarz. Dann weißt du, wo das Licht hinläuft. Der Apparat macht Serie genauso wie Daddelkasten in Spielhalle.« Ich hatte vielleicht noch dreißig Markstücke in meinem Gumminapf. »Schmeiß zwanzig Stück rein«, sagte der Pole, »entweder du hast Glück oder nicht.«

Also fütterte ich den Automaten mit allen Münzen, die ich noch hatte, und setzte so, wie er mir geraten hatte: eine Mark jeweils auf Rot und Schwarz und eine Mark auf die Null. Nichts.

»Versuch gleich noch mal«, riet mir mein selbst ernannter Rouletteberater.

Wieder nichts.

»Noch mal«, sagte er aufmunternd.

Endlich! Es klappte. Der Lichtpunkt im elektronischen Kessel tanzte bis zur Null. Der Kasten stieß eine kurze Freudenfanfare aus und zählte zwölf Stücke auf dem Display hinzu. »Noch einmal«, sagte der Pole, »und dann musst du die Null erhöhen. Ist System.«

Ich gewann wieder zwölf Mark hinzu, verlor natürlich gleichzeitig die zwei Mark, die ich auf Rot und auf Schwarz gesetzt hatte, verdoppelte den Einsatz auf der Null und gewann vierundzwanzig Mark. Jetzt war die Freudenfanfare des Rouletteautomaten schon einen Tick länger. »Jetzt spielst du gegenüberliegende Seite. Null stehen lassen, Neun und Zwei und Sieben doppelt. Neun dreifach!«, lautete die neue Anweisung. Das waren ja elf Mark Einsatz auf einmal. Ich begann zu schwitzen. Aber die Neun kam tatsächlich. »Noch einmal«, sagte der Pole, »du musst zäh sein.« Und wieder traf ich die Neun. Das bedeutete sechsunddreißig Mark Gewinn, abzüglich des Einsatzes für die Nieten. »Jetzt spielst du Null achtfach!« Ich gehorchte und traf. Zweimal hintereinander gewann ich sechsundneunzig Mark. Das läuft ja prima, dachte ich und erinnerte mich dunkel an mein erstes Spielerlebnis; damals, als der dicke Harry vom Anfängerglück gefaselt hatte. Ich schwitzte, und meine Wangen glühten, als hätte ich gerade einen Malariaanfall überstanden. »Vielleicht hast du Glück, und er macht jetzt Neun-Null«, sagte der Pole.

»Was heißt das?«, fragte ich.

»Du gewinnst!«, rief er. »Du setzt voll auf Neun und zwölffach auf Null und sicherst Neun mit vierfach Zwei und Acht ab!«

Ich überschlug den Einsatz im Kopf: Das waren fünfunddreißig Mark Einsatz. Aber ich begann zu kapieren. Da war sicher ein System dahinter. Wahrscheinlich gewann man nur, wenn man ständig den Einsatz erhöhte. Aber wann sollte man aufhören?

Es kam, wie es mein Begleiter vorausgesagt hatte. Acht- oder zehnmal hintereinander erwischte ich die Gewinnfelder, dreimal traf ich dabei sogar die Neun. Dann folgten zwei Nullrunden.

»Du hörst jetzt auf«, sagte der Pole, »drück die Auszahlungstaste.«

Siebenhundertvierundzwanzig Mark standen auf dem Display. Vierundzwanzig Mark rasselten aus dem Automaten heraus, bevor der Kasten laut zu piepen anfing. Zwei Angestellte des Kasinos erschienen. Einer von ihnen zückte einen Block, schrieb die Zahl siebenhundert auf und verschwand in Richtung Kasse. Eine Minute später kam er wieder und blätterte mir siebenhundert Mark auf die Hand: einen Fünfhunderter, einen Hunderter, einen Fünfziger, zwei Zwanziger und einen Zehner.

»Du musst geben zehn Mark«, sagte der Pole lauernd, »für Tronc, für die Angestellten.«

Zwei Stunden später rief ich meine Mutter aus der Stadt an und sagte ihr, dass ich nicht zum Essen nach Hause kommen, sondern noch auf einen Sprung zu Freunden nach Ahrensburg gehen würde. Ich trug mein Portemonnaie vorn in der Unterhose. Über zweitausend Mark waren drin, und was ich jetzt brauchte, war ein Bier. Meine Zunge klebte trocken am Gaumen, und ich war fertig wie nach einer sechsstündigen Mathematikklausur.

Zweitausend Mark an einem halben Nachmittag! Ich hatte mit nur fünfzig Mark Einsatz einem Zweimark-Rouletteautomaten weitere achthundert Mark entlockt und auf dem Weg zur Kasse im Vorbeigehen einem einarmigen Banditen zweitausend Mark. Meinen Polen hatte ich dabei immer im Schlepptau. Dann begann eine Pechsträhne, die mich über tausend Mark gekostet hatte, und vielleicht hatte mir der Himmel diesen Mann geschickt, dem ich dann einen Fünfziger in die Hand gedrückt hatte, als Dankeschön, denn er hatte mich beschworen: »Du musst rausgehen, jetzt! Glück vorbei!« Dabei hatte er mich an der Schulter gepackt und sanft geschüttelt, und ich wachte auf aus dem Spielrausch, der mich ergriffen hatte.

Dieser Spielrausch hatte jeden klaren Gedanken in meinem Kopf verhindert. Das Geld war mir von Spiel zu Spiel gleichgültiger geworden; auch als ich verlor, denn ich hatte ja noch reichlich in der Tasche. Wenn ich mich vor Kurzem noch wegen verlorener fünfzig Mark im Fair Play grün und blau ärgern konnte, setzte ich hier im Automatenkasino einen Hunderter in einem Spiel! So einen Thrill hatte ich noch nie erlebt. Zeitweise hatte er die gleiche Wirkung auf mich wie ein enger Tanz auf einer Party, wenn mir eine Frau ihren seidigen Oberschenkel zwischen den Beinen gerieben hatte. Plötzlich wollte ich groß auf die Pauke hauen. Ich winkte ein Taxi heran, ließ mich nach Ahrensburg fahren und traktierte in dieser Nacht die Stammgäste des »Koks« mit Freibier.

Die Ehefrau (1993)

Es war schon eine komische Situation, als wir uns damals richtig kennenlernten. Wir hatten uns ebenso aus den Augen verloren wie viele andere unserer alten Freunde. Nach der Schule geht man halt auseinander, und nur ein paar wenige Beziehungen bleiben bestehen. Mit meinem Freund Wolfgang war damals schon über ein halbes Jahr lang Schluss, als er mich irgendwann, Ende Oktober, anrief und fragte, ob wir uns nicht mal treffen könnten. Ich hatte ihn schon länger nicht mehr gesehen, und ich freute mich auf unser gemeinsames Frühstück, zu dem er mich am vierten November jenes Jahres eingeladen hatte. Seine Eltern waren mal wieder im Urlaub gewesen, er riss die letzten Monate seines Ersatzdienstes in der Telefonzentrale dieses Heims herunter und hatte an jenem Tag frei.

Dieser vierte November wird mir deshalb so gut in Erinnerung bleiben, weil wir uns bereits nach einer halben Stunde darauf geeinigt hatten zusammenzuziehen. Es war komisch gewesen, aber gleichzeitig hatten wir beide ganz nüchtern festgestellt, dass es nun an der Zeit war, von zu Hause auszuziehen. Wir fuhren damals mit einer Flasche Champagner, die er aus dem Weinkeller seines Vaters stibitzte, in den Sachsenwald und suchten nach so einem dämlichen Aussichtsturm, den wir allerdings nicht fanden. So tranken wir die Flasche im strömenden Regen in meiner Ente und holten im Auto nach, was wir vorher beim Frühstück versäumt hatten.

Natürlich habe ich ihn damals auch nach seiner Spielerei gefragt, aber er sagte mir unumwunden ins Gesicht, dass die Spielhallen für ihn absolut kein Thema mehr wären. Ich glaubte ihm. Wie sich ein paar Wochen später herausstellte, waren Spielhallen tatsächlich kein Thema mehr, denn jetzt war er bereits auf das Automatenkasino am Hamburger Hauptbahnhof abonniert gewesen: Aber das erfuhr ich ja erst später, im Sommer.

Wir bekamen über den Anzeigenteil im Hamburger Abendblatt *binnen einer Woche eine Wohnung. Eine kleine Zweizimmerwohnung im tiefsten Barmbek, und wir bekamen sie auch, weil wir seinen Vater zum Makler mitgenommen haben. Bevor dieser irgendwelche Fragen nach Heirat, Kindern und Haustieren stellen konnte, zückte sein Vater die Brieftasche und blätterte dem verdutzten Immobilienhändler die Courtage und die Kaution auf den Tisch, um gleich von vornherein klarzustellen, wer hier redet.*

Unsere Eltern hatten sich damals zwar von unserem schnellen Entschluss überrascht gezeigt, aber weder er noch ich mussten großartige Anstrengungen unternehmen, um sie von unserem Vorhaben zu überzeugen. Am zweiten Januar 1983 zogen wir ein. Er hatte sich den gesamten Resturlaub aus dem Zivildienst für das Ende aufgespart, und ich hatte Ferien. Damals stand ich kurz vor der Prüfung zur Sozialpädagogin an einer Hamburger Fachhochschule. Von unseren Eltern hatten wir über sechstausend Mark Starthilfe bekommen: für die Renovierung, die fast einen ganzen Monat dauerte, weil vor uns eine alte Frau über zwanzig Jahre nichts, aber auch gar nichts in der Wohnung gemacht hatte. Außerdem zahlte sein Vater die Miete, zweihundertfünfzig Mark für fünfzig Quadratmeter und eintausend Mark im Monat zum Leben. Ich bekam fünfhundert Mark von meiner Mutter, aber das war, wie ich finde, damals schon sehr viel Geld für uns.

Im April jenes Jahres, als er bereits zur Uni ging, fiel mir allerdings auf, dass er sehr unpünktlich war. Unsere Leiden-

schaft war es damals, ins Kino zu gehen. Aber er kam ausgesprochen häufig zu spät, und schon im Mai war er plötzlich blank und lieh sich hundert Mark von mir für Bücher. Kein Problem!, dachte ich, wahrscheinlich wird er auf der Uni so viel zu tun haben, obwohl ihm das Studium im Grunde überhaupt keinen Spass machte. Er hatte sich für die Hamburger Journalistenschule beworben, aber wir glaubten nicht so recht daran, dass er das auch schaffen würde. Für fünftausend Bewerber standen ja gerade mal zwanzig Plätze zur Verfügung.

Seine Studiererei habe ich nicht besonders ernst genommen. Richtig hineingekniet hat er sich dann bei der Aufnahmeprüfung für die Schule. Im Nachhinein kann ich sagen: In den zwei Wochen, in denen er seine Testreportage und den Testkommentar schreiben musste, ist er ganz bestimmt nicht spielen gewesen, weil er mit der Arbeit genug zu tun hatte und weil ihn das wohl auch nicht gelangweilt hat. Er musste halt immer was um die Ohren haben, dann ging es ihm gut, dann war er ausgeglichen. Ich hatte auch gemerkt, dass er, kaum merklich, reizbarer geworden war. Wenn wir uns mal gestritten hatten, ist es natürlich immer etwas lauter zugegangen. Aber manchmal, wenn es zur Sache ging, fing er zu brüllen an. Er wusste genau, dass ich das von allen Dingen, die zu einem Streit gehören, am wenigsten vertrug. Aber er ging auch immer nur so weit, dass er sich dann auch noch entschuldigen konnte. Das wiederholte sich immer öfter, und es war wirklich so etwas wie ein Spiel, was er da abzog, eine Art Spiel um die Macht zwischen uns beiden. Dabei hätte er so was nie nötig gehabt, und deshalb habe ich ihm ja auch immer verziehen.

Aber dann im Sommer, kurz bevor wir in den Urlaub nach England fahren wollten, haben sich die Ereignisse regelrecht überschlagen. Er hatte die Aufnahmeprüfung zur Schule bestanden, aber wir sind dann aus anderen Gründen aus allen Wolken gefallen, seine Eltern, meine Mutter und ich.

Aus heutiger Sicht hätte ich natürlich schon damals reinen Tisch machen sollen: bevor der totale Absturz kam, nicht hinterher. Aber wie hätte ich es anstellen sollen? Vielleicht mit einem »Du, Schatz, ich muss unbedingt mal mit dir reden!«. Das ist einer der Sätze, der in die Kategorie »So etwas möchten wir am liebsten nicht hören« passt. Also hielt ich lieber die Schnauze und versuchte, meine Besuche im Automatenkasino am Steindamm geheim zu halten und die Kontoauszüge abzufangen, bevor sie meine Freundin zu Gesicht bekam. Inzwischen war ich zur Dresdner Bank gewechselt, die mir bereits nach drei Monaten einen Dispo von viertausend Mark eingeräumt hatte, ohne dass ich darum gebeten hatte. Es kam ja regelmäßig Geld aufs Konto, und außerdem war mein Vater bei der gleichen Bank.

Die zweitausend Ditscher, mein Anfangserfolg am Steindamm, hatte ich in ungefähr einem Monat durchgebracht. Eigentlich hatte ich vorgehabt, Bernd auf einen Schlag den Rest meiner Schuld auszuzahlen, eintausend Mark, aber ich hatte das Geld als Spielkapital eingesetzt. So musste die Renovierung unserer Wohnung auf dem Papier auch etwas teurer ausfallen, etwa um den gleichen Betrag, und von meinem Großvater hatte ich zu Weihnachten ebenfalls einen großen Braunen bekommen: Aber auch all dieses schöne Geld hatten die einarmigen Banditen im Lauf von vier, fünf Wochen geraubt.

Im April bekam ich durch einen Jackpot von zweitausendfünfhundert Mark noch einmal ein wenig Luft, aber bereits im Mai steckte ich ganz tief in den roten Zahlen, und schon wieder musste ich mir von Freunden Geld leihen. Bernd zum Beispiel rückte erneut zweitausend Mark heraus, und Stephan, ein Typ, den ich während meines Zivildienstes kennengelernt hatte, eintausend.

Die Universität, zu der ich mich, wenn mir das Zocken nicht dazwischenkam, mühsam hinschleppte, konnte mich sowieso nicht von meiner Spielerei abbringen. Die meisten Seminare wurden nicht von den eigentlichen Dozenten, sondern den Mitgliedern der Marxistisch-Leninistischen Gruppe geleitet, und die Ringvorlesungen waren meist nichts anderes als eine einzige Solidaritätserklärung an Kurden, Sinti, Hausbesetzer und Schwule. Etwas Überflüssigeres als diesen Uni-Betrieb hatte ich noch nicht erlebt. Ein Trost immerhin war, dass ich nicht der einzige Student war, der dies empfand: Die Spielhallen an der Grindelallee waren damals zu jeder Tages- und Nachtzeit proppenvoll mit der geistigen Elite unseres Landes. Doch dort spielte ich höchstens mal zum Aufwärmen. Daddelhallen waren für mich nun längst eine Nummer zu klein; diese Orte, wo die Spieler in Pfennig-Kategorien und Zehnmarkscheinen denken. Ich rechnete dagegen bereits in Hundertern.

Meistens erreichte ich den Campus nicht einmal, sondern stieg bereits am Hauptbahnhof aus der S-Bahn aus und stürzte mich mitten hinein in das harte Leben auf dem Kiez in St. Georg, der von der kurdisch-türkischen Drogenmafia kontrolliert wurde, wo die abhängigen Nutten auf Freier warteten und sich Döner- und Imbissbuden, Sexshops und Spielhallen aneinanderreihten.

Das Automatenkasino machte immer erst um elf Uhr auf, sodass ich viel Zeit hatte, diesen kleinen Kiez rund um den Hansaplatz kennenzulernen, Treffpunkt der Junkies und Dealer. Dann ging ich einfach nur so durch die Straßen spazieren, guckte auch in die eine oder andere Kneipe herein, auf ein kleines Bier am Morgen, und lernte auf diese Weise sehr viele kaputte und gestrandete Leute gründlich und gleichzeitig flüchtig kennen. Diese Welt zog mich an. Ich fand sie interessant, spannend und eben gänzlich anders als das, was ich bis dahin in meinem bürgerlichen und liberalen Umfeld kennengelernt hatte. Hier herrschten ganz andere Regeln. Wer ein Bier spendiert bekam, musste irgendwann auch eine Runde ausgeben. Wer das Maul zu weit aufriss, bekam es gestopft oder wurde hinausgeschmissen. Wer einen blöden Spruch machte, kriegte einen noch blöderen Spruch zurück. Die Leute, die ich hier traf, waren trotz ihrer offensichtlichen Dumpfheit auf eine ganz besondere Art und Weise konsequent. Das hieß: Wer Geld hatte, gab es aus. Das hieß auch, dass man hier akzeptiert wurde, wenn man abgebrannt war, und dazu stand.

Auf der anderen Seite konnte ich hier von Träumen reden und über die Ungerechtigkeit der ganzen Welt lamentieren; einstimmen in das larmoyante Gesülze der Saufnasen an den Tresen über die Bitternisse des Lebens. Jeder hatte sein Problem. Auch ich hatte eines, zu dieser Erkenntnis war ich inzwischen schon gekommen, und dieses Problem war die Zockerei. Nur, um es zu lösen, nicht mehr zu spielen, dazu fehlten mir Mut und Geld.

Meine Gedanken hatten sich ganz auf den großen Hauptgewinn konzentriert. Ich träumte von fünfzigtausend Mark, fünf roten Siebenen in einer Reihe auf dem Nugget von Aristocrat, gespielt mit dem vollen Einsatz von fünf Mark. Drei Siebenen hatte ich ja schon so oft gehabt, das brachte dreihundertfünfundsiebzig Mark. Aber ich war jetzt ein gutes halbes Jahr dabei, mit mehr Tiefen als Höhen, und ich spürte: Nun ist es an der Zeit, mal richtig abzuräumen. Ich malte mir aus, wie ich mein Bankkonto ausgleichen würde, das mit über dreitausend Mark im Minus stand. Ich stellte mir vor, meine Gläubiger zum Essen einzuladen und ihnen ganz nebenbei einen Umschlag zu überreichen, und den Rest würde ich, heimlich natürlich, anlegen und dann nie wieder spielen. Tatsächlich begann mir die Zockerei langsam, aber sicher so richtig auf die Nerven zu gehen.

Anfang Juni, sechs Wochen vor unserem geplanten Urlaub, verfügte ich über nicht mal mehr sechshundert Mark, die monatliche Überweisung meines Vaters schon mit eingerechnet. Wir saßen beim Frühstück, in scheinbar bester Laune, und zum ersten Mal lag mir das Geständnis auf der Zunge.

»Was machst du heute?«, wollte sie wissen.

»Ich wollte eigentlich den Schlafsack besorgen«, sagte ich, »und dann mal sehen. Wann kommst du heute Abend wieder?«

»Gegen sieben«, sagte sie seufzend, »heute ist wieder Neuengamme angesagt.«

Dort betreuten ein paar der angehenden Sozialpädagogen einmal pro Woche eine Gruppe jugendlicher Untersuchungsgefangener. Sie hatte noch ein knappes Jahr bis zu ihrer Abschlussprüfung.

»Und heute Abend Kino?«, fragte ich.

»Sicher«, sagte sie, »wenn du pünktlich bist!« Und tschüss. Morgens um neun trennten sich wie immer tagsüber unsere Wege. Während ihre Ente draußen beim Anlassen hustete, räumte ich den Tisch ab, spülte das Geschirr, drehte das Radio an und warf mich noch für eine Stunde aufs Bett. Ich hatte es nicht gesagt, hatte ihr meine beschissene Finanzsituation nicht gestanden, und nun lag ich da und starrte Löcher in die Decke. Von draußen drang der Straßenlärm wie durch Watte an mein Ohr, und der Kopf war erfüllt von einem Brausen. Ich rechnete hin und her und zog dabei sogar die Pfandflaschen in unserem Keller ins Kalkül. Ich brauchte ganz schnell einen Job. Für vier Wochen, um Geld zu machen. Ich hatte dreitausendvierhundert Mark Schulden bei der Bank. Knapp viertausend Mark Schulden bei Freunden. Eintausend Mark Schulden bei Sabine, die nie pleite war, weil sie so verdammt gut mit Geld umgehen konnte. Einen Urlaub vor Augen, für den ich noch Klamotten, Schlafsäcke, Luftmatratzen und ein Zelt besorgen musste. Keine Schecks mehr. Und nur noch sechshundert Mark auf der Naht – oder besser: Ich konnte nur noch um sechshundert Mark überziehen. Und ich hatte eine Riesenpechsträhne zu fassen. Zum zweiten Mal kam ich aus einer Nummer einfach nicht mehr heraus, und die Zeit, das spürte ich, wurde langsam knapp. Es gab nur eine Chance, dachte ich, als ich auf die Uhr sah. Halb elf. In einer halben Stunde machte der Steindamm auf. Ich würde da sein und diesmal wirklich um alles spielen: Sekt oder Selters.

»Du bist verrückt, du Idiot, ja total verrückt!«, kreischte Sabine, und zum ersten Mal war sie während einer unserer Auseinandersetzungen lauter geworden als ich.

»Kannst du mir erklären, wie du das alles bezahlen willst?«

Als ich nach Hause geschlichen war, hatte ich einen kurzen Brief von Bernd im Briefkasten gefunden, in dem stand, dass er seine Kohle dringend wiederhaben müsse, weil ihm die Bullen den Führerschein entzogen hatten. Er hatte, wohl mit vollem Kopf, einen Bums gebaut, und die Versicherung weigerte sich, den Schaden zu übernehmen. Jetzt müsse er ganz dringend fünfzehntausend Mark zusammenkratzen. Bis bald!

Ich hatte unwillkürlich gelächelt, als ich den Brief gelesen hatte, und aus meinem Portemonnaie den letzten Zwanziger gezogen, der mir verblieben war. Die Einarmigen hatten mich gerupft wie ein Suppenhuhn. Ganz kurz war ich für einige

Zeit im Plus gewesen, mit fünfhundert Mark, aber dann war nichts mehr eingelaufen. Die Elektronik hatte sich gegen mich verschworen. Der entscheidende Zock am Steindamm hatte in einem Desaster geendet.

Aber seltsam: Ich hatte mich fast unbeschwert, ja, geradezu befreit gefühlt, als ich aus der schummerigen, klimatisierten Halle heraus ins gleißende Sonnenlicht getreten war: Jetzt ist es endgültig aus mit der Spielerei! Aus und vorbei! So hatte ich gedacht, und der Gedanke, mit meiner Freundin reinen Tisch zu machen, hatte mich sehr zuversichtlich gestimmt. Ich spürte, dass ich am Tiefpunkt angekommen war. Erledigt und pleite. Ich sehnte mich gewaltig nach einem Neuanfang und nahm mir fest vor, ein Geständnis abzulegen.

»Nun rede doch endlich mal!«

Aber ich brachte es nicht über die Lippen. Ich schüttelte den Kopf, ich zuckte mit den Schultern, ich wand mich und sah meiner Freundin hilfesuchend in die Augen.

»Ich nehm 'nen Kredit auf«, sprudelte es schließlich aus mir hervor.

»Zehntausend Mark? Von was willst du die bezahlen und außerdem: Welche Bank gibt dir zehntausend Mark Kredit?«

»Ab Oktober verdiene ich ja wohl vierzehnhundert netto im Monat, oder?«, antwortete ich.

»Aber wir haben Juni!«, sagte Sabine. »Und wir wollen in Urlaub fahren …«

Damit war mein Elan gebrochen. »Juni« hatte sie ganz gedehnt ausgesprochen. Dann griff sie plötzlich zum Telefon. »Was machst du?«, fragte ich.

»Ich rufe deinen Vater an«, sagte sie.

»Meinetwegen«, sagte ich, »mir ist sowieso alles scheißegal.«

Der Vater (1993)

Wahrscheinlich ist es das Verkehrteste gewesen, was ich damals machen konnte: meinem Sohn mit ein paar Schecks aus seiner Malaise helfen zu wollen. Ich glaube, ich war damals so sprachlos, als die Kinder zu uns herausgefahren kamen und er mir ganz ruhig und sachlich eröffnete, knapp zehntausend Mark verspielt zu haben und dass er jetzt nicht mehr weiterwüsste. Das Erste, was ich damals dachte, war: Wieso hat seine Freundin die ganze Zeit nichts von seiner Spielerei bemerkt?

Aber im Lauf des Gesprächs wurde mir klar, dass der Junge aufgrund seiner Fantasie eine gewaltige Neigung zum Flunkern entwickelt haben musste. Und wenn man verliebt ist, übersieht man die Schattenseiten des Partners recht schnell. Auch seiner Freundin, die ja heute seine Frau ist, gingen erst an jenem Abend die Augen auf. Es traf sich ganz gut, dass meine Frau damals im Krankenhaus lag. Sie hätte diesen Schlag bestimmt nicht so schnell verwunden.

Wir sind dann zu dritt in dieses Automatenkasino am Steindamm gefahren. Ich habe meinem Sohn hundert Mark gegeben und ihn aufgefordert, mir mal zu zeigen, wie diese Dinger funktionieren. Was seine Freundin und mich jedoch frappierte, war die Tatsache, dass er sich in dem Augenblick, als er die erste Münze in einen der einarmigen Banditen steckte, zu verwandeln schien, so als ob er von dem Ding besessen war. Die hundert Mark waren nach knapp zehn Minuten verspielt, in denen er ununterbrochen auf mich einredete, um mir die Funktionsweise der Automaten zu erklären.

Kurz vor Mitternacht saßen wir in Alfreds Billard-Café vor drei Bieren.

»So, und nun?«, fragte mein alter Herr.

»Ich sehe ja ein, dass der ganze Mist nichts bringt«, sagte ich, »aber ich habe doch nur versucht, mein Geld zurückzugewinnen.«

»Das klappt doch nicht«, mischte sich meine Freundin ein, »das müsstest du doch wissen!«

Betretenes Schweigen. Keiner sagte mehr ein Wort, bis sich vom Tresen ein Gast erhob und zu einem Daddelkasten schlenderte, der an der Wand Richtung Ausgang hing. Er schmiss fünf Mark ein und fing an zu spielen.

»Guck dir die Typen doch an«, sagte mein Vater, »die haben doch nichts im Kopf.«

»Blöd bin ich ja wohl nicht«, entgegnete ich trotzig.

»Offensichtlich doch«, bekam ich zu hören. »Denn wer schon nach einhundert Mark Verlust nicht begreift, dass er nicht gewinnen kann, muss schon ein wenig bescheuert sein.«

Erneutes Schweigen. Der Typ am Automaten erhielt eine Ausspielung. Es war ein Disc, und die Ausspielung blieb auf der linken Leiter auf der Zwölf stehen. Mir war völlig klar, was passieren würde: Der Idiot würde teilen, auf sechs Sonderspiele, um wenigstens einen Gewinn von drei Mark im Sack zu haben; dann würde er auf Zwölf hochdrücken, auf Fünfundzwanzig und beim Schritt auf die Fünfzig einen Abgang machen. Der Kasten dudelte, der Lichtpunkt tanzte zwischen der Zwölf und dem Nichts. Der Typ teilte, riskierte sechs Spiele, schaffte es; riskierte zwölf Spiele, danach vierundzwanzig und scheiterte dann, unter lautem Fluchen, im letzten, entscheidenden Schritt. Na bitte. So wie ich es gesagt hatte.

»Worüber denkst du nach?«, wollte Sabine wissen.

»Ich habe gerade diesen Idioten da drüben beobachtet«, antwortete ich, »und du, Papi, hast natürlich recht: Es sieht schon ziemlich behämmert aus, wenn sich da einer plötzlich so aufregt.«

»Ja, ja«, sinnierte mein alter Herr, »der Daddelkasten, das Glück des kleinen Mannes. Was fasziniert dich daran bloß so wahnsinnig?«

Darauf wusste ich keine Antwort. Keine Antwort, die nicht geschwindelt oder geschönt war. Nicht, weil ich lügen wollte, sondern weil mir in dieser Situation die Worte fehlten, um das, was hinter dem Thrill des Riskierens, Gewinnens und Verlierens lag, zu beschreiben. Ich wusste es wirklich nicht.

»Sag doch mal, warum du so gern spielst?«, fragte Sabine. »Was treibt dich da hinein?«

Sie hätten mir eintausend Kilometer tiefe Löcher in den Bauch fragen können. Ich hatte keine plausible Antwort parat. »Irgendwas treibt mich halt immer dahin«, versuchte ich es.

»Aber du hast doch effektiv keine Probleme, Mensch«, sagte Sabine, und mein Vater nickte.

»Du langweilst dich vielleicht«, vermutete er.

»Manchmal schon! Die Uni ist echt fade …«

»In der nächsten Zeit wirst du dich hoffentlich nicht so sehr langweilen«, sagte mein Vater, »wann wolltet ihr losfahren in den Urlaub?«

»Jetzt machst du aber Witze«, sagte ich, »wie sollen wir uns jetzt bitte schön noch den England-Trip spendieren.«

»Wieso wir?«, fragte mein Vater zurück. »Ich rede von deiner Freundin, deren Geld du ja nun schließlich auch verspielt hast. Wenigstens zum Teil. Und warum soll sie unter deiner Idiotie leiden?«

Ich verstand gar nichts mehr und wollte schon wieder anfangen, irgendetwas zu sagen, aber mein Vater fuhr fort: »Passt auf, ich sage euch, was wir jetzt machen werden. Erstens: Sabine und du macht ein gemeinsames Konto auf, damit sie dich kontrollieren kann. Zweitens: Ich will bis morgen alle Summen, die du deinen Kumpels schuldest, schriftlich auf dem Tisch haben. Drittens: Ich will die Kontoauszüge sehen. Viertens: Das Konto wird nicht mehr überzogen. Und fünftens werde ich euch den Urlaub bezahlen. Ich gebe euch zweitausend Mark. Reicht das?«

Ich konnte nichts darauf erwidern. Mein Hals war wie zugeschnürt, und mein Herz klopfte ganz laut bis in den Kopf hinein. Sabine machte große Augen. Der Typ am Daddelautomaten hatte gerade mal wieder zehn Sonderspiele versenkt.

»Den Urlaub hätte ich euch eh bezahlt«, sagte mein Vater seufzend, »die Belohnung sozusagen, dass du die Aufnahmeprüfung geschafft hast. Jetzt ist die Belohnung halt etwas teurer ausgefallen.«

Wie er das so locker von sich geben konnte, verstand ich zum damaligen Zeitpunkt nicht. Erst vier Jahre später, als meine Mutter starb, habe ich seine Rettungsaktion verstanden. Er half ihr, und er half meiner Freundin, sie mochten sich beide sehr, aber mir, so schien es, zeigte er trotz aller Generosität die kalte Schulter. Ich glaube sogar, er verachtete mich. Aber hätte ich ihm das in dieser Situation übel nehmen können?

»Einverstanden«, sagte ich, »und es kommt auch nicht mehr vor. Nie mehr.«

»Dein Wort in Gottes Ohr«, sagte mein Vater schroff und stand auf, »kommt, lasst uns zahlen.«

Mein Vater war für mich schon als kleines Kind eine ungeheure Respektsperson gewesen. Er wurde niemals laut, und dennoch spürte ich, dass er eine starke Persönlichkeit war, die über Willensstärke und Überzeugungskraft scheinbar im Übermaß verfügte. Er spielte nie den Chef im Ring, wiewohl er von seiner natürlichen Autorität mühelos Gebrauch hätte machen können. Er besaß eine Souveränität, die es ihm gestattete, Probleme auszudiskutieren, statt sie mit Handgreiflichkeiten zu lösen. Darüber hinaus konnte er sehr gut zuhören, und seine Ausdauer war nahezu verblüffend. Allerdings hatte er auch immer ziemlich viel von mir verlangt, und ich fürchtete mich sehr davor, seinen Ansprüchen nicht genügen zu können. Es war oftmals eine Scheißangst in mir, wenn ich erkannte, wie stark er war. Und dann fühlte ich mich schwach. Ich sagte mir selbst: So stark kannst du niemals sein. Doch ein Kind braucht die Möglichkeit, sich seinem Vater gegenüber zu behaupten, um zu sich selbst zu finden. Nicht wissentlich, aber aus irgendeinem mir unerfindlichen Grund habe ich von ihm diese Chance niemals bekommen.

Für mich war er immer nur derjenige gewesen, der für die Fehler des missratenen Sohnes geradestand. Das, nun, das hat er auf eine untadelige Weise jedes Mal getan. Er hatte versucht, mich jedes Mal herauszureißen, egal, was ich verbockt hatte. Er stand zu mir wie eine Wand, die niemals nachgibt. Ich war ihm dankbar, und meine Bewunderung dafür fand keine Grenzen. Aber er war letzten Endes für mich eine UNÜBERWINDBARE Wand. So ist es, wenn man mit seinem Besten schadet. Das hat mir einer erzählt, den ich viel später kennengelernt habe. Einer, der auch aus Rumänien stammt und der Nietzsche gelesen hat.

Meine Mutter dagegen umspannte mich mit ihrer Liebe. Ganz gleichgültig, was ich tat, sie war immer für mich da und setzte sich für mich ein. Eine bedingungslose Liebe. Sie war jederzeit bereit, sich für mich zu opfern. Ich war ihr Ideal, ihr höheres Ziel, das, was sie als die Einlösung des Versprechens ihres Lebens empfand. Sie stellte sich schützend vor mich, wenn mir Unheil drohte, und sie war bis in die letzten Fasern ihres Lebens davon überzeugt, dass sie das Richtige tat. Darin lag ihre ganze Stärke, die sie konsequent in meinen Dienst gestellt hat.

Sie glaubte unerschütterlich an das Gute im Menschen, und sie konnte sich nicht vorstellen, dass ein Heranwachsender, der gut sein und dem Beispiel seiner Eltern folgen möchte, in der Welt so vielen Versuchungen ausgesetzt sein würde, dass er keinen vorgezeichneten Weg gehen kann, sondern, unvoreingenommen, seine eigene Entscheidung treffen muss.

Meine Mutter hat sich stets für mich stark gemacht, wenn ich in der Bredouille war. Darin unterschied sie sich letzten Endes auch nicht von meinem Vater.

Die Ehefrau (1993)

Ich glaube, bis zum Urlaub ist es gut gegangen mit seiner Zockerei. Wir hatten einiges geändert, auch in unserem Zusammenleben. Zum Beispiel verlangte ich von ihm, immer zu wissen, wo er war. Man kann ja niemanden einsperren, aber wenn ich anrief, bevor ich von Freunden aus nach Hause fuhr, und er war nicht da, wie abgesprochen, habe ich manchmal zu Fuß die Spielhallen in unserer Gegend abgeklappert, ihn aber nie in flagranti ertappt. Und dann fuhren wir ja auch nach England.

Es war eine tolle Reise, bis hoch oben nach Schottland. Wir verstanden uns bestens, aber einmal habe ich ihm doch sagen müssen, dass ich mich andererseits ein wenig unwohl fühlte, weil es sein Vater gewesen war, der den Löwenanteil an unserem Vergnügen gezahlt hatte. Ich mochte mich nicht so abhängig fühlen.

Vier Wochen waren wir insgesamt unterwegs, und wir kamen total abgebrannt wieder. In Manchester, auf der Rückreise, war dann auch noch meine Ente mit Getriebeschaden stehen geblieben, und wir flogen auf Kosten des ADAC nach Hamburg zurück. Mein Auto war schrottreif, die Reparatur hätte sich nicht mehr gelohnt. Nun standen wir da ohne Auto, und Geld für einen neuen Wagen hatten wir sowieso nicht.

Also fuhren wir U-Bahn und Bus. Aber drei Wochen später stand er plötzlich mit zwei nagelneuen Fahrrädern vor der Tür, die ein Vermögen gekostet haben müssen, und er blätterte mir außerdem viertausend Mark vor. Fünftausendsechshundertsiebenunddreißig Mark, sagte er, habe er im Lotto gewonnen. Es seien fünf Richtige gewesen mit einer enorm hohen Quote, doch ich glaubte ihm nicht. Aber er verstand es, mich zu beruhigen und davon zu überzeugen, dass es wirklich nur ein Lottogewinn gewesen war. Der plötzliche Reichtum hat dazu natürlich beigetragen, und ich habe dann, wenn auch mit schlechtem Gewissen, seinem Vater gegenüber den Mund gehalten. Der Gewinn sollte unser Geheimnis bleiben. Ich fühlte mich schon als Komplizin und ziemlich schlecht dabei.

Wir waren wirklich total abgebrannt nach Hause gekommen, und als ich am Morgen nach der Ankunft mit dem Flugzeug in die Stadt gefahren bin, um meine Mutter im Krankenhaus zu besuchen, wo sie bereits seit zwei Monaten lag, hatte ich gerade mal fünfzig Mark in der Tasche, und es waren noch vier Tage bis zum Ersten, an dem wieder Geld auf unser Konto eingehen würde.

Diese Krankenbesuche waren immer schauderhaft, und ich will dazu lediglich sagen, dass ich nicht einmal meinem ärgsten Feind den chronischen Gelenkrheumatismus wünsche, unter dem meine Mutter litt. Ihr Zustand verschlechterte sich von Tag zu Tag, und sie war dem Schicksal Rollstuhl bereits ein großes Stück näher gekommen.

Das Allgemeine Krankenhaus St. Georg liegt gerade mal zwei Kilometer Luftlinie vom Hauptbahnhof entfernt. Ich hatte knapp zwei Stunden am Bett meiner Mutter gesessen und Händchen gehalten; ich hatte ihr von der Reise und dem Missgeschick mit dem Wagen erzählt, und sie hatte darauf nur geantwortet, dass wir uns um ein neues Auto keine Sorgen machen müssten.

»Meinst du wirklich, ich werde irgendwann noch einmal selbst Auto fahren können?«, hatte sie gefragt und mir dann fast beiläufig mitgeteilt, dass ich in Zukunft die Kiste ganz für mich allein haben könnte. »Mit Papi habe ich das schon besprochen«, sagte sie.

Es schien mein Glückstag zu sein, und ich blieb noch zum Mittagessen, bis mein Vater kam und mich ablöste. Wir verabredeten uns fürs kommende Wochenende, an dem meine Mutter endlich entlassen werden sollte, und verabschiedeten uns gleichzeitig.

Es war wohl der prächtige Spätsommertag, Ende August, der mich veranlasste, zu Fuß zum Hauptbahnhof zu gehen. Ich lief den Steindamm hoch und blieb, obwohl ich es überhaupt nicht vorgehabt hatte, abrupt vor dem Kasino stehen. Ohne zu überlegen, schob ich dem Kassierer am Eingang meinen Fünfziger hinüber. Er gab mir achtundvierzig Mark heraus und ließ mich per Knopfdruck durch das chromblitzende Drehkreuz hindurch.

Ich war wieder da, wenn auch nur armselig bestückt. Das Wechselgeld hatte aus einem Markstück, einem Zweimarkstück und einem Heiermann bestanden und zwei Zwanzigern natürlich. Ich würde es an den Rouletteautomaten mit einer Mark Einsatz probieren. Theoretisch hatte ich so auf jedem achtundvierzig Chancen auf einen Treffer, und an einem Glückstag wie heute – das redete ich mir ein – waren sicher dreihundert, ja vielleicht vierhundert Mark drin, wenn ich vorsichtig spielte. Ein schlechtes Gewissen hatte ich nicht.

Die Mittelgänge des Kasinos waren mit brüllenden, lamentierenden und grölenden Spielern verstopft. Der Weg zur Wechselkasse führte nur rechts, an den Fünfmark-Rouletteautomaten, vorbei. Als ich durch diesen Gang schlenderte, wo sich wegen des hohen Einsatzes erfahrungsgemäß nicht so viel Volk tummelte, schoss mir plötzlich die Zahl Sechs durch den Kopf. Ich stutzte. Aber es war wie eine innere Stimme, die mir einhämmern wollte: Sechs! Setze auf die Sechs.

Ich wandte mich nach rechts und schaute auf die Nummer des Rouletteautomaten. Es war Nummer sechs. Ich guckte noch einmal auf das einzige Fünfmarkstück in meinem Besitz, ließ es durch den Schlitz in den Bauch des Automaten kullern, wählte die Sechs an und drückte auf die Starttaste. Im elektronischen Kessel begann das Licht zu tanzen, immer schneller, bis es nach zwei, drei Umdrehungen langsamer wurde und klack, klack und klack auf der Sechs stehen blieb. Schon hatte ich sechzig Mark gewonnen und mein Spielkapital um mehr als das Doppelte erhöht. Ich drückte auf die Starttaste. Und wieder gewann die Sechs. Das Display zeigte dreiundzwanzig Stücke an. Noch einmal das gleiche Spiel. Und wieder gewann die Sechs. Ich hätte mich in den Arsch beißen können: Hätte ich nicht so vorsichtig gespielt, wären es jetzt nicht schlappe einhundertfünfundsechzig, sondern schon fünfhundert Mark geworden. Ich beschloss, den Apparat zu ärgern, löschte die Sechs und spielte die danebenliegende Sieben dreifach. Fünfzehn Mark Einsatz!, dachte ich für einen Augenblick. Wenn das mal gut geht! Sekunden später zählte mir der Zauberkasten sechsunddreißig Heiermänner dazu.

Ich fragte die Stimme, ob ich auf die gegenüberliegende Seite wechseln solle, und die Stimme sagte Ja. Ich ließ die Sieben dennoch stehen, belegte die Null mit einem Stück, die Fünf mit zwei Stücken und die Zwölf mit vier Stücken.

Die Zwölf kam. Der Apparat zählte mir achtundvierzig Fünfmarkstücke dazu. Jetzt hatte ich über dreihundert Mark gewonnen. Aber ich dachte nicht daran aufzuhören, denn ich ahnte nicht nur, ich wusste, dass ich heute Glück haben würde und eine Strähne erwischt hatte.

Nach einer halben Stunde wurden ein paar der Jammergestalten, die müde und frustriert waren, weil sie bereits alles verloren hatten, auf mich aufmerksam. Ich hatte den Kasten auf über fünfhundert Stücke hochgejubelt, noch immer schmiss die Kiste wie die Feuerwehr, aber meine Einsätze waren nach wie vor niedrig angelegt. Jetzt standen ein paar Männer in gebührendem Abstand um mich herum, und von allen Seiten hagelte es Tipps:

»Spiel voll, Mann!«

»Null-Neun, Null-Neun!«

»Die Acht und die Null!«

Sollten sie reden. Ich spielte stur meinen Stiefel weiter. Maximal zwanzig Mark pro Zahl, maximal vier Zahlen gleichzeitig. Aber ich traf in drei von vier Spielen.

Als ich bei siebenhundert Stücken angelangt war, dreitausendfünfhundert Mark, hielt ich die Zeit für gekommen, aufs Ganze zu gehen. Ich löschte das Zahlendisplay komplett und setzte fünfzehn Heiermänner auf die Null. Vorher war die Neun eingelaufen und hatte mir eine Niete beschert. Fünfzehn Heiermänner waren fünfundsiebzig Mark. Aber wenn ich die Null getroffen hätte, wären es auf einen Schlag neunhundert Mark – und ich traf sie. Dreimal hintereinander, und dann ging es richtig ab: Ich reduzierte die Null um acht Stücke und gab der Neun den vollen Einsatz. Fünf Spiele hintereinander traf ich die beiden Zahlen abwechselnd. Auf dem Display steuerte ich langsam, aber sicher auf die Zweitausend-Stücke-Grenze zu, zehntausend Mark. Aber ganz kurz vor dem Gipfel ging dem Kasten dann doch die Luft aus, und die Strähne war vorbei. Jetzt spielte der Kasten gegen mich: Der Lichtpunkt blieb ein Dutzend Spiele oder mehr immer eine Zahl neben derjenigen stehen, auf die ich gesetzt hatte.

»Du musst jetzt aufhören«, sagte eine Stimme, die mir bekannt vorkam. Es war der Pole. Ich wachte auf. Immerhin: Sechstausend Mark hatte die Kiste geschmissen, und das bei einem Einsatz von fünf Mark! Großzügig gab ich den Angestellten einen Hunderter Trinkgeld. Dann verließ ich das Kasino, nahm mir ein Taxi, ließ mich aber nicht vor der Haustür absetzen, sondern vor der Deutschen Bank. Sie hätten mich zu Hause sicher umgebracht. Ich eröffnete ein zweites Konto. Mein geheimes Konto, das nun niemand mehr kontrollieren konnte, und ich zahlte bis auf einhundert Mark die gesamte Summe ein.

Dann ging ich in die nächstbeste Lottoannahmestelle, füllte einen Schein zur Hälfte aus und nahm einen Blankoschein mit. Schon am nächsten Samstag würde ich fünf Richtige haben. Die Gewinnzahlen würde ich auf dem registrierten Schein mit dem Pauspapier des Blankoscheins nachtragen. Was war das im Grunde für ein Schwachsinn, dachte ich, wenn man bereits Gewinne vor seinen Liebsten verstecken muss. Aber das Gefühl, wieder wer zu sein, half mir über meine latenten Gewissensbisse locker hinweg.

9. KAPITEL

Jede Menge Kohle

Meine Freundin glaubte mir anfangs natürlich kein Wort vom Fünfer im Lotto. Und: Es war eine verdammt harte Zeit für einen Zocker wie mich: über fünftausend Mark heimlich auf der Bank zu haben und nicht spielen zu können, nur um den Schein zu wahren. Aber jetzt war's raus, und nachdem ich sogar die Ozonschicht vom Himmel gelogen hatte, ließ sie sich am Ende doch überzeugen.

»Was machen wir jetzt mit dem Geld?«, fragte sie.

»Sparen«, musste ich sagen, und das tat weh, »für unseren nächsten Urlaub, damit mein Vater nicht wieder löhnen muss.« Wahrscheinlich habe ich das in jenem Augenblick sogar geglaubt.

Sabine bohrte nach. »Und du gehst nicht zufällig spielen?«

Ich schüttelte den Kopf und aktivierte ein paar Einheiten Adrenalin für den künstlichen Aufreger.

»Quatsch. Blödsinn. Warum sollte ich spielen? Das war mal, und das bleibt auch so!«

»Nun schrei doch nicht so«, sagte Sabine.

»Ich mein ja nur«, sagte ich und legte eine Portion Beleidigtsein in die Stimme, »einmal Zocker, immer Zocker, oder was?«

»Nein, nein, nein«, versuchte sie zu beschwichtigen, »aber ich weiß halt seit über fünf Jahren, dass du spielst. Du kannst doch jetzt nicht einfach sauer werden, wenn ich das zumindest mal nachprüfen will?«

»Aha«, und meine Entrüstung war jetzt nicht mehr gespielt, »du willst mir also nachspionieren?«

»Deinem Vater habe ich das zumindest versprochen«, sagte sie leise.

»Das ist ja vielleicht eine Nummer«, maulte ich und musste schlucken, »setzt ihr vielleicht schon Detektive ein?«

Sabine sah mich empört an. Wenn wir jetzt nicht die Kurve kratzten, war der Abend gelaufen – obwohl ich meinen Vater ja verstehen konnte. Er machte sich Sorgen und baute auf Sabines Zuverlässigkeit. Aber sie war einfach zu ehrlich.

»Darum geht es nicht«, sagte meine Freundin, »ich werde dir niemals nachspionieren, oder wie du das nennst. Aber ich glaube halt nicht, dass es mit deiner Spielerei vorbei ist. Du wirst garantiert irgendwann einmal rückfällig.«

Wollte ich das wirklich, rückfällig werden? Das klang ja wie süchtig, wie Alkoholiker oder Junkie. Sie musste verrückt geworden sein. Mir fiel plötzlich auf, wie sehr ich von meiner Freundin bereits kontrolliert wurde: Wie oft sie sich bei mir nach den Kurszeiten der Schule erkundigte. Wie oft sie mich in den vergangenen Tagen abgeholt hatte. Wie sie immer als Erste am Briefkasten war, um unsere Kontoauszüge zu bunkern.

»Du brauchst das alles doch gar nicht zu machen«, sagte ich.

»Was?«, fragte sie.

»Mir hinterherzurennen«, sagte ich, »mir hinterherzuspionieren, wie du es in den vergangenen Tagen immer wieder getan hast.«

»Ich habe eben Angst«, entgegnete sie, »Angst, dass du wieder spielen gehst, dass du dich in diesen blöden Spielhallen herumtreibst oder in diesem Automatenkasino am Hauptbahnhof. Kannst du dich denn nicht sperren lassen? Das muss doch gehen!«

Die Ehefrau (1993)

Als er mit seiner Ausbildung anfing, dachten wir beide, sein Vater und ich, dass es mit diesem Blödsinn, dem Spielen, ein Ende haben und er jetzt vernünftig werden würde. Wir hatten ja beide keine Ahnung, wie tief die Spielerei in ihm drinnen saß, nur so ein sehr schwammiges Gefühl. Trotzdem habe ich dann darauf verzichtet, die fünftausend Mark anzunehmen. Ich wollte, dass er das Geld verwaltet, obwohl ich andererseits ganz genau wusste, dass dies wahrscheinlich furchtbar schieflaufen würde. Aber ich konnte ihn ja nicht entmündigen.

Ich hatte die erste Hürde übersprungen und war mit neunundneunzig anderen Bewerbern zur Endausscheidung um einen der begehrten zwanzig Plätze auf der Journalistenschule eingeladen worden. Vor ein paar Monaten noch waren es knapp fünftausend gewesen.

Die Prüfung bestand aus drei Teilen und zog sich über ebenso viele Tage hin: Wir mussten eine Reportage unter Zeitdruck schreiben, mehrere Tests über uns ergehen lassen und wurden zum Schluss in einem persönlichen Gespräch mit den Chefredakteuren des gesamten Verlages ins Kreuzverhör genommen. Aber es kam vor allem auf die Reportage an, und dies ist – im Nachhinein betrachtet – das erste und einzige Mal gewesen, dass mir meine Kenntnisse aus der Welt des Glücksspiels hilfreich gewesen sind, denn das Thema hieß: Arbeitslosigkeit in Hamburg.

Alle einhundert Bewerber hatten die gleiche Chance: Man fuhr uns in zwei Bussen zum Hamburger Arbeitsamt und ließ uns ausschwärmen. Aber schon nach einer halben Stunde Recherchezeit auf den überfüllten Fluren wurde mir bewusst, dass ich hier keinen Blumentopf gewinnen würde. Egal, auf welchen Flur ich kam: Ein angehender Journalistenschüler mit Stenoblock und Bleistift saß garantiert schon neben einem Erwerbslosen und interviewte ihn. Ich hatte keine Idee für eine saftige, interessante Geschichte, die Zeit wurde langsam knapp, und ich geriet allmählich in Panik. Irgendwann schaute ich in meiner Verzweiflung aus dem Fenster auf die Straße hinunter, wo bekanntlich alle Themen zu finden sind. In der dem wuchtigen Backsteinbau des Arbeitsamtes gegenüberliegenden Häuserzeile waren eine Fahrschule untergebracht, eine Kleintierhandlung, eine Lotto-Annahmestelle und – eine Spielhalle!

Die Dumpfheit der Automatenzockerei, abgeschlaffte Dauerarbeitslose vor Crowns und Discs, Kaffee mit Keks umsonst, eine Wärmehalle für Gescheiterte, das Glück des kleinen Mannes: Ich hatte meine Story gefunden, die mich ein paar Wochen später in den Olymp katapultierte, als der große, weiße Umschlag mit der Nachricht kam, dass ich die Prüfung bestanden hatte.

Die meisten Menschen teilen sich, so glaube ich es jedenfalls, ihr tägliches Leben in vier Abschnitte ein. Sie arbeiten, sie verbringen ihre Freizeit mit ihrem Partner oder allein, sie sind auch manchmal ganz für sich, und sie schlafen. All dies kostet Zeit. Bei mir kam mit der Automatenspielerei jedoch ein fünfter, äußerst zeitintensiver Faktor hinzu, und ich war gezwungen, Abstriche zu machen.

Mein Job auf der Journalistenschule, so viel war klar, durfte unter der Spielerei nicht leiden. Diesen Rest von Vernunft hatten mir auch die einarmigen Banditen nicht stehlen können, denn mit dem ersten Volontärsgehalt entfiel auch der monatliche Wechsel meines Vaters, und außerdem wusste ich ganz genau, dass dies die einzige und beste Chance war, meinen Traumberuf zu ergreifen.

In den folgenden Monaten, von Oktober 1983 bis ins Frühjahr 1984 hinein sahen Sabine und ich uns deshalb tagsüber kaum noch. Nur an den Wochenenden hatten wir ein wenig Zeit füreinander. Sie steckte im Prüfungsstress, lernte zusammen mit anderen Studenten wie eine Wahnsinnige bis spät in die Nacht; ich wiederum hockte von morgens bis zum späten Nachmittag in der Schule und dann, vom Januar an, in meinem ersten Zeitungspraktikum in Buxtehude, beim angesehenen, kleinen und feinen *Tageblatt*. Ich hatte viele freie Abende damals, und es wird wohl auch die Zeit gewesen sein, in der ich lernte, mein Doppelleben perfekt zu führen. Zuerst kam der Job. Dann kam die Zockerei. Erst zum Schluss kam alles andere. Niemand wusste Bescheid, und niemand kontrollierte mich. Ich hatte freie Bahn. Ich nutzte sie.

Nach der Arbeit führte mein Weg so gut wie niemals gleich nach Hause. Ich hatte mich mit den fünftausend Mark zwar recht lange gehalten, aber kurz nach Weihnachten hatte ich wieder eine dieser Strähnen erwischt, in denen gar nichts lief; es war diesmal sehr schnell gegangen, bis beide Konten weit unter null standen, und einmal mehr wachte ich auf: Ich brauchte Geld, und zwar sofort.

Aber diesmal war alles anders als sonst. Ich musste feststellen, dass ich den wiederholten Ritt in die selbst verschuldete Pleite nicht mehr so locker wie früher hinnahm. Denn plötzlich war da niemand, der mich aus dem Sumpf herausziehen konnte. Bei meinen Freunden konnte ich mir kein Geld leihen; ich wusste, dass Sabine sie schon ein paarmal danach gefragt hatte. Und mein Vater, dessen war ich mir sicher, hatte seine Taschen inzwischen zugenäht. Der einzige Weg, der mir blieb, war der Weg zur Bank. Doch als ich während der Mittagspause in der Schule mit meiner Kundenberaterin einen Termin noch für den gleichen Nachmittag abmachte, wurde ich das Gefühl nicht los, eine Riesendummheit zu begehen.

Die erste Regel im Umgang mit Banken heißt: Fordern, nicht kuschen. Ich hatte das schon mehrere Dutzend Male in irgendeiner Zweigstelle meiner beiden Institute durchexerziert und meinen heimischen Kontoführern durch deren Kollegen die nötigen Mäuse trotz Minus herausgepresst. Solche Unterhaltungen, quer durch den Geschäftsraum, aber immer noch flüsternd geführt, spielten sich immer auf die gleiche Weise und schon gar nicht diskret ab:

»Dieser Kunde hier möchte dreihundert Mark mitnehmen!«, sagte der Bankmensch in der Filiale, nachdem er zur kontoführenden Stelle durchgeklingelt hatte. Dann tuschelte er mit seinem Kollegen ein paar Augenblicke am Telefon und wandte sich dann wieder mir zu.

»Wann kommt wieder was herein, sagten Sie?«

»Am Ersten natürlich«, sagte jetzt ich mit so fester Stimme, um so überzeugend wie nur irgend möglich zu klingen.

Wieder tuschelten sie miteinander: Jetzt kam der spannendste Augenblick. Entweder wird sein Kugelschreiber den entsprechenden Freigabevermerk noch während des Telefonierens auf das Auszahlungsformular kritzeln, oder ich hatte mal wieder total den Überblick verloren und erhielt statt dreihundert nur einhundert Mark heraus.

In den meisten Fällen kratzte der Kugelschreiber am Ende über das kleine Stück Papier, an dem für mich so viel hing. Der Bankmensch erhob sich dynamisch von seinem Schreibtischstuhl, tänzelte zur Kasse hin, wo er den Beleg dem Kassierer zuschob und mir anschließend freundlich zunickte: »Das geht in Ordnung. An der Kasse bitte.«

Dieses Mal jedoch ging es um ein Darlehen, zehntausend Mark, mindestens. Ich betrat meine Zweigstelle mit weichen Knien. Ich hatte mir fest vorgenommen, nie wieder zu spielen. Denn obwohl es mich immer wieder ins Automatenkasino hineintrieb – wenn ich Geld hatte – oder in die Spielhallen, wenn ich kaum Geld hatte: Die Zockerei entspannte mich längst nicht mehr. Sie machte mich wütend. Und in den berüchtigten Pechsträhnen, in denen die Automaten stumm blieben, begann ich immer häufiger von einer Axt zu träumen, um den ganzen Laden zu Kleinholz zu schlagen.

Wenn ich in den ersten fünf Minuten nicht irgendeinen kleinen Betrag gewann, wurde ich aggressiv, und erst ein großer Gewinn, ein Jackpot im Kasino oder eine Hunderter-Serie in der Daddelhalle konnten mich wieder milde stimmen. Ich verlor nicht mehr wie ein Mann, sondern fluchte und grätzte mit allem und jedem herum, rüttelte an den Automaten, schlug mir die Knöchel an den Tasten wund. Kurzum, ich gebärdete mich manchmal wie ein Irrer. Immer häufiger ertappte ich mich dabei, wie ich alle heiligen und bösen Mächte dieser Welt und des Universums in Selbstgesprächen anflehte, mir einen Gewinn zu bescheren. Sehr selten, meistens jedoch am Monatsende, betete ich sogar zu Gott, aber der hatte wahrscheinlich zu viele andere Sachen zu erledigen, sonst hätte er mir irgendwann ein Zeichen gegeben: einen Hauptgewinn.

»Fünfzehntausend wollen Sie«, sagte meine Kundenberaterin nachdenklich, »wie viel können Sie denn monatlich zurückzahlen?«

Die zweite Regel im Umgang mit Banken heißt: Die Antworten müssen klar, deutlich und vor allem ohne Zögern kommen. »Dreihundertfünfzig Mark«, sagte ich mit fester

Stimme, »ich habe es durchgerechnet. Das kann ich mir leisten, und im Übrigen denke ich, dass ich das Darlehen vorzeitig zurückzahlen kann. In eineinhalb Jahren etwa.«

»Wenn Ihre Ausbildung zu Ende ist?«, fragte sie.

Ich nickte: »Dann kann ich zumindest die Rate erhöhen.«

Jetzt nickte die Kundenberaterin. Sie stand auf und holte aus einem Stahlschrank einen Stoß Formulare, die sie vor sich auf dem Schreibtisch ausbreitete.

»Ihr Monatseinkommen?«, begann sie das Frage-Antwort-Spiel.

»Eintausendfünfhundert Mark netto«, antwortete ich wahrheitsgemäß.

»Miete?«

»Zahlt mein Vater.«

»Auto?«

»Benzin und Reparaturen.«

»Also, einhundert Mark im Monat?«

»Ja.«

»Monatliche Nebenkosten?«

»Hundertfünfzig bis zweihundert Mark.«

»Haben Sie irgendwelche Sicherheiten?«

Natürlich hatte ich keine Sicherheiten, mein monatliches Gehalt mal ausgenommen. Aber Regel drei im Umgang mit Banken heißt: Man muss den Bankmenschen mit der eigenen Bonität verunsichern. »Was heißt Sicherheiten?«, fragte ich in scharfem Ton. »Ich bin jetzt seit mehreren Jahren bei ihrer Bank, und bisher hat es doch wohl keine Probleme gegeben, oder?«

Entweder so etwas saß, oder es saß nicht.

»Ja, aber Sie müssen doch verstehen, dass wir bei solchen Summen eine gewisse Sicherheit … Na, Sie verstehen doch, oder?«

Sie stotterte herum. War plötzlich unsicher: Es hatte gesessen. Nicht ich hatte zu verstehen. Ich verstand ja. Sie hatte zu begreifen, dass ich gerade im Begriff war, ihrer Bank mehrere Tausend Mark an Zinseinnahmen zu offerieren. Genau da wollte ich sie packen. Und dann setzte ich noch das Sahnehäubchen obendrauf: »Sehen Sie, ich beginne in zwei Monaten ein Praktikum im Ausland. In einem halben Jahr gehe ich für drei Monate nach New York. Meine Verlobte und ich brauchen dringend neue Möbel, der Wagen ist mit Motorschaden zusammengebrochen, und ich meine, es reicht doch, was mein Vater schon jetzt für uns tut, oder?«

»Natürlich, natürlich«, sagte sie, und ich erblickte ein paar hektische rote Flecken an ihrem Hals. Sie war bestimmt nicht viel älter als ich. Ich sagte ungerührt: »Irgendwann wird es ja wohl mal Zeit, sich auch in finanziellen Dingen abzunabeln?« Sie nickte beflissen. Ich fuhr fort: »Also ich weiß auch, dass ein Kredit, pardon, ein Darlehen, teuer ist: Aber, es geht nun mal nicht anders. Und wenn Sie mir ein Darlehen verweigern, weiß ich, an wen ich mich wenden muss.«

»Müssen es denn wirklich fünfzehntausend Mark sein?«, fragte sie mit matter Stimme.

»Darunter geht es nicht«, sagte ich, »ich habe Ihnen ja erzählt, dass ich Pech mit dem Wagen hatte. Ein Austauschmotor kostet halt dreieinhalbtausend. Und gerade jetzt stehe ich im Regen, da wir unsere Jaffakisten endlich mal rausschmeißen wollten.«

»Können Sie uns wenigstens den Wagen als Sicherheit geben?«, fragte sie.

»Ich glaube, das geht schlecht«, sagte ich, »das Auto ist auf meine Mutter zugelassen.«

»Ja, was machen wir denn da?« Sie war offensichtlich irritiert.

»Was für eine Frage!«, sagte ich und dachte: Jetzt nur nicht lockerlassen!

Meine Kundenberaterin entschuldigte sich für einen Moment und ließ mich sitzen. Das gab mir Zeit, meine Hände unter dem mit Stoff bespannten grünen Bürostuhl trocken zu reiben. Ich wartete. Es waren quälend lange fünf Minuten. Ich wusste, dass sie den Filialleiter bearbeiten und von meiner großartigen Bonität überzeugen musste.

Sie kamen zu zweit zurück, meine Kundenberaterin und der Zweigstellenleiter im Schlepp. Wir schüttelten die Hände. »Ja«, sagte der Zweigstellenleiter, »normalerweise ist das ja eine ziemlich hohe Summe bei einem Einkommen wie dem Ihren, aber da Sie ja schon so lange Kunde bei uns sind und Ihr Vater, wenn ich mich nicht irre, ja auch, können wir, glaube ich, in Ihrem Fall eine Ausnahme machen.« Und zu meiner Kundenberaterin gewandt, sagte er: »Dann machen Sie doch schon mal die notwendigen Papiere fertig.«

In der nächsten knappen halben Stunde, in der ich mehrere Formulare unterschrieb, hatte ich plötzlich einen klaren, hellen und lichten Moment: Was tust du bloß! Mir wurde mit einem Mal klar, dass ich dabei war, den allerletzten Schritt in eine äußerst ungewisse Zukunft zu machen; vielleicht in einen Teufelskreis, aus dem es kein Entrinnen mehr gibt. Ebenso schnell, wie diese Erkenntnis gekommen war, verschwand sie auch wieder. Ich hörte meine Kundenberaterin fragen: »Und wollen Sie schon was mitnehmen?«

Mit vierhundert Mark in meinem Portemonnaie verließ ich die Bank. Jetzt bloß nicht größenwahnsinnig werden!, dachte ich. Der fingierte Möbelkauf, mit dem ich mein anderes Konto glattmachen und auflösen wollte, konnte auch in der nächsten Woche über die Bühne gehen! Am Dammtor-Bahnhof stieg ich in die S-Bahn Richtung Barmbek. Die Fahrt dauerte knapp zwanzig Minuten. Ich schaute auf die Uhr. Noch nicht mal sieben Uhr abends. Donnerstags ist sie ja immer im Knast, fiel mir plötzlich ein, und dann kommt sie ja nie vor neun Uhr nach Hause! Fast unabsichtlich streichelte meine rechte Hand die rechte Seite meines Hinterns, da, wo meine frisch gefüllte Börse saß. Vierhundert Mark, dachte ich, von denen kannst du mal hundert riskieren, aber mehr nicht! Und wenn ich in Zukunft spielen würde, dann nie wieder am Steindamm! Ich beschloss, eine neue Daddelhalle, die ein paar Tage zuvor an der Fuhlsbütteler Straße eröffnet hatte, auszuprobieren und mir ganz gemütlich und entspannt drei Automaten zu krallen: Neue Hallen und neue Automaten – am besten neue Automaten in neuen Hallen – schmissen meistens was, damit die Gäste auch wiederkamen.

Es war wirklich eine prima Halle, sauber, gepflegt, mit dickem Teppichboden, und der Kaffee wurde in poppigen Steingutbechern serviert. Immergrüne Hydrokulturen trennten die einzelnen Automaten-Dreiergruppen voneinander, sodass ich nicht das Gefühl hatte, in einem Hühnerverschlag zu sitzen, wo bereits zwei gerauchte Zigaretten dermaßen in die Haare und in die Klamotten ziehen, dass ich nach dem Besuch der meisten Daddelhallen stank wie nach einer durchkneipten Nacht. Die Sessel aus Kunstleder quietschten nicht und waren noch nicht durchgesessen, und auch die Start-, Stopp- und Risikotasten klebten nicht nach einem Dutzend Vorgänger.

Ich hatte nicht einmal eine Viertelstunde gespielt, als die erste Fünfziger-, eine Multi-Serie, einlief. Ich freute mich. Wenig später aber begann ich mich zu ärgern, denn die Kiste zog eine Niete nach der anderen; schon die Hälfte der Serie war vorüber, und noch immer waren nicht mal zwanzig Mark auf der Uhr, als die Hunderter-Chance kam: Auf beiden Seiten kam die Doppelsonne, und ich hielt, wie ich es schon so oft bei anderen Zockern gesehen hatte, beide Hände auf das mittlere Gewinnfeld. Die Walze stoppte, und das mir so wohlvertraute Geräusch eines Gewinns ertönte. Kling-Klang! Der Multi hatte tatsächlich die Hunderter geschmissen. Hundert Multi-Spiele!, freute ich mich und ballte meine Rechte zur Faust, als der Venus die Spiele ratternd hochzählte.

»Geilomat!«, sagte ein Zocker neben mir, und ich lächelte zurück.

»Hier bist du also«, sagte Sabine.

Mein Lächeln verschwand schlagartig.

Sie hatte mich erwischt. Auf frischer Tat. Ihre Augen spuckten Blitze. Mir lief es heiß und kalt den Rücken herunter. Jetzt mach bloß keine Szene vor den anderen Leuten hier im Laden, dachte ich. Aber sie blieb ganz ruhig, zumindest äußerlich.

»Was soll das?«, fragte sie.

Ich versuchte es mit der blödesten, aber einfachsten Ausrede.

»Mein Gott, ich wollte mir Zigaretten holen und hatte kein Kleingeld«, erzählte ich, »also ich hier rein und zehn Mark gewechselt. Einen Fünfer habe ich riskiert, nur mal so!«

»Nein«, sagte Sabine.

Ich verstand nicht. Nein, ich tat so, als ob ich nicht verstehen würde.

»Nein«, wiederholte sie, »du spielst schon viel länger als ein paar Minuten. Du spielst schon über zwanzig Minuten.«

»Hast du mir doch nachspioniert, oder was?«

Sie schüttelte den Kopf. »Als du hier hineingegangen bist, bin ich gerade an der Ampel gewesen. Knast fiel nämlich heute aus.«

Ein typischer Fall von Murphy's Gesetz: Wenn etwas schiefgehen kann, dann geht es auch schief. Oder andersherum: Wenn etwas schiefgehen kann, und es geht nicht schief, stellt sich sehr bald heraus, dass es besser gewesen wäre, wenn es schiefgegangen wäre. Genauso war es jetzt. Die Schlinge zog sich immer fester um meinen Hals. Aus der Nummer konnte ich eigentlich nicht mehr herauskommen.

»Bist du denn wenigstens am Gewinnen?«, fragte sie, und ich musste nicken.

»Ich verstehe zwar nicht, was dich an den Dingern so maßlos begeistert – soweit ich das in den letzten paar Minuten beobachten konnte –, aber was du jetzt gewinnst, können wir ja wenigstens zusammen ausgeben.«

»Wie meinst du das?«, fragte ich.

Der Automat schmiss prima weiter. Auf der Uhr standen schon über hundert Mark, und noch immer waren es über siebzig Spiele. Die beiden anderen Automaten hatte ich leer spielen lassen, als hätte ich mit denen nichts zu schaffen gehabt.

»Ich meine, wir könnten essen gehen«, sagte sie freundlich, »wir beide zusammen, damit dieses blöde Geld wenigstens für eine Sache gut ist.«

»Klar«, sagte ich, »ich beeile mich.«

Was hatte sie vor? Ich verstand überhaupt nichts mehr.

Die Ehefrau (1993)

Es war ein erbärmliches Bild, das er ablieferte. Zuerst konnte ich überhaupt nicht fassen, dass dies der Mann war, den ich liebte; der wie ein Irrer vor diesen Automaten saß, auf dem Sessel hin und her rutschte und ständig irgendwelche blinkenden Tasten bearbeitete. Aber am allerschlimmsten war es, als er sich plötzlich vornüberbeugte und seine Hände flach auf die Glasscheibe presste. Was macht der Idiot da!, dachte ich in jenem Augenblick, als sich sein ganzer Körper plötzlich entspannte. Das konnte man regelrecht sehen. Und in dem Augenblick hatte ich das ganz starke Gefühl, dass ich diesem Menschen helfen musste. Das war nicht derjenige, den ich zu kennen meinte. Dieser Mann vor mir war krank und brauchte mich.

An jenem Abend gewann er über dreihundert Mark, und wir gingen danach in ein teures Fischrestaurant unten am Hafen. Ich bestellte mir Hummer, weil ich dachte: warum nicht! Und wir tranken natürlich Champagner. Ich wollte ihn ausnehmen wie eine Weihnachtsgans, aber die ganze Zeit über war ich ihm nicht böse gewesen, obwohl er wahrscheinlich genau das dachte. Nein, ich habe ihn an jenem Abend einfach gefragt, ob wir uns nicht verloben sollten, bevor er für drei Monate nach Luxemburg ginge, und ob wir dann, wenn er aus Amerika wiederkäme, nicht heiraten sollten.

Ob das damals wahre Liebe gewesen ist, weiß ich nicht mehr. Aber ich bin sicher, sie spielte zu jener Zeit noch nicht eine so große Rolle wie das Gefühl, ihm Halt und Sicherheit geben zu wollen. Deswegen habe ich auch seinem Vater nichts darüber erzählt, dass ich ihn in einer Spielhalle erwischt hatte.

Der Vater (1993)

Ich wusste doch im Grunde genommen die ganze Zeit über, dass er spielt. Irgendwann dachte ich: Es ist besser, als wenn er Drogen nehmen würde. Dann, manchmal, hätte ich ihn für seine Blödheit links und rechts ohrfeigen können. Aber was mich damals davon abhielt, war die Tatsache, dass er sich in seiner Ausbildung ganz gut machte und ich auch seiner Mut-

ter keine Schwierigkeiten zumuten wollte. In Luxemburg hat man ihm ein sehr gutes Angebot gemacht, das er auch angenommen hatte. Uns erfüllte das mit einem gewissen Stolz. Im Frühjahr 1985 spendierte ich ihm dann noch ein Praktikum in New York, und Ende April heirateten die Kinder. Von seinem Darlehen hatte ich natürlich keine Ahnung. Davon erfuhr ich durch Zufall, als ich nämlich den Kindern zur Hochzeit eine Starthilfe geben wollte. Da hat man mir unter dem Siegel der Verschwiegenheit in meiner Bank von dem Kredit meines Sohnes erzählt. Ich bin fast in Ohnmacht gefallen. Dann habe ich meine Schwiegertochter in spe angerufen und sie gefragt, ob sie von seinen Schulden wüsste. Aber Sabine hatte offensichtlich auch keinen blassen Schimmer. Ich musste meine Frau in die Angelegenheit einweihen, und eigentlich hat er es ihr zu verdanken, dass ich wie ein Trottel am nächsten Tag zur Bank getapert bin, seinen Kredit bezahlte und dem jungen Paar auch noch zehntausend Mark Starthilfe gab.

10. KAPITEL

Ab nach unten

Es schneite, obwohl wir schon Ende März hatten. Der scharfe Wind, der vom Hafen herüberwehte, ließ die dicken Schneeflocken lustig durch die Luft tanzen, und die Mädchen, die entlang der Davidstraße auf Freier warteten, zitterten trotz ihrer dicken Schneeanzüge und der Moonboots in der feuchten Kälte. In Nächten wie diesen sinkt sogar auf St. Pauli das heiße Geschäft mit dem Sex auf den Gefrierpunkt.

»Kommst ma' mit«, sagte eine der Nutten, die aus dem Windfang des Wienerwalds am Spielbudenplatz getreten war, und zupfte mich am Ärmel.

»Nee, danke«, brummte ich, »kein Bedarf.«

»Ach nu komm ma' mit auf Zimmer. Fünfzig Mark.«

Sie ließ nicht locker und versuchte, sich bei mir einzuhaken. Ich schüttelte sie ab wie einen lästigen Käfer.

»Bitte, loslassen ...!«, sagte ich in genervtem Ton.

»Biste schwul?«, keifte sie.

Ihre Kolleginnen lachten. Ich zeigte ihr den Mittelfinger aus sicherer Entfernung. Was hat die schon für eine Ahnung, dachte ich, blöde Hure! Erstens war ich schon wieder viel zu spät dran. Zweitens hatte ich nicht einen Pfennig Geld in der Tasche. Und drittens hatte ich ganz andere, hausgemachte Probleme: Ich war wieder voll drauf mit der Zockerei. Dieser dämlichen, beknackten Zockerei. Diesem gottverfluchten Daddeln.

Sabine hat doch recht, dachte ich, während ich gegen den Wind nach Hause lief, ich bin wahrscheinlich nichts anderes als ein Spieler! Abhängig von dem ganzen Quatsch! Ihre Angst, als wir aus dem Spielautomaten-freien Luxemburg wieder zurück nach Hamburg gezogen waren, war doch berechtigt gewesen! Warum bin ich auch vor drei Wochen nicht einfach in die S-Bahn Richtung Altona umgestiegen, sondern direkt nach der Arbeit aus dem Hauptbahnhof herausgelaufen, hatte die Kirchenallee überquert und bin ins gute alte Automatenkasino am Steindamm eingekehrt, wo ich innerhalb von einer Stunde eintausend Mark verloren habe? Und warum bin ich am nächsten Tag mit meiner Kreditkarte zur Bank im Hauptbahnhof gelatscht, habe eintausend Mark gezogen und dann erfolglos versucht, meinen Einsatz vom Vorabend zurückzugewinnen? Und noch mal und noch mal und noch mal? Und jetzt war ich zum ersten Mal seit zwei Jahren wieder auf dem Nullpunkt angelangt. Auf dem finanziellen Nullpunkt natürlich: Rund sechstausend Mark hatte mich der Spaß, der schon längst keiner mehr war, gekostet. Und die zwei Jahre, in denen ich die Automaten weder bespielt noch vermisst hatte, waren zum Teufel.

»Warum verbietet niemand diese Dinger«, fragte ich mich laut und schloss die Eingangstür auf.

Die Ehefrau (1993)

Er hat mich nicht ernst genommen, als ich ihn davor warnte, zurück nach Hamburg zu gehen und den neuen Vertrag anzunehmen. Für seine Karriere und vom Finanziellen her war es natürlich ein sehr verlockendes Angebot, mit knapp sechsundzwanzig Jahren für ein tägliches Regionalmagazin im Fernsehen verantwortlich zu sein.

Aber ich dachte an die zwei Jahre, die wir zusammen in Luxemburg verlebt hatten, und ich dachte auch daran, dass er in Hamburg wieder mit dem Problem des Spielens konfrontiert werden würde. Nicht nur deswegen, weil unser erstes Kind in Luxemburg geboren ist, sondern auch die Tatsache, dass er dort keine Möglichkeit hatte zu spielen, hat diese Zeit zur glücklichsten und unbeschwertesten werden lassen, die wir bis heute erlebt haben.

Auch ich habe mir anfangs nicht vorstellen können, wie sehr die Spielerei meinen Mann verändern konnte. Natürlich hatte ich ihn aus Liebe geheiratet – obwohl ich wusste, dass er spielt. Ich dachte eben: Durch ein bisschen mehr Verantwortung wird er in diesem Punkt seines Lebens auch endlich mal erwachsen. Doch kaum dass wir wieder in Hamburg waren, zerplatzte mein Traum vom glücklichen, modernen Familienleben wie eine Seifenblase. Wir hatten eine günstige Traumwohnung direkt am Hafen gemietet, mit Blick auf die Elbe, er hatte einen Bombenjob, wir hatten unseren alten Freundeskreis wieder, unsere Tochter war gesund und entwickelte sich prächtig, wir hatten keine Geldsorgen, und ich wurde zum zweiten Mal schwanger, doch mein Mann rennt plötzlich wieder in die Spielhallen und ins Kasino am Steindamm; als ob er alles um sich herum vergessen hätte; auch, dass er seinen Vater, der uns doch so oft schon aus der Patsche geholfen hatte, damit regelrecht in den Hintern trat. Damals habe ich zum ersten Mal mit dem Gedanken gespielt, mich von meinem Mann zu trennen. Aber wenn ein Kind da ist und man ein zweites im Bauch hat, versucht man ganz schnell, solche Gedanken zu verdrängen.

Unsere Wohnung lag im dritten Stock eines Patrizierhauses aus der Jahrhundertwende, gegenüber den besetzten Häusern der schon deutschlandweit berühmten Hafenstraße, also mitten auf St. Pauli. Als wir eingezogen waren und meine Eltern uns zum ersten Mal besucht hatten, flachste mein Vater noch: »Na, mein Junge, an Spielmöglichkeiten herrscht um euch herum ja wahrlich kein Mangel.«

Ich hatte ihm mit einer abwehrenden Handbewegung geantwortet: »Also darüber musst du dir wirklich keine Sorgen mehr machen.«

Wir hatten gegrinst, damals, vor ein paar Wochen, und uns zugeprostet, und zum ersten Mal hatte ich das Gefühl, vom Alten richtig ernst genommen zu werden. Inzwischen war er sogar überzeugt davon, dass ich mein Abitur vor fünf Jahren tatsächlich bestanden hatte. Jetzt schlich ich die knarrende, breite Holztreppe zu unserer Wohnung hoch, geradezu ängstlich vor dem, was mich hinter der Wohnungstür erwartete.

Noch ehe ich den Schlüssel im Schloss herumdrehen konnte, wurde mir die Tür von meiner Frau geöffnet. Sie hatte unsere Tochter auf dem Arm, die zu lächeln anfing, als sie mich erblickte. Dies verstärkte noch mein schlechtes Gewissen, mit dem ich mich herumplagte, und ich ahnte, dass ich dem nun unweigerlich folgenden Kreuzverhör durch meine Frau in meiner schlechten Verfassung nicht lange würde standhalten können.

»Nimm sie bitte mal!«, sagte meine Frau zur Begrüßung. Kein Kuss, keine Umarmung, kein herzliches Wort. Ich sah nur kalte, wütende Augen und las in ihren Gedanken, dass sie wusste, dass ich wusste, dass sie wusste, wo ich gewesen war. Ich konnte ihr nichts mehr vormachen. Und genau in diesem Moment stieg die Wut in mir hoch.

»Moment mal«, raunzte ich zurück, »ich kann mich doch wenigstens erst mal ausziehen.«

Der Schnee auf meinem Trenchcoat war inzwischen geschmolzen und hatte große Wasserflecken hinterlassen. Auch um meine Schuhe herum hatten sich kleine Pfützen gebildet, die der synthetische Teppich nicht aufsog.

»Kannst du dir bei so einem Mistwetter nicht einmal draußen die Schuhe ausziehen!«, maulte Sabine. »Ich habe nun wirklich keine Lust, dem Grafen ständig hinterherzuputzen.«

»Das bisschen Wasser!«, sagte ich.

»Das bisschen Wasser!«, äffte sie zurück, »der Teppich sieht aus wie Hund.«

»Ich werde eben lernen müssen, auf den Händen zu gehen.« Ich fand diese Bemerkung zu diesem Zeitpunkt ungeheuer witzig.

»So, jetzt nimm mal bitte deine Tochter, damit ich weiterkochen kann.«

Aber die Szenen einer Ehe, zweiter Teil, setzten sich fort: »Kann ich mich vielleicht mal eine Minute hinsetzen?«, fragte ich sie. »Ich habe den ganzen Tag gearbeitet. Ich bin kaputt.«

Wir standen noch immer im Flur, die Wohnungstür war offen. Sabine gab ihr einen Kick mit dem Fuß, und sie fiel krachend ins Schloss. »Bis jetzt gearbeitet?«, giftete sie. »Eure Sendung war um Viertel vor sieben zu Ende. Jetzt ist es fast zehn.«

»Wir hatten noch Konferenz«, versuchte ich es vorsichtig.

»Merkwürdig«, sagte Sabine, »und wieso nimmt seit drei Stunden niemand ab, wenn ich anrufe?«

»Wir waren oben im Konferenzraum des Studios«, log ich.

»Erzähl mir doch nichts«, sagte sie und rauschte mit dem Kind den Flur hinunter in die Küche. Ich hastete hinterher.

»Was gibt's zu essen?«, fragte ich.

»Nichts«, antwortete meine Frau, setzte sich auf einen Küchenstuhl und packte die mütterliche Milchbar aus. Für die nächsten paar Minuten war nur das zufriedene Schmatzen unseres Babys zu hören. Keiner von uns sagte ein Wort. Ich öffnete den Kühlschrank und holte mir ein Bier heraus. Das kann ja noch heiter werden, dachte ich.

Unsere Tochter hatte zum Glück keinen besonders großen Hunger. Vielleicht ist ihr ja meinetwegen der Appetit vergangen, dachte ich voller Selbstmitleid, gewürzt mit einer guten Portion Zweckzynismus. Sabine hatte sie über ihre Schulter gelegt, schaukelte sie sanft, bis das Bäuerchen kam, dann stand meine Frau auf und sagte: »Ich bringe sie ins Bett. Oder willst du das machen?«

»Mach du mal«, sagte ich, »ich bin echt zu müde.«

Meine Frau erhob sich. »Mach winke, winke zu Papa«, sagte sie, aber meine Tochter dachte nicht daran, winke, winke zu machen. Sie schlief schon fast.

Sabine verschwand im Kinderzimmer. In ein paar Minuten würde der Tanz losgehen. Ich ging leise über den Flur ins Wohnzimmer, stellte mich ans Fenster und sah hinunter auf den Hafen. Bläuliche Blitze zuckten durch die Nacht. Drüben auf den Docks von Blohm und Voss waren die Schweißer am Werk. Manchmal stoben orangefarbene Funkengewitter in die Luft. Ein dicker Pott, ein Stückgutfrachter, dessen Ladebäume und Aufbauten unser fünfstöckiges Haus zu überragen schienen, wurde von drei Schleppern flussaufwärts gezogen. Auf der Brücke standen ein paar Seeleute. Mehrere kleine Barkassen durchpflügten das schwarze Wasser der Elbe, und an den Landungsbrücken legte gerade eines der kleinen weißen Ausflugsschiffe an. Und selbst durch die neuen Kunststofffenster war das metallene Geklapper der großen Biertanks zu hören, die von großen Gabelstaplern auf die

England-Fähre verladen wurden. »Hamburg ist ein schneller Hafen!« Ich erinnerte mich an einen Satz, der mir seit dem Heimatkundeunterricht der vierten Klasse unauslöschlich ins Gedächtnis gebrannt war. Roll on, roll off! Ro-Ro-Schiffe hieß das.

Und dann wurde ich auf einmal traurig. Aber das war nicht die tränenselige Traurigkeit eines Love-Story-Films, sondern diese Traurigkeit war wie ein Cocktail aus Depression und dem schlechten Gewissen, etwas Unwiderrufliches getan zu haben; ein grauer, dicker Nebel, der sich langsam über meinen ganzen Körper ausbreitete; eine Traurigkeit, die mir wie ein Kloß im Hals vorkam und wie ein klebriger Kaugummiball im Magen, sodass ich eigentlich hätte heulen können. Wie eine Memme. Aber es wären keine Tränen gekommen.

Dieses Gefühl hatte ich schon vor unserer unbeschwerten Zeit in Luxemburg ein paarmal empfunden, meistens kurz bevor ich mir meine Pleiten eingestehen musste und auch damals, vor der Hochzeit, als mich mein Vater zum zweiten Mal vor dem Offenbarungseid bewahrt hatte – als heimliches Hochzeitsgeschenk sozusagen. Und ich hatte es erst vor einer guten Stunde wieder gehabt, als ich meinen letzten Scheck geschossen hatte, um wenigstens den Einsatz des heutigen Tages zurückzugewinnen, obwohl ich genau wusste, dass gerade dies nicht geschehen würde.

Diese letzten vierhundert Mark hatte ich dann auch in seltsam paralysiertem Zustand an einem der Rouletteautomaten verspielt: Lustlos, ohne Sinn und Verstand, hatte ich kreuz und quer gesetzt und nicht ein einziges Mal auch nur einen Treffer gelandet. Doch der innere Zwang, bis zum letzten Zweimarkstück weiterzuspielen, war stärker als die Vernunft, aufzuhören und wenigstens noch ein bisschen Geld für eine Schachtel Zigaretten und die Fahrkarte zu retten. Das war die Phase, in der ich wahrscheinlich nur noch spielte, um zu verlieren, denn gewinnen – dessen war ich mir bewusst – konnte ich nur noch durch ein Wunder. Nein, wenn ich verlor, dann musste es eine totale persönliche Niederlage werden. Keine Halbheiten, dachte ich immer in jenen Momenten, und wenn es passiert war, durchströmte mich für ein paar Augenblicke das Gefühl fatalistischer Freude, bevor diese in den grauen, dicken Nebel abdriftete und ich mit der S-Bahn ohne gültigen Fahrausweis nach Hause fahren musste. Ich sah schon die Schlagzeile im Leute-Teil der *Bild*-Hamburg: »TV-Moderator beim Schwarzfahren erwischt«.

»Du warst erneut spielen«, sagte meine Frau trocken. Sie war reingekommen, ohne dass ich es gemerkt hatte. Ich blickte hoch und sah ihr Spiegelbild in der dunklen Fensterscheibe. »Was denkst du dir eigentlich dabei?«, fragte sie, aber es klang eher wie ein Vorwurf. »Ich dachte, das hast du hinter dir!«

Ich konnte nichts sagen. Meine Kehle war regelrecht zugeschnürt. Also nickte ich.

»Heißt das nun, dass du spielen warst oder dass du aufgehört hast?«, bohrte sie weiter.

Wieder nickte ich. Es widerstrebte mir jedoch, die Zustimmung in Worte zu fassen. Ich konnte es nicht sagen. Ich, der Versager.

»Wie viel?«

Ich zögerte einen Augenblick.

»Sechstausend«, sagte ich dann doch.

»Sechstausend«, wiederholte Sabine mechanisch, »sechstausend Mark. Bist du wahnsinnig?«

»Wahrscheinlich«, sagte ich.

Sabine ließ sich aufs Sofa fallen, sie war völlig fertig.

»Sechstausend«, sagte sie wieder, »und wann?«

»Was heißt wann«, schrie ich plötzlich los, »eben erst, wann denn sonst. Du wusstest es doch schon seit ein paar Tagen, oder? Nun tu doch nicht so scheinheilig!«

Sie blieb ganz ruhig. Sie hasste es, wenn ich laut wurde.

»Natürlich wusste ich es«, sagte sie und strich sich wie unabsichtlich über ihren Bauch, der schon deutlich gewölbt war. Sie war Anfang des fünften Monats.

»Du hast dich in den vergangenen drei Wochen total verändert«, fuhr sie fort, »und ich frage mich, wo alles geblieben ist: deine Ausgeglichenheit, deine Liebe zum Kind, deine Zärtlichkeit.« Ich wollte gerade zum Protest ansetzen, aber Sabine stoppte mich, noch ehe ich begonnen hatte: »Du bist aggressiv, unzuverlässig, brüllst rum. Machst du das eigentlich auch in deinem Job?« Ich schüttelte den Kopf. »Nein«, sagte sie, »im Büro ist er natürlich cool, überlegen und spielt den Chef. Wissen deine Kollegen eigentlich, dass du spielst?« Wieder konnte ich nur den Kopf schütteln. »Soll ich dir mal was sagen?«, fragte sie und richtete sich auf. »Du machst uns alle fertig mit deiner Spielerei. Mich, das Kind, dich. Ist dir eigentlich klar, was du tust? Aber du wolltest mir ja in Luxemburg nicht glauben, als ich dich davor gewarnt habe, wieder nach Hamburg zu gehen: Merkst du nicht, dass du wie ein Säufer reagierst? Du bist zwei Jahre trocken, doch bei der erstbesten Gelegenheit langst du wieder hin und bleibst drauf!«

»Ich bin doch nicht abhängig«, sagte ich.

»Doch«, sagte Sabine, »du bist abhängig. Du bist süchtig. Das musst du jetzt endlich kapieren, verdammt noch mal, und du musst jetzt was dagegen tun.«

Etwas dagegen tun. Aber was? Zu einem Seelenklempner rennen? In eine Spielergruppe gehen, zu den Anonymen Spielern? Super, dachte ich – dann spiele ich einfach unter falschem Namen weiter. In den folgenden Monaten häuften sich Auseinandersetzungen dieser Art. Das Verhältnis zwischen meiner Frau und mir kühlte ab. Nach außen hin spielten wir das glückliche Ehepaar, das sich auf das zweite Kind freute, aber wenn wir die Wohnungstür hinter uns geschlossen hatten, dann fetzten wir uns wie die Kesselflicker und entfernten uns Stück für Stück voneinander. Mein Leben reduzierte sich in der Folge daher auf Arbeiten und Spielen.

Der RTL-Lokalsender war unter reger Anteilnahme der lokalen Presse auf Sendung gegangen; von meiner Redaktion und mir waren viele Fotos erschienen, und eine Kollegin und ich wechselten uns wöchentlich in der Moderation des Magazins ab. Keiner meiner Kollegen ahnte etwas von meiner Spielerei. Was mich auch wunderte war, dass mich nie jemand erkannte, da ich ein paar ausgesuchte Spielhallen im Vergnügungsviertel rund um die Reeperbahn – und seltener das Kasino – jetzt wieder öfter, meistens nach der Arbeit, und nach wie vor heimlich frequentierte.

Meine Kollegen und ich schufteten wie blöde, um täglich eine Dreiviertelstunde aktuelles Programm zu füllen. Für mich als Redaktionsleiter kam neben der redaktionellen Arbeit auch noch der ganze Verwaltungskram hinzu. Wenn ich abends aus dem Studio Hamburg hinausstolperte, hatte ich den totalen Jipper auf meine Automatenwelt, die mich beruhigen, befriedigen und so fantastisch zornig machen konnte, sogar wenn ich gewann: denn dann kam ich meistens noch später als gewöhnlich nach Hause und handelte mir noch größeren Ärger mit meiner Frau ein. Doch mit ein paar Blauen in der Tasche konnte ich ihre Wut an mir abperlen lassen; meine Ohren standen dann auf Durchzug, und wenn wir uns wider Erwarten einmal nicht stritten, provozierte ich eine Auseinandersetzung, die mir die Möglichkeit gab, die Tür zuzuknallen und schnell noch einmal um die Ecke in eine Spielhalle zu verschwinden. Ich brauchte das.

Das erste Urlaubsgeld hatte meinen Kontostand dann ein wenig freundlicher aussehen lassen, aber schon wieder schwamm ich mit rund fünftausend Miesen durch den Fluss des täglichen Lebens und hielt mich nur durch die abenteuerlichsten Schuldenverschiebungen über Wasser. An jedem Ersten eines Monats, am Tag, wenn die Kreditkartenrechnung mein Konto zum Platzen bringen würde, hob ich morgens am Hauptbahnhof den Höchstbetrag von viertausend Mark ab und zahlte dreitausend auf mein Konto ein, damit es wenigstens für ein paar Tage so aussah, als sei es gedeckt.

Wenige Tage nach der Geburt unseres Sohnes im Juli 1988 rief mich mein Vater an und bestellte mich überraschend zu seiner Bank, wo bereits alles vorbereitet worden war: Sparbriefe für die Enkelkinder, insgesamt zehntausend Mark. Schon am folgenden Tag löste ich mein Konto bei der Dresdner Bank auf und eröffnete ein neues Konto bei der Hamburger Sparkasse, von der ich inzwischen wusste, dass sie mit Krediten besonders großzügig umging. Sie schluckten mit Wonne meine fabelhafte Story vom geplatzten Scheck für irgendwas über einhundertdreiundvierzig Mark und achtzig, nur weil eine junge Familie wegen eines dringend notwendigen Möbelkaufs ihr Konto überzogen hatte: »Wissen Sie«, sagte ich zum Kundenberater, »ich finde das ungeheuerlich: Da ist man jahrelang ein guter Kunde, und dann so was!«

»Kein Problem«, sagte der Kundenberater, »als Redaktionsleiter mit Ihrem Einkommen und den Sparbriefen als Sicherheit sind Sie bei uns für dreißigtausend allemal gut!« Basel II war damals noch ein Fremdwort.

Dreißigtausend, das klang wahnsinnig lässig. Und das »bei uns« hatte er besonders betont. Ich schlug sofort in den Handel ein und leierte auch meiner Frau im Krankenhaus innerhalb von einer Sekunde die Unterschrift unter den Kreditvertrag heraus.

Die Ehefrau (1993)

In der Zeit um die Geburt unseres Sohnes war er vorübergehend wieder ganz der Alte: ein fürsorglicher, liebevoller Ehemann, der mir toll zur Seite gestanden hat. Er besuchte uns jeden Morgen und jeden Abend im Krankenhaus, und wir haben uns damals, nach vielen Monaten des Dauerstreits, einmal so richtig ausgesprochen. Ich schöpfte wieder neue Hoffnungen, aber leider wurde ich bereits Wochen später eines Besseren belehrt.

Er schaffte es, mich zu überzeugen, dass er mit diesem neuerlichen Kredit einen endgültigen Schlussstrich ziehen und neu beginnen wolle. Dreißigtausend Mark Schulden waren zwar eine ganze Menge Geld, und die monatliche Rate betrug rund vierhundert Mark, aber ich hatte unsere chronische Pleite bis über beide Ohren sattgehabt. Ich wollte mir endlich mal wieder ein paar neue Klamotten ohne schlechtes Gewissen leisten können oder vielleicht zwei Wochen Urlaub, damit wir wieder ein wenig Ruhe finden und durchatmen konnten. Deshalb habe ich ohne Zögern unterschrieben.

Wie immer nach so einem finanziellen Zusammenbruch und den darauffolgenden Nächten endloser Diskussionen, Beteuerungen und Versprechungen ging es wieder eine Zeit lang gut. Sobald er nicht spielte, war er wie ausgewechselt, ein völlig anderer Mensch. Ausgeglichener und belastbarer. Dann kümmerte er sich um die Kinder, machte mit ihnen Quatsch, und auch zwischen uns lief es wieder harmonischer.

Er versprach, künftig anzurufen, wenn er morgens an seinen Schreibtisch kam und kurz, bevor er aus der Redaktion losfuhr. Ich hatte dies zur Bedingung gemacht, einerseits als Kontrollmaßnahme, andererseits aber auch dafür, dass er auf seinen Wegen immer ein festes Ziel im Auge hatte. Er hätte es ja nur geradeaus ansteuern müssen und die vielen Möglichkeiten zum Glücksspiel rechts und links einfach liegen lassen können.

Aber nach ein paar Wochen verpasste er wieder mal die S-Bahn. Oder er ging mit den Kollegen ein Bier trinken. Oder er hatte noch im Tonstudio zu tun, sodass er später als gewöhnlich nach Hause kam. Und wieder ein paar Tage später vergaß er dann, mich anzurufen. Alles Unsinn. Alles Ausreden. Ausreden, weil er es abermals nicht geschafft hatte, auf dem Weg zu bleiben. Und spätestens dann, wenn er die Kinder wieder anblaffte, wusste ich: Er hat wieder einmal gespielt. Dafür hatte ich ja mittlerweile so etwas wie eine Antenne entwickelt. Und wieder verfielen wir in den gleichen frustrierenden Trott.

So ging es Woche für Woche, Monat für Monat hin und her, her und hin; nur dass die Abstände, in denen er auf seinen Trip kam, sich zusehends verkürzten. Kurz vor seinem neunundzwanzigsten Geburtstag habe ich ihn dann endlich vor die Wahl gestellt: entweder wir oder die Zockerei.

Ich fühlte mich wie ein Gefangener, der nicht mehr ausbrechen konnte, weil er zu viele Fluchtchancen verpasst hatte. Wenn ich in der Folgezeit zocken ging, tat ich es zwar jedes Mal mit dem festen Vorsatz: Das ist nun wirklich das letzte Mal! Ich träumte vom Hauptgewinn, dem großen Kracher, dem Jackpot, der mich auf einen Schlag von all den finanziellen Sorgen erlöst hätte, die mich inzwischen für meine

Frau zu einem aggressiven und launischen Wesen gemacht hatten, das nach Sabines Meinung bisweilen regelrecht in Selbstmitleid zu ersaufen drohte. Zum ersten Mal aber keimten in mir ernsthafte Zweifel an der Richtigkeit meines Tuns auf; vor allem während der Nacht, wenn meine Frau neben mir schlief und ich mich schweißgebadet von der einen auf die andere Seite wälzte und dabei die blödesten Sachen in Gedanken durchging. Als Erstes kam immer der Bankraub: Ich malte mir aus, wie ich mit einer Maske über dem Kopf und einer durchgebohrten Neun-Millimeter-Gaspistole in der Hand vor meinem Kundenberater stand und ihn mit verstellter Stimme und vorgehaltener Knarre zur Herausgabe von großen Scheinen aufforderte. Fünfunddreißigtausend hätten genügt, und die Pistole wäre natürlich nicht geladen gewesen…

Auch über diverse Zeitungsmeldungen konnte ich mir stundenlang den Kopf zerbrechen: »Sechzehnjähriger findet vierzigtausend Mark vor einem Baumarkt und gibt sie ab« – was für ein Idiot! Ich hätte das Geld natürlich behalten. Wer vierzigtausend Mäuse liegen ließ, schien Geld ja nicht besonders nötig zu haben. Und dienstags und freitags, wenn ich meine meist kümmerlichen Kleingeldreste aus der Hosentasche auf die Eins-zu-Dreizehn-Millionenchance eines Sechsers im Lotto gesetzt hatte, verteilte ich gedanklich den Riesengewinn bis auf den letzten Pfennig. Doch fielen mir dann auch immer wieder die noch offenen Rechnungen ein, die mir Angst machten. Es kam vor, dass ich mitten in der Nacht aufstand und mich vor den Fernseher setzte, um mir einen x-beliebigen B-Film reinzudröhnen und mich dazu mit einer Flasche Rotwein müde zu trinken. Jetzt wachte ich immer häufiger morgens auf der Couch auf, während es auf dem Bildschirm schneite.

Als ich am 26. Januar 1989, ein paar Tage vor meinem neunundzwanzigsten Geburtstag, wieder einmal viel zu spät aus der Redaktion, oder sollte ich nicht vielleicht doch sagen: aus der Las-Vegas-Halle am Hans-Albers-Platz an der Reeperbahn, nach Hause gekommen war, standen zwei Koffer vor unserer Wohnungstür, und in der Wohnung brannte kein Licht. Mein Schlüssel passte nicht mehr ins Schloss. Ich begriff sofort und war einen Moment lang fassungslos. Auf einem der beiden Koffer klebte ein Stückchen Papier, auf dem stand, dass meine Eltern mich erwarten würden und dass ich den Wagen haben konnte. Sie hatte mich hinausgeschmissen, aber meine Fassungslosigkeit löste sich auf einen Schlag in eine Art gelöster Heiterkeit auf, und ich dachte nur: Mann, jetzt bist du aber wirklich gekniffen, jetzt haben sie dich! Und am mühsam unterdrückten, schweren Atmen hinter unserer Wohnungstür merkte ich plötzlich, dass mich Sabine die ganze Zeit über durch den Spion beobachtet hatte. Ich riss den Zettel vom Koffer ab und klebte ihn über das kleine schwarze Guckloch auf der Tür. Vorbei. Dann nahm ich meine beiden Koffer, ging die Treppen hinunter und trat in die Nacht hinaus. Ein paar besoffene Punks aus der Hafenstraße pissten gerade auf die Motorhauben der geparkten Autos. Sie beachteten mich nicht. Aus der Kogge nebenan, einem Auffanglager für Gestrandete, jaulte Marianne Rosenbergs »Ich gehör zu dir!«

Ich aber gehörte nun zu niemandem mehr, dessen war ich mir in diesem Augenblick bewusst. Ich war jetzt ganz allein, ich fühlte mich mordsmäßig glücklich dabei und versuchte mir vorzustellen, während ich zu meinem Auto ging, was sie alle wohl machen würden, wenn ich wirklich nicht mehr da wäre – einfach verschwunden!

11. KAPITEL

Eine Art von Besinnung

Der Empfang bei meinen Eltern verlief nicht frostig, sondern tiefgekühlt. Ich bezog mein altes Zimmer im Keller, die Bettwäsche müffelte ein wenig, und ich war froh, dass sie beide am Wochenende in Richtung Schweiz verduften würden, um für meine Mutter wieder einmal eine neue Therapie in einer neuen Klinik auszuprobieren. Ich war nicht Sohn, ich war zum ersten Mal nur Gast im Elternhaus, und jeder Versuch, eine Unterhaltung zu beginnen, scheiterte am Schweigen, das mein Vater und sogar meine Mutter mir entgegenbrachten.

Also fuhr ich früher als gewöhnlich in die Redaktion, arbeitete nach dem normalen Tagwerk bis spät in die Nacht Papiere auf und kehrte gegen Mitternacht in meine Ahrensburger Stammkneipen auf einen oder zwei Absacker ein. Aber meistens wurden es dann doch fünf oder sechs Bierchen, und wenn mich die Bullen in jenen frühen Morgenstunden angehalten hätten, wäre die Blutprobe garantiert erschütternd ausgefallen: »Automaten-Mann, Sie haben ja kaum Blut im Alkohol!« Aber das war mir scheißegal, genauso wie die Tatsache, dass meine Frau mein Konto abgeräumt hatte und ich mir bis zum nächsten Ersten zweihundert Mark bei meiner Sekretärin pumpen musste, da das Bargeld-Limit auf meiner Kreditkarte erschöpft war. Sie war übrigens der einzige Mensch in der Redaktion, der inzwischen von meiner Zockerei wusste, weil sie mich einmal mittags aus einer Halle hatte herauskommen sehen. Mit dem Plastikding konnte ich nur tanken und essen gehen; spielen war einfach nicht drin.

Am Wochenende, als meine Eltern endlich abreisten und ich allein im großen Haus herumsaß, ruhelos von der Stereoanlage zum Fernseher und über die Hausbar zurück zur Stereoanlage wanderte, rief nachmittags meine Frau an: »Die Kinder wollen dich sehen!«

»Ja und?«, antwortete ich mit benebeltem Kopf.

»Setz dich in den Wagen, und komm her«, lautete ihre Aufforderung.

Aber ich hatte keine Lust, weil wir doch nur wieder diskutieren würden über eine Sache, die ich nicht im Griff hatte.

»Ich möchte mal mit dir reden«, sagte Sabine.

Wir schwiegen lange am Telefon. Dann fragte ich: »Und über was?«

»Über deine Spielerei. Oder glaubst du, ich mache das noch lange mit?«

Wieder Schweigen.

Dann sagte ich:

»Nein. Wohl eher nicht!« Schweigen. Und plötzlich brach es aus mir heraus: »Ich will zurück, verdammt noch mal.«

»Nein«, sagte meine Frau, »ich brauche jetzt Ruhe. Aber die Kinder wollen dich sehen. Fahr mit ihnen in den Zoo, in den Zirkus oder sonst wohin! Die kleinen Mäuse können nichts dafür!«

»Ich habe keine Kohle, Mensch!«, brüllte ich ihr durch die Muschel ins Ohr.

»Dann geb ich dir was. Übrigens habe ich auch noch ein Geschenk für dich. Nachträglich zum Geburtstag. Also was ist, kommst du jetzt?«

Eigentlich hatte ich ja überhaupt keine Lust, mich heute, am Samstagnachmittag, um die kreischenden Blagen zu kümmern. Ich wollte doch nur allein sein und mit meinem Schicksal hadern. Mich in meinem Meer von Selbstmitleid ersäufen und darüber nachdenken, wie ich mein Leben ändern konnte. Rolf, der Wirt von der Engen Weste, der wie alle aus der alten Szene von meiner Daddelei wusste, hatte mich in der Nacht vorher – zur Hälfte auf Kosten des Hauses – abgefüllt und mir dabei die Ohren vollgelabert: »Alex, du musst mit der Zockerei aufhören, verstehst du? Kennst du Wummi noch?«

Na klar kannte ich Wummi, den fetten Türsteher vom Tam-Tam, einer Dorfdisco im benachbarten Bargteheide. »Was'n mit dem?«, fragte ich.

Rolf zuckte mit den Schultern. »Knast«, sagte er schlicht, »hat mit 'ner Kanone eine Bank gemacht. Eine Viertelstunde später haben ihn die Bullen gecasht. Vier Jahre, ohne Bewährung natürlich. Vierundzwanzigtausend Mark soll er erbeutet haben, aber er hat sich ja nicht lange daran freuen können.«

»Und warum erzählst du mir das, Rolf?«

»Weil Wummi wegen seiner Zockerei völlig am Arsch war, verstehst du? Schulden, Schulden, Schulden! Über fünfzigtausend, und die Haie klebten ihm an den Fersen.«

»Wann war'n das?«

»Vorm halben Jahr«, sagte Rolf.

»Hab ich nix von mitgekriegt«, sagte ich und stand auf, »ich geh mal pissen.«

Mein Gott, war ich besoffen. Ich wankte, mühsam um Haltung ringend, zur Toilette und ließ mir Rolfs Freigebigkeit würgend durch den Kopf gehen. Aber auch noch etwas anderes – dass ich mich trotz all dieser Kaputtheit oder gerade wegen ihr wohl fühlte: TV-Moderator kotzt in Kneipe ab! Junger Vater läuft Amok und tötet Familie! Hunderttausend Mark Beute – Fernsehjournalist gesteht Banküberfall! Ich hatte dieses ganze Rattenrennen so satt: meine Sakkos und

Anzüge und Hosen und Krawatten auf Firmenkosten. Meine Verpflichtungen der Familie gegenüber, die monatlichen Versicherungsprämien, der tägliche Frust mit den Kollegen in der Redaktion, die schwachsinnigen Entscheidungen der Geschäftsführung, sich ständig rechtfertigen zu müssen dafür, dass man überhaupt lebt.

»Lebst du noch?«, fragte Rolf, als ich an die Bar zurückkehrte.

Schnaufend ließ ich mich fallen. »Mmmh, muss ja.«

»Soll ich dir ein Taxi rufen?«, fragte mich der Wirt.

»Meinst du? Hab keine Kohle«, sagte ich mühsam.

»Ist beim Fernsehen und hat keine Kohle!«, schrie plötzlich einer.

»Halt's Maul«, sagte ich.

»Was?«, fragte der Typ zurück, den ich hier noch nie gesehen hatte, löste sich aus der Gruppe seiner Kumpels, trat an den Tisch heran und beugte sich ganz tief zu mir herunter, »was hast du gesagt?«

»Du kannst in 'ne Pfütze fallen, aber mir nicht ins Wort«, entgegnete ich.

»Macht keinen Ärger, Jungs«, sagte Rolf, »ein Bier?«

»Ich will wissen, was der Typ eben gesagt hat?«, meinte der andere, nahm sein halb volles Bierglas und schüttete es mit aufreizender Langsamkeit über meinem Kopf aus.

Niemand sagte ein Wort. Nur die Musicbox dröhnte.

»Du scheinst mich ja verstanden zu haben?«, sagte ich ruhig und musterte den Fremden: Marke Vertreter, Autoverkäufer. Ein Vokuhila, vorn kurz, hinten lang geschnittenes Haar. Dünner Oberlippenbart, Pilotenbrille. Dynamisches Auftreten im Job, sicher. Auberginefarbenes Jackett, auberginefarbenes Hemd, blau-aubergine gemusterte Krawatte mit auffälliger silberner Krawattennadel: eine Spalt-Tablette, wie originell!

Eine Bundfaltenhose, weiße Socken und Collegeschuhe. »Du hast dir gerade den Abend versaut«, sagte ich, während das Bier inzwischen in meiner Unterhose angelangt war.

»Keinen Ärger, Jungs!«, wiederholte sich Rolf.

Der Typ stand noch immer über den Tisch gebeugt und sah mir ins Gesicht. Sein Atem stank, soweit ich dies noch riechen konnte, nach Gitanes. »'n verkappter Intellektueller«, sagte ich, »aber leider nur mit dem IQ von Knack und Back.«

Er wischte mir eine. Nicht besonders stark. Ich blieb sitzen und zog auch nicht den Kopf weg. Es klatschte. »Nur damit jeder sieht, dass er angefangen hat«, rief ich.

»Du bist doch viel zu besoffen, Baby!«, lachte er.

»Stimmt!«, sagte ich und konzentrierte mich auf seine baumelnde Krawatte. »Hast du dich schon rasiert?«

Er blickte mich ungläubig an.

»Häh?«

In diesem Augenblick schoss meine rechte Hand über den Tisch. Ich ergriff seine Krawatte und riss sie nach unten. Sein Kopf tauchte ab, wurde aber dreißig Zentimeter über der Tischplatte von einem Weißbierglas aufgehalten. Ich glaube, er tauchte sogar noch kurz mit der Nase ins Bier, bevor das Glas zu Bruch ging. Blut spritzte. Irgendjemand rief: »Oh, Scheiße!«

Er schrie auf und versuchte, sich mit seinen Händen auf der Tischplatte abzustützen. Mit der Linken griff ich mir einen leeren Bierkrug und donnerte ihn, mit der Öffnung nach unten auf die Finger seiner linken Hand. Jetzt jaulte er und kippte einfach um.

Rolf riss mich zurück. »Hau jetzt ab, hier! Los, raus, schnell!«

Ich erhob mich. »Das war's, Leute«, sagte ich in die Runde und sah hinunter auf den Typ, der vor mir am Boden lag. »Reicht's?«

Er blutete am Haaransatz, aber die ganze Zeit hielt er sich nur seine linke Hand und jaulte. Auf und um meinen Platz herum war eine Riesensauerei entstanden, und auch ich fühlte mich klebrig wie nach einem Bad in Limonade, und ich stank. Nach Kneipe und Kotze wahrscheinlich. So wie man eben stinkt, wenn man ganz unten ist.

»Und darauf bist du wahrscheinlich auch noch stolz«, sagte Sabine.

»Nöö«, antwortete ich.

»Ich will dir sagen, was mit dir los ist: Diese ganze, verdammte Spielerei hat dich in ein aggressives Bündel Mensch verwandelt. Ich glaube, du bist unberechenbar, und es ist besser, wenn dich die Kinder heute nicht sehen. Ich werde ihnen halt erzählen, du seist auf Dienstreise.«

Sie legte auf. Nun hatte ich meine Ruhe, allein in dem großen Haus, in dem es jetzt still war wie in einer Gruft.

Murphy's Law schlug eine Woche später wieder erbarmungslos zu. An den Einschaltquoten hatte es offenbar nicht gelegen, dass plötzlich und unerwartet der neue Chefredakteur aus Köln einschwebte und mich vor die Wahl stellte, entweder als Reporter weiterzuarbeiten oder eine Trennung in gegenseitigem Einvernehmen zu akzeptieren. Man wolle personell umstrukturieren. Ich nahm natürlich Letzteres an, weil die Jungs nach Ablauf der Probezeit meine Kündigungsfrist auf sechs Monate verlängert hatten und nun das Bargeld lachte. Ich hatte außerdem noch reichlich Urlaub übrig, und wir einigten uns in wenigen Minuten über die Formalitäten. Vierzigtausend Kracher netto gab es auf die Kralle, und ich wurde ab sofort freigestellt. Meine Sekretärin fing an zu heulen, als die Herren wieder entschwebten und ich meine Sachen im Büro zusammenpackte.

»Die zweihundert Mark gebe ich dir in einer Woche zurück«, sagte ich, »du weißt ja, wie es gerade bei mir zu Hause läuft.«

»Glaubst du, bei mir läuft es besser?«, fragte sie zurück und sah mich mit ihren großen verweinten Augen an, »in dieser Sache können wir uns wirklich die Hand geben.«

Ich kam erst am nächsten Vormittag, nach einem ausgiebigen Hotelfrühstück im Atlantic, zum Haus meiner Eltern zurück. Mit vierzigtausend Mark im Rücken konnte man sich das schon mal leisten. So leicht wie an jenem Abend hatte ich noch nie meine Kreditkarte gezückt. Und mein Gewissen ließ sich nicht vernehmen. Alles ganz normal, hatte ich gedacht, als wir ins Bett gegangen waren.

Vor meinem Elternhaus stand jedoch ein Auto, das ich nicht kannte. Ein dunkelblauer Passat-Kombi, in dem überraschenderweise meine Frau saß. Ich parkte unseren altersschwachen Golf daneben in der Auffahrt. Wir stiegen beide aus. Meine Tochter jubelte, als sie mich sah, und sogar mein kleiner Sohn winkte.

»Hallo«, sagte Sabine.

»Was ist das?«, fragte ich. »Ein Lottogewinn?«

»Nein«, sagte meine Frau, »ich habe dir vor zwei Wochen am Telefon gesagt, ich hätte noch ein Geschenk für dich!«

»Du spinnst!«

»Ich spinne nicht«, sagte meine Frau, »wahrscheinlich spinnt dein Vater. Aber beeil dich jetzt, wir müssen den Golf in der Firma abgeben. Der ist im Kaufpreis mit drin.«

»Du meinst, das ist unser Wagen?«, fragte ich. »Unser Auto?«

»Ja«, sagte meine Frau, »aber de n Rest erzähle ich dir nachher. Wir müssen dringend miteinander reden, denn ich möchte zum Beispiel wissen, was du jetzt zu tun gedenkst?«

»Wie meinst du das?«

»Na ja, jobmäßig, oder?«, sagte meine Frau. »Du bist doch raus aus dem Laden! Wenigstens mit einer Abfindung?«

»Du weißt doch eh schon alles«, blaffte ich zurück.

»Genau«, sagte sie, öffnete ihre Handtasche und zog ein mir wohlbekanntes rosafarbenes Papier heraus, »das wurde heute Morgen per Kurier abgegeben. Dein Geld wird überwiesen. Wir sind jetzt mit über siebzehntausend Mark im Plus. Dreiundzwanzig Minus hattest du? Nicht schlecht. Aber jetzt lass uns fahren.«

Was hat sie vor, fragte ich mich. Erst schmeißt sie mich raus, und jetzt verkleckert sie Honig. Aber ich erfuhr es erst am Abend, als wir zusammen essen gingen. Die Putzfrau meiner Eltern hütete die Kinder – das alles schien wohl organisiert zu sein und roch mir sehr nach einem abgekarteten Spiel!

Wir redeten und redeten und redeten. So lange, bis die Kellner des kleinen Italieners anfingen, die Stühle auf die Tische zu stellen, und der Koch mehrere Male hintereinander aus der Küche kam und demonstrativ gähnte. Und zum ersten Mal redete Sabine mehr als ich.

Meine Eltern und meine Frau hatten schon vor Wochen einen Plan entworfen, um mich von der Spielerei abzubringen. Es sollte ein neuer Anfang werden. Sabine hatte sogar zum ersten Mal seit Monaten eingeräumt, dass natürlich auch sie Fehler begangen hatte. Ich hatte jedoch meinen Mund gehalten, vor allem wegen des Ausrutschers in der Nacht zuvor. Sabine hatte offenbar alles geahnt, aber dennoch kein Wort darüber verloren. Ich kannte sie lange genug, und so konnte ich auch zwischen den Zeilen lesen.

Die Ehefrau (1993)

Es hatte sehr wehgetan, meinen Mann so abgleiten zu sehen. Er hatte begonnen, alles aufs Spiel zu setzen: Nichts hatte ihn mehr richtig interessiert, außer natürlich seinem Job, und das war es dann ja auch, über das wir redeten, wenn wir einmal miteinander redeten. Er entfernte sich immer mehr von mir, und ich machte meinerseits langsam, aber sicher dicht, sodass wir auf keinen gemeinsamen Nenner mehr kamen. Wir gingen praktisch nur noch getrennt weg; ich zu unseren Freunden und er in die Spielhalle oder ins Automatenkasino. Meistens ebbte das in der Mitte des Monats ab, wenn sein Spielkapital knapp wurde, und ich habe ihm damals auch öfter geraten, die Kredit- und die Scheckkarte zurückzugeben und sich sperren zu lassen. Aber er wollte sich, wie er es so treffend formulierte, nicht enteiern lassen.

Dabei hatte ich schon längst gespürt, wie kaputt ihn die Spielerei machte und wie es ihn von Monat zu Monat mehr Kraft kostete, sich in den wichtigen Bereichen des täglichen Lebens zusammenzureißen. Klar, dass für die Familie immer weniger übrig blieb. Aber wie soll ein Mensch das auch lange aushalten: diesen ungeheuren Druck des Geldverdienens und der -beschaffung.

Nachdem sie ihn praktisch rausgeschmissen haben, rief mich seine Sekretärin an und erzählte mir die ganze Leier; auch dass sie sich Sorgen machen würde, weil sie ihn einmal in der Mittagszeit aus einer Spielhalle herauskommen sah, und dass er seine Mittagspausen immer ziemlich lang gestaltete. Daraufhin habe ich seine Eltern angerufen. Irgendjemandem musste ich das doch erzählen. Nachdem die beiden alten Leute sich von diesem erneuten Schreck erholt hatten, haben wir gemeinsam beschlossen, uns Gedanken zu machen über die Rettung des verlorenen Sohnes.

Der Vater (1993)

Wahrscheinlich ist es falsch gewesen, ihm jedes Mal mit einem Scheck auszuhelfen, als er in der Pleite steckte. Ich hätte mehr Härte zeigen müssen; er hätte das Geld zumindest zurückzahlen müssen. Das hätte ihn vielleicht zur Vernunft gebracht. Nun war es bereits das vierte Mal, dass mein Portemonnaie gefordert war, und die Zeitabstände, in denen das geschah, hatten sich dramatisch verkürzt. In meiner Hilflosigkeit fühlte ich mich für die kleine Familie, die die beiden gegründet hatten, verantwortlich, und deshalb habe ich wieder Papiere verkauft. Was ich zu diesem Zeitpunkt allerdings noch nicht wusste, war, dass er zum ersten Mal seine Bankschulden durch die Abfindungszahlung selbst ausgleichen konnte. Dies alles überschnitt sich um wenige Tage. Also habe ich den Kindern ein Auto geschenkt; sie brauchten das wirklich, und ich wollte nicht, dass er schon wieder Schulden machte, wenn ihm die alte Karre um die Ohren fliegen würde, was nur eine Frage von Wochen war. Außerdem hatte er ja keinen Job mehr und musste vielleicht ein paar Monate über die Runden kommen.

Die Ehefrau (1993)

Durch meine Ausbildung zur Sozialpädagogin kannte ich natürlich die Stellen, die für Spielsucht zuständig waren. Mein Schwiegervater und ich sind also am nächsten Tag zur Boje gegangen und haben uns erkundigt, was für meinen Mann infrage kommen könnte. Heraus kam der Vorschlag einer ambulanten Gesprächstherapie, unterstützt vom wöchentlichen Besuch einer Gruppe der Anonymen Spieler. Außerdem sollten wir ihm für einige Zeit maximal zwanzig Mark pro Tag – quasi als Taschengeld – geben.

Mein damaliges bedingungsloses Ja zu all den Vorschlägen – Gesprächstherapie, Anonyme Spieler, konzentrierte Suche nach einem neuen Job, Taschengeldzuteilung sowie das mir abgerungene Versprechen, mich jeweils telefonisch von meinen Aufenthaltsorten zu melden – interpretiere ich heute nur als halbherzig. Nein, damals war ich innerlich noch nicht so weit, mich mit einem Dutzend Männer in einem Kreis um einen linoleumbeschichteten Küchentisch im Gemeinschaftsraum der Hamburg-Eimsbütteler Kirchengemeinde aufzustellen, an den Händen zu fassen und zu sagen: »Ich heiße soundso, und ich bin Spieler.«

Auch war ich damals für eine Gesprächstherapie sicher nicht genügend motiviert. Aber froh war ich doch, wieder nach Hause zurückkehren und mit meiner Frau zusammenleben zu können, obwohl das Zusammenleben, ich erinnere mich noch ganz genau, jetzt eher auf kameradschaftlicher Ebene ablief.

Aber immerhin begann sich mein Kopf zu entladen. Die Aggressionen, die sich in mir angestaut hatten, verflogen zwar nicht, aber sie entwichen langsam wie die Luft aus einem kaputten Fahrradschlauch. Ich verspürte eine gewisse Entkrampfung durch meine Rückkehr in die Normalität und in die Banalitäten des Alltags. In mir tobte aber noch ein Kampf, ob ich denn dies alles auch wirklich wollte. Sie, meine Freunde, die gleichzeitig meine schlimmsten Feinde waren, fehlten mir: die Automaten.

Um mich nicht zu Tode zu langweilen, bot ich der *Bild*-Zeitung eine Serie über Automatenspieler an: schnelles Geld für schnelle Arbeit und die Chance, ganz legal eine Spielhalle zu betreten und zu zocken. Ein bisschen wenigstens, um mit den Zockern ins Gespräch zu kommen.

Knapp zwei Wochen war ich damals zusammen mit einem Fotografen in Deutschland unterwegs. Der Knipser hatte Zweifel, ob wir überhaupt jemals auch nur einen Automatenzocker finden und dazu bringen könnten, dass er auspackt, von sich erzählt und vor allem: sich fotografieren lässt! Da hatte ich überhaupt keine Bedenken, weil wir ja alle im Grunde unseres Herzens und Verstandes von der Daddelei die Schnauze voll haben; weil wir genervt sind vom Versteckspiel mit der Umwelt, weil unser Kontostand uns fix und fertig macht, weil wir dennoch immer wieder, wie Marionetten von einer unsichtbaren Macht geführt, gezogen, gezwungen werden, in die Spielhallen zu tapern, um die mühsam aufgebrachte Kohle wieder zu verzocken, weil es bereits der Reiz des Verlierens ist, der uns den Kick bringt: aus der ausweglosen Situation heraus durch eine elegante Hunderter-Multi-Serie oder einen Jackpot noch einmal davonzukommen – gegen jede Vernunft, gegen die Realität, allein gegen den Rest der Welt. Automatenspieler sind, wenn sie spielen, sehr einsam und möchten dabei doch so gern reden.

Sogar mit der *Bild*-Zeitung: Wir, der Fotograf und ich, gingen in eine x-beliebige Halle hinein und schlenderten herum. Die beste Chance, Interviewpartner aufzureißen, bestand entweder um die Mittagszeit, am späten Vormittag, wenn die Hausfrauen ihr Nadelgeld verzockten, oder kurz vor Mitternacht, wenn die Daddelkönige, die ganz harten Zocker, aufmarschierten.

Mir brauchten die Daddler, die ich ansprach, ja nichts vorzumachen und ich ihnen auch nicht. In Hamburg saßen wir schon nach zwei Stunden im Wohnzimmer einer schicken, attraktiven Mittdreißigerin, die aus Langeweile morgens in der Spielhalle im Dammtor-Bahnhof zockte und ab drei Uhr nachmittags in der Spielbank im Interconti. Sie hatte es weder nötig zu arbeiten, noch war sie der Typ Frau, der in einer dunklen Daddelhalle hysterische Anfälle bekommt, wenn die Doppelsonne auf der mittleren Walze um ein Feld am »Riesen-Super-Gewinn« vorbeigeschrammt war. Ihr Mann, der zwei der angesagtesten Hamburger Szenerestaurants betrieb, wusste von nichts, weil er Tag und Nacht arbeitete. Sie hatte bereits einen Kredit über einhunderttausend laufen, und vom Erbschmuck ihrer Mutter waren nur noch ein paar Ringe übrig. Der Rest liege im Pfandhaus, erzählte sie.

In Oberhausen sprachen wir einen vierzigjährigen Finanzbeamten in seinem Reihenhaus, der nach einer knappen Viertelstunde anfing zu heulen, weil er nicht mal mehr den Auspuff seines zehn Jahre alten Škodas bezahlen konnte. Aber dann gestand er meinem Tonbandgerät, dass ihm vor sechs Monaten die Frau weggelaufen war, weil sie seine Spielerei nicht mehr hatte ertragen können. Er war seit über fünfzehn Jahren dabei, hatte inzwischen über hundertfünfzigtausend Mark Hypotheken und Kredite an der Backe und fürchtete um sein kleines Häuschen. Mit den Unterhaltszahlungen an seine Frau und seinen dreizehnjährigen Sohn war er bereits zwei Monate im Rückstand.

In Berlin redete ein ehemaliger mittelständischer Unternehmer Tacheles: Er habe seine Firma am Roulettetisch verspielt, rund sechs Millionen. Darüber war seine Ehe zerbrochen, statt im feinen Zehlendorf wohnte er jetzt in einem möblierten Apartment und hatte nur noch knapp siebenhundert Mark an Sozialhilfe im Monat zum Leben. Er, der vor ein paar Jahren noch eben mal locker fünftausend Mark auf Rot gesetzt hatte, saß jetzt vor dem Disc und nahm jeden Dreißig-Pfennig-Gewinn mit. Er wirkte dabei aber komischerweise glücklich, denn er erzählte uns noch zum Abschied, dass er schwer Zucker habe und es wohl nicht mehr lange machen würde. Aber dann sei ja auch das beschissene Leben endlich vorbei.

Wir kamen mit zwölf Spielerporträts in die *Bild*-Redaktion. Doch im Springer-Blatt war mal wieder Chefredakteur-Wechsel angesagt gewesen, und deshalb wurde die Serie niemals gedruckt. Der neue Chef stand eben mehr auf Titten im Blatt, Leder, Fantasien und Tipps für heiße Liebesnächte. Aber immerhin wurde anstandslos bezahlt. Darüber hinaus hatte ich die Erkenntnis gewonnen, gar nicht einmal mehr so weit von den Schicksalen, die ich in jenen zwei Wochen kennengelernt hatte, entfernt zu sein.

Die Anonymen Spieler trafen sich jeden Montagabend um acht. Dann drückten sich ein paar Gestalten in das Dunkel des Windfangs des Eimsbütteler Gemeindehauses und taten bewusst unauffällig. Wir waren nur Männer. Der Chef der Gruppe, ein Bediensteter der Post, kam immer pünktlich, Schlag acht, und schloss die schwere Holztür auf. Wenn er das helle Neonlicht im Flur anknipste, zuckten wir alle zusammen und machten uns ganz klein.

Nach dem Begrüßungsritual wurde erst mal Kaffee gekocht. Wir setzten uns an den Tisch, und irgendeiner fing immer an, was zu erzählen. Diese Erzählungen begannen stets mit dem berühmten Satz, dass man Soundso heiße und Spieler sei, und wurden meistens mit der Bemerkung weitergeführt, dass es einem sehr schlecht ginge, weil man wieder gespielt habe. Jeder durfte reden, solange er meinte, reden zu müssen. Niemand durfte einen Redner unterbrechen, Zwischenrufe oder zotige Bemerkungen waren nicht erlaubt. Und so redeten die Männer, die sich vorgenommen hatten, nicht mehr zu spielen, von ihren Problemen. Das Grundprinzip der GAs, der Gambler Anonymous, ist, wie bei den Kollegen aus der hochprozentigen Abteilung, eine Politik der kleinen Schritte.

Die meisten in meiner Gruppe waren mehrfach abhängig. Sie soffen, sie spielten, einige hatten sogar schon mal gedrückt. Und alle rauchten wie die Wahnsinnigen, wenn sie laberten oder zuhören mussten, und mir ging das ganze Theater ziemlich schnell ungeheuer auf den Keks, denn was interessierten mich schon die gekürzte Sozialhilfe von Peter, dem pseudocleanen Junkie, oder die gesellschaftspolitischen Ansichten von Helmut, der Lehrer war und alle Schuld von sich wies …

Ich hielt mich zurück, erzählte nichts von mir, sondern zwang mich bloß, zuzuhören und keine verächtlichen Grimassen zu schneiden. Ich fühlte mich dieser Gruppe ja so furchtbar überlegen, diesen Männern, deren Probleme in meinen Augen so nichtig waren: Meine Arroganz ließ grüßen, ohne Zweifel, aber was mich dann immer wieder doch zum Gruppenabend trieb, war die Tatsache, einmal drei bis vier Stunden unkontrolliert aus dem Haus gehen zu können.

Merkwürdig: Je mehr die Anonymen Spieler über das Spielen redeten, desto geiler wurde ich bei dem Gedanken daran, einfach nach der Sitzung den Weg um ein paar Meter und Minuten zu verlängern und einzukehren in eine der zahllosen Hallen auf der Reeperbahn. Und wenn Sabine fragen würde, dann hätte ich eine prima Ausrede gehabt: »Die haben heute alle gequatscht, und außerdem hatten wir ein paar Neue dabei, Schatz.«

Am Ende einer jeden Sitzung erhoben wir uns alle wieder von den Stühlen, fassten uns an den Händen und sprachen die zwölf Schritte der Anonymen Spieler laut und deutlich und gemeinsam: »Wir gaben zu, dass wir dem Spielen gegenüber machtlos sind und unser Leben nicht mehr meistern konnten. Wir kamen zu dem Glauben, dass eine Macht, die größer als wir selbst ist, uns unsere geistige Gesundheit wiedergeben kann. Wir fassten den Entschluss, unseren Willen und unser

Leben der Sorge Gottes – so wie wir ihn verstanden – anzuvertrauen. Wir machten gründlich und furchtlos eine moralische und finanzielle Inventur in unserem Inneren. Wir gaben Gott, uns selbst und einem anderen Menschen gegenüber unverhüllt unsere Fehler zu. Wir waren innerlich bereit, all diese Charakterfehler von Gott beseitigen zu lassen. Demütig baten wir ihn, unsere Mängel von uns zu nehmen. Wir machten eine Liste aller Personen, denen wir Schaden zugefügt hatten, und wurden willig, ihn bei allen wieder gutzumachen. Wir machten bei diesen Menschen alles wieder gut – wo immer es möglich war –, es sei denn, wir hätten dadurch sie oder andere verletzt. Wir setzten die Inventur bei uns selbst fort, und wenn wir unrecht hatten, gaben wir es sofort zu. Wir suchten durch Gebet und Besinnung die bewusste Verbindung zu Gott – wie wir ihn verstanden – zu vertiefen. Wir baten ihn, nur seinen Willen erkennbar werden zu lassen und uns die Kraft zu geben, ihn auszuführen. Nachdem wir durch diese Schritte ein seelisches Erwachen erlebt hatten, versuchten wir, diese Botschaft an süchtige Spieler weiterzugeben und unser tägliches Leben nach diesen Grundsätzen auszurichten – Amen!«

Nein, das war nichts für mich, auch wenn ich den Gott so verstehen durfte, wie ich wollte. Und im Grunde war es blanke Blasphemie, dass ich die zwölf Schritte der Anonymen Spieler so locker über meine Lippen brachte. Ich war wohl wirklich noch nicht so weit. Noch nicht ganz.

Dies hat wohl auch der Therapeut der ambulanten Verhaltenstherapie im Universitätskrankenhaus Eppendorf ziemlich schnell gemerkt. Die Stunden, die ich in einem dieser Behandlungsräume in der sechsten Etage zubrachte, zogen sich wie Kaugummi. Hier machte ich wenigstens den Mund auf, und der Therapeut – ein durchaus sympathischer, schlaksiger Bursche mit sanften Augen, sanfter Stimme und ein wenig vertrottelt, mit zugewachsenem Gesicht, bekleidet mit immer demselben verblichenen, jetzt wohl hellblauen, schlabberigen Sweatshirt, einer hängenden Workerjeans und der Krönung: Birkenstock-Sandalen – hörte zu. Doch ich mochte ihn trotzdem nicht, denn bereits nach der dritten Sitzung sagte er: »Ich rate Ihnen zu einer Fortsetzung der Therapie mit ihrer Partnerin, denn dort liegt bei Ihnen der Hund begraben.«

Aber ich hatte doch überhaupt keine Lust, mit meiner Frau zusammen mir den Dreck von der Seele zu reden, sofern überhaupt irgendetwas schmutzig war: »Ich verstehe nicht, wieso meine Ehe und die Kinder vielleicht auch an meinem Problem schuld sind«, antwortete ich. »Ich habe schließlich auch schon zu einer Zeit gespielt, als ich frei und ungebunden war.«

»Vielleicht können Sie sich eben nicht entscheiden, was Sie lieber wollen: Freiheit oder Gebundenheit oder beides zusammen«, sagte er, »nur wird Letzteres sehr schwer miteinander zu vereinbaren sein.«

»Mit anderen Worten«, sagte ich, »Sie sagen: Trennen Sie sich von Ihrer Frau, und dann spielen Sie auch nicht mehr. War es so gemeint?«

»So«, sagte er mit seiner sanften Stimme, »wollte ich es aber nicht verstanden wissen.«

Ich kam mit der Situation überhaupt nicht zurecht. Ich kam mit dem Therapeuten und seiner Ikea-Naturholzregal-Mentalität nicht zurecht. Wahrscheinlich fuhr er im Hochsommer mit dem Mountainbike durch Nepal, wählte grün-alternativ und verschmutzte die Täler mit den Überresten isotonischer Kraftdrinks. Ich verstand ihn einfach nicht. Ich wollte mir nicht eingestehen müssen, dass ich wahrscheinlich unfähig war, mit meiner Frau zu kommunizieren, oder besser: mit ihr zu streiten, genauso wie ich mit anderen Menschen nur dann gut zurechtkam, wenn es eine ganz bestimmte Sache gab, über die man sich auseinandersetzen konnte – einen Nachrichtenbeitrag zum Beispiel oder der Stil, in dem eine Story geschrieben war –, oder wenn ich meine Auftritte hatte: Hoppla, hier kommt der Automaten-Mann, immer schön lustig sein, denn das ganze Leben ist ein Witz!

In diesen drei Monaten, bis mir der gütige Himmel erneut ein Traumangebot bescherte, lebte ich in Hamburg sozusagen undercover und gegen meinen Willen. Ich schlich unerkannt zu den Anonymen Spielern und hinterher heimlich und vorsichtig in eine Spielhalle, bei der ich sicher sein konnte, dass mich Sabine dort nicht aufstöbern würde. Mehr als einen Heiermann konnte ich wegen meines lächerlichen Taschengeldes nicht einsetzen, und so war ich gezwungen, wie weiland der ehemalige Mittelstandsunternehmer in Berlin, sogar dreißig Pfennige mitzunehmen. Und wenn ich was gewann, war ich wiederum gezwungen, die lumpigen dreißig oder vierzig Mark gut zu verstecken. Aber die Zockerei beruhigte mich, glättete die Wogen in meinem Inneren und war auch nicht besonders teuer. Ging ich zur Therapie ins Krankenhaus, achtete ich genauso darauf, dass mich niemand sah. Von unseren Freunden wussten nur drei auserwählte Pärchen von meiner Malaise.

Dann, eines Morgens im Sommer 1990, klingelte das Telefon. Mein alter Freund Bernd war dran. Das Magazin, bei dem er arbeitete, hatte einen neuen Chefredakteur, den ich kannte und der mich auch kannte. »Wir suchen Leute«, sagte Bernd, »wie ist es, hast du Lust?«

Die Frage war eigentlich überflüssig. Ich hatte mich bereits arbeitslos gemeldet, bereit, ab nächstem Monat den Höchstsatz zu beziehen.

Wir trafen uns bei einem der teuren Hamburger Italiener, der Chefredakteur und ich, und bevor ich aus der Tür gegangen war, hatte Sabine mich angestrahlt und mir viel Glück gewünscht. Das hatte ich, wie immer eigentlich, wenn es sich nicht um die Zockerei handelte: Bereits nach den Gnocchi in Gorgonzolasauce war klar, wer der neue Ressortleiter für die harten Reportagen werden würde, zu allen Konditionen, die ich gefordert hatte.

Ich brannte darauf, den ganzen Therapie- und Laberscheiß endlich aufgeben zu können. Wieder zum Menschen zu werden, mit Scheck- und Kreditkarte herumreisen zu können in der Welt, von der ich wusste: Da draußen gibt es keine Spielautomaten, so wie in Deutschland, da spielst du auch nicht!

»Na, wie ist es gelaufen?«, fragte Sabine, als ich pünktlich und ohne Umweg über eine Daddelhalle nach Hause kam.

»Prima«, grinste ich, »Ressortleitung und ein fünfstelliges Gehalt!«

»Bitte was?«

»Sagte ich doch. Ich bin der neue Ressortleiter und verdiene zehntausend Mark im Monat. Vierzehn Mal im Jahr. Das ist doch was, oder?«

Meine Frau fiel mir um den Hals. Ich fiel ihr um den Hals. Und dann heulten wir beide.

»Ich glaube, ich habe diesen ganzen Mist jetzt nicht mehr nötig«, sprudelte ich heraus, »die Therapie, die Anonymen Spieler, diese Taschengeldzuteilungen durch meinen Vater oder durch dich. Ich hab genug von der verdammten Zockerei. Lass uns neu anfangen.«

In diesem Augenblick waren meine Worte nicht gelogen. Ich bin sogar sicher, es waren die ersten nicht gelogenen Worte seit langer, langer Zeit gewesen.

»Du darfst dir nicht zu sicher sein, Schatz«, sagte meine Frau, »du hast doch immer wieder angefangen und immer wieder versprochen, nicht mehr spielen zu gehen. Und wann, bitte schön, hast du es wirklich durchgehalten?«

»Seit einem halben Jahr!«, rief ich.

Das war allerdings gelogen. Wenn auch nur ein bisschen.

»Du hast dich in diesem halben Jahr verändert«, redete meine Frau auf mich ein, »glaub mir. Oder merkst du gar nicht, dass du viel ruhiger geworden bist?«

Natürlich hatte ich es gemerkt. Aber ich spürte, wie sehr ich mich an manchen Tagen zusammenreißen musste, und noch viel mehr, dass die Nerven nicht mehr so mitmachten wie früher: Entweder war die Zahl der Idioten auf den Straßen sprunghaft angestiegen, oder es lag an meiner neu erworbenen Eigenschaft, so gut wie nichts mehr gelassen zu sehen. Sollte dies wirklich nur an der Spielerei gelegen haben, dann war es wohl dringend an der Zeit, etwas mehr als bisher dagegen zu tun, dachte ich im Stillen. Nur was?

Eine Gesprächstherapie war mit der Arbeit in der neuen Redaktion nicht vereinbar. Es gab viel zu tun; das Blatt war etwas heruntergewirtschaftet worden, eine große Menge an kreativem Potenzial lag brach, und der neue Chefredakteur entpuppte sich zu allem Überfluss als eine Art Hans-spring-ins-Feld, der sich überall einmischte, wunderbar parlieren konnte – vor allem über Amerika, wo alles bekanntlich schöner, größer, bunter und schneller ist –, aber er brachte keine Ruhe in die kleine Redaktion, die aus den unterschiedlichsten Typen zusammengewürfelt war.

Ich hatte anfangs einen ziemlich schweren Stand und nur in meinem Vorgesetzten und Freund Bernd einen Verbündeten. Das lag zum einen daran, dass die meisten meiner neuen Kollegen einem Fernsehmann keinen klaren Satz zutrauten –

ich sollte sie ja redigieren! –, und zum anderen, weil wir im Herbst unerwartet umgezogen waren.

Sabine war eines schönen Abends mit einer Überraschung nach Hause gekommen. Sie habe es schon lange sattgehabt, mit zwei Kindern auf St. Pauli zu leben, inmitten von Dreck, Nutten und Gestank. Auch das bunte, alternative Treiben der Punks und Autonomen aus der Hafenstraße, das inzwischen zur Sauf- und Gammelshow, garniert mit einer Prise steter Gewalt, verkommen war, war ihr zusehends auf die Nerven gegangen.

Für mich kam die Nachricht zwar nicht überraschend, aber ich wäre doch ganz gern gefragt worden, ob ich denn mit einem Reihenhaus im Grünen vor den Toren Hamburgs auch tatsächlich einverstanden war. Dadurch verlängerte sich mein Weg zur Arbeit nun auf satte eineinhalb Stunden mit Bus und Bahn, denn zwei Autos konnten wir uns nun wirklich nicht leisten, trotz des prima Gehalts. Und genau das konnten sich einige meiner Kollegen nun überhaupt nicht vorstellen: dass einer bei einem engagierten Zeitgeistmagazin arbeitet, der zum einen Kinder hat – grässlich! –, gemusterte Jacketts trägt statt Schwarz – furchtbar! –, in einem Reihenhaus wohnt – spießig! – und darüber hinaus mit dem Proletenbagger zur Arbeit fährt, und das nicht mal ohne Fahrschein …

So blöd es auch klingen mag: Diese mir offen entgegengebrachten Ressentiments machten mich bisweilen ganz schön fertig. Manchmal ärgerte ich mich über meine Frau, dass sie sich hatte durchsetzen können, anstatt noch ein Vierteljahr auf eine schicke Altbauwohnung irgendwo in Hamburg zu warten, möglichst in einem der angesagteren Stadtteile: Eppendorf zum Beispiel, Eimsbüttel oder Uhlenhorst, auch wenn die Miete dort ziemlich hoch war. Ich fühlte mich übergangen, aber ich sprach es nicht aus.

»Du gibst in letzter Zeit ganz schön viel Geld aus«, sagte meine Frau kurz vor Weihnachten, »und außerdem kommst du immer später nach Hause. Du sagst mir doch, wenn es dich juckt, oder?«

Es stimmte. Wir hatten abgemacht, dass ich sie anrufen sollte, wenn ich merkte, dass mein Jipper wieder die Oberhand über meine Disziplin bekam. Aber ich hatte mich nie daran gehalten, denn ich konnte mir einfach nicht vorstellen, aus einer Telefonzelle am Hauptbahnhof anzurufen und zu sagen: »Du Schatz, ich habe jetzt unglaublich Bock darauf, zocken zu gehen. Holst du mich deshalb vielleicht ab?«

Stattdessen hatte ich dem Jipper nachgegeben. Nicht immer, aber immer öfter. Und wieder waren es fünfzig, dann einhundert, dann zweihundert Mark, die ich an vier, fünf oder sechs Spielautomaten gleichzeitig verzockte. Denn ich hatte sie ja wieder, meine beiden kleinen Lebenselixiere aus Kunststoff, die Scheck- und die Kreditkarte. Die kurze Pechsträhne Ende November, als tausend Mark den Bach hinuntergegangen waren, hatte ich mit dem Weihnachtsgeld locker kaschieren können.

»Ja, wir gehen vielleicht ein bisschen häufig mittagessen!«, sagte ich. Etwas Besseres fiel mir nicht ein.

»Für über eintausend Mark im Monat mittagessen?« Sie sah mich ungläubig und vorwurfsvoll an.

»Was glaubst du eigentlich?«, schrie ich plötzlich los. »Glaubst du, dass ich zocken gehe?«

»Jetzt hast du deine Tochter aufgeweckt«, sagte meine Frau ganz ruhig, »schrei doch noch ein bisschen lauter, dann schaffst du es auch mit dem Kleinen.«

»Ich schreie, so viel ich will!«

»Ich hasse deine Brüllerei.«

»Du bist ja hysterisch.«

»Du auch.«

Aber da war ich bereits auf dem Weg nach draußen. Raus, raus, an die frische Luft. Eingangstür knallen lassen. Hinein in den Wagen. Anlassen, Rückwärtsgang rein und ab in die Stadt. Wenn ich die Kohle nach Hause bringe, dachte ich, kann ich sie ja wohl auch ausgeben, wie ich will! Es war mir plötzlich völlig wurscht, ob es das Vorausgegangene, die Spielerei, gegeben hatte oder nicht. Ob mir mein Alter ein paarmal aus der Scheiße geholfen hatte oder nicht. Ob ich einen geschenkten Wagen fuhr oder nicht: Ich hasste einfach nur dieses unterschwellige Misstrauen, die im Grunde unvergebene Schuld, die Enge meiner kleinen, deutschen Reihenhausfamilienseligkeit. Doch noch mehr hasste ich mich selbst in jener Nacht, kurz vor dem Heiligen Abend des Jahres 1990, als ich um achttausend Mark ärmer aus dem Interconti nach Hause fuhr; aber um die Erfahrung reicher, wie es ist, einen Hunderter-Jeton am Hausfrauentisch – der Tisch, auf dem der Mindesteinsatz nur fünf Mark beträgt – unter dem Aufjaulen der aufgebretzelten Horde zu verlieren. Zwanzig Euroschecks waren weg. Ich brauchte mal wieder dringend Geld.

12. KAPITEL

Im Mahlstrom

Erst kam der Dispo dran. Bis zum Anschlag und darüber hinaus. Dann zog ich die bewährte Kreditkartennummer ab. Dann kamen die Sparbriefe der Kinder dran. Dann die erste Lebensversicherung, gefolgt von der zweiten. Dann wechselte ich die Bank, zum wie vielten Male eigentlich? – und fand mit der Deutschen Bank ein Geldinstitut, das mir ruck, zuck mit schlappen sechzigtausend Mark die alten Kredite ablöste. Und Sabine, so schien es, hatte sich mit der Situation abgefunden: Ihr Mann war ein Spieler. Punktum. Sie unterschrieb den Darlehensvertrag, der mein Nettoeinkommen um tausendzweihundert Mark monatlich schmälerte. Im Grunde standen wir nackt im Wind, und jede mickerige Autoreparatur hätte für uns einen gewaltigen Schlag ins Kontor bedeutet. Aber Sabine bestand auf einem Familienurlaub – den wir seit Jahren nicht mehr gemacht hatten –, und ich eiste bei der Bank noch einmal zehntausend Mark Dispo heraus; für vier Wochen Fuerteventura.

Deshalb musste ich nach dem Urlaub ordentlich ranklotzen. Denn eines ließ ich mir nicht nehmen, trotz der ganzen Spielerei: Wenigstens die Familie sollte finanziell nicht darunter leiden. Ich durfte meinen Job nicht verlieren, ich musste immer hundertfünfzig Prozent bringen und dazu nebenher auch noch frei und heimlich schreiben, Industriefilme vertonen, und manchmal, wenn ich Glück hatte, stöhnte ich amerikanische Orgasmen ins Deutsche. Pro Fünf-Minuten-Take gab es im Pornostudio einhundertachtzig Mark, bar auf die Hand.

Ich hatte eine Fünfunddreißig-Stunden-Woche. Sie begann Montagmorgen um sieben und endete irgendwann Mittwoch mittags. Dann fing bereits die nächste an, und was dabei immer mehr in die Grütze ging, war meine Ehe. O ja, wir beide spürten ganz deutlich, dass wir nur noch über die Kinder miteinander verbunden waren und vielleicht auch noch ein wenig wegen der Familie, aber beide waren wir nicht mehr die Tankstelle für die Seele: Das war jetzt wirklich nur noch der schnelle Zock in der Mittagspause, der Hunderter im neuen Automatenkasino an der Reeperbahn auf dem Heimweg abends und immer häufiger auch das kleine Spielchen am Morgen; nur weil die Bushaltestelle ausgerechnet vor einer Daddelhalle platziert war.

Seltsam: In diesen letzten Tagen, Wochen und Monaten, in denen mir noch das Glücksspiel vergönnt sein sollte, sah ich das Ende doch ganz genau vor mir. Wie ein Schwimmer, der in den Mahlstrom gerät und schwimmt und schwimmt und dennoch weiß, dass er irgendwann in der Mitte des Strudels anlangen und in die Tiefe gerissen wird. Nur dass der Schwimmer in seiner ausweglosen Situation sich wenigstens zu retten versucht, während sich ein Automaten-Mann bewusst und in voller Absicht in das tosende Gegurgel stürzt, damit es endlich vorbei ist, vorbei, vorbei, vorbei. Und ich wusste, bald würde es wirklich vorbei sein.

An manchen Tagen war ich abends so pleite, dass ich nicht mal mehr die Fahrkarte nach Hause bezahlen konnte, geschweige denn ein Päckchen Zigaretten. Ich brauchte jetzt am Tag derer drei, möglichst ohne Filter, und kaufte deshalb immer am Monatsersten, wenn die Kreditkartenrechnung durch war, mit dem Plastik an der Tankstelle sechs Stangen. In der

Redaktion fiel meine Schnorrerei schon langsam auf. Ich hätte auch mal wieder neue Klamotten gebrauchen können, vor allem Schuhe. Aber das Geld gab ich der Familie. Da war ich eisern. Und ich veränderte mich langsam, aber sicher vom Bally- in den Turnschuhträger zurück. Passte ja auch besser in die Zeitgeistredaktion.

Aber dann waren irgendwann auch mal die Zigaretten alle, und ich wollte das Risiko einer vom Tankstellenbesitzer eingezogenen Kreditkarte nicht eingehen. Wenn mir mal zwei Mark zur Schachtel fehlten, schlauchte ich die eben mal in zehn Minuten am Busbahnhof zusammen. Oder am U-Bahnhof: »Entschuldigen Sie, ich habe überhaupt kein Kleingeld zum Telefonieren, und meine Telefonkarte ist scheinbar defekt, und am Kiosk wechselt man mir den Hunderter nicht!« Konnten meine Augen lügen? Die Menschen gaben gern dreißig Pfennig. Oder eine Mark.

Beim ersten Mal kostete mich die Bettelei eine ungeheure Überwindung. Beim zweiten Mal nicht mehr. Der Mensch gewöhnt sich, wie es scheint, an alles, und das auch noch schnell. Ich gewöhnte mich auch daran, mittags nicht mehr mit den Kollegen essen zu gehen. Irgendeine Ausrede hatte man immer, um den einzigen Zwanzigmarkschein, den man noch in seinem Portemonnaie stecken hatte, für die abendliche Automatentour aufzuheben. Aber dann kam ich doch einmal nicht aus der Nummer raus, wurde mitgeschleift und landete mit der Horde in einem sündhaft teuren Edelimbiss; natürlich ein Italiener!

Und als ich am Tresen meinen kleinen Vorspeisenteller bezahlen wollte, lag sie plötzlich vor mir: schwarz, breit, dick, fett und kaum abgegriffen. Eine Brieftasche. Die Entscheidung musste ich sehr schnell treffen, aber wahrscheinlich hatte ich sie schon in dem Augenblick getroffen, als ich sie dort liegen gesehen hatte, herren- oder damenlos, wer wusste das schon.

Der dreißigjährige Überflieger, der als Kind einmal heulend zwei Stunden neben einem Auto gestanden hatte, weil er mit seinem Fahrradlenker den Außenspiegel der Karre rasiert hatte, der Dreißigjährige, der seine Reisevorschüsse immer korrekt abgerechnet hatte – der nur seine Familie beklaut hatte –, griff zu. Niemand hatte was mitbekommen.

In Sekundenschnelle stand mir der Schweiß auf der Stirn. Zum einen, weil ich unglaubliche Angst hatte, vor meinen Kollegen in eine hochnotpeinliche Situation zu kommen; zum anderen, weil ich bewusst noch nie gestohlen hatte. Zudem sah die Brieftasche teuer aus, und die Beute könnte dementsprechend ausfallen.

Niemand brüllte hinter mir her, als ich den Laden verließ. Niemand schrie nach der Polizei. Aber ich rannte plötzlich voraus, nein, ich ging, aber wie ein Geher bei Olympia, und rief meinen Kollegen noch zu:

»O Scheiße, ich muss dringend Otmar in Dublin anrufen!«, unseren Reporter, der gerade an einer Geschichte mit IRA-Terroristen arbeitete. Für so etwas hatte jeder Verständnis, und jetzt konnte ich sogar rennen.

Ein paar Minuten später, als ich zitternd auf der Redaktionstoilette saß, breitete ich das komplette Leben einer Frau vor mir aus. In dieser Brieftasche war alles, was sich ein Taschendieb erhofft: Führerschein, Scheckkarte, ein Brillenpass, zwei Kreditkarten, Essensgutscheine, Personalausweis, ein Foto des Geliebten und vier nagelneue Hundertmarkscheine.

Ich kämpfte mit mir selbst und hatte im Grunde den Kampf schon verloren. Ich behielt die vierhundert Mark. Sie wanderten in mein Portemonnaie. So viel Geld hatte ich seit Wochen nicht auf einem Haufen gesehen. Andererseits wusste ich natürlich auch, was es für einen Menschen bedeuten musste, schnöde bestohlen zu werden und dabei außer des Geldes all seine Papiere zu verlieren: Rennereien, Scherereien, viel Ärger eben. Am Abend, kurz bevor ich die Redaktion verließ, rief ich deshalb meine Frau an: »Schatz, es wird noch etwas später, ich habe einen Termin!«

»Ja, ja«, sagte sie mit resignierender Stimme, »geh man zu deinem Termin.«

Aber stattdessen ging ich vor meinem beabsichtigten Spielhallenbesuch zur Polizei und gab die Brieftasche ab. Die Kreditkarte hatte ich herausgenommen und in vier Teile geknickt, den restlichen Inhalt ein bisschen durchgeknautscht, und dann hatte ich das teure Stück auch noch ein paarmal durch den Dreck auf dem Fußboden der S-Bahn gezogen. So, dachte ich, würde meine Geschichte vom zufälligen Fund einer Brieftasche auf dem Bahnsteig Hand und Fuß bekommen.

Die Beamten auf der Wache nahmen die Fundsache routiniert auf; sie fragten nicht mal danach, ob in der Brieftasche Geld gewesen war, und ich konnte beruhigt zocken gehen. Beruhigt? Mir machte die Daddelei mit der geklauten Kohle überhaupt keinen Spaß. Sie brachte mir nichts. Gar nichts, weder emotional, noch finanziell. Die vierhundert Mark rauschten durch die Münzschlitze von ein paar Automaten, ich war nicht richtig bei der Sache, und zwar, weil mich mein Gewissen drückte. Ich war ein gottverfluchtes Schwein. Ganz tief unten im Dreck. Sie würden mir wahrscheinlich zwanzig Jahre auf dem elektrischen Stuhl geben. Und ich beschloss, mein unbekanntes Opfer anzurufen und ihr zu erzählen, dass ich die Brieftasche gefunden und sie bei der Polizei in Hamburg Wandsbek abgegeben hatte.

Schon nach dem zweiten Klingeln meldete sich die Stimme einer jungen Frau. »Hallo?«

Ich erzählte ihr die Geschichte, wie ich sie mir zurechtgelegt hatte, und dachte, ich würde ihr damit einen Gefallen tun. Aber am anderen Ende der Leitung blieb es kühl, und als sie dann sagte: »Ja, die haben sie heute Mittag vor meinen Augen in dem italienischen Imbiss am Mühlenkampp gestohlen!«, wäre mir der Hörer fast aus der Hand gefallen. Was meinte sie mit »sie«? Meinte sie mich. Oder irgendwelche sie, die sie beklaut hatten? In meinem Gesicht stand wieder einmal das große P – P wie Panik. »Na ja, vielen Dank«, sagte die Stimme und legte auf.

In dieser Nacht schlief ich so gut wie überhaupt nicht, sondern wälzte mich von der einen auf die andere Seite. In kaltem Schweiß gebadet, ruhelos, voller Zweifel und miserabelster Gedanken und Gefühle, kamen dann gegen zwei Uhr morgens die ersten Gefühlswallungen in Richtung Hast-du-das-alles-eigentlich-nötig? auf, und ich spürte, dass ich auf einmal wohl doch nicht mehr wollte. Spielen wollte. Weil es mich kaputtmachte. Weil es mich regelrecht zerstörte und ein paar Menschen, die mir lieb und teuer waren – trotz allem –, gleich mit. Und plötzlich wünschte ich mir, ich könnte das Rad noch einmal zurückdrehen, als hätte es die ganze Spielerei niemals gegeben. Große Worte, gelassen ausgesprochen. Aber ich fühlte: Bald würde es so weit sein. Bald würde es die Spielerei nicht mehr geben. Ich arbeitete ja offensichtlich kräftig daran, ein Schwein zu sein, aber dabei wollte ich überhaupt keines sein. Nicht mehr.

Das, was ich eigentlich hatte kommen sehen, trat in der ersten Juliwoche des Jahres 1990 ein, vier Tage nach meinem Hungergriff. Es war ein brüllend heißer Montag, es herrschte Gebrüll in unserem Haus, weil mein Sohn seine Turnschuhe nicht fand, meine Tochter ihre Haarspange zerbrochen hatte, mir der Kaffee zu dünn geraten war, meiner Frau die Brüllerei zuwider war und wir alle wieder einmal viel zu spät dran waren. Und mitten in diesen »harmonischen« Morgen einer ganz normalen deutschen Durchschnittsfamilie rasselte zu allem Überfluss auch noch das Telefon.

Der übliche Wettlauf der Kinder um den ersten Platz am Hörer hatte unüblicherweise ohne ernsthafte Verletzungen einer der Rennteilnehmer geendet. Mein Sohn hatte gewonnen.

»Papa, ist für dich!«

Meine Frau und ich sahen uns fragend an.

Ich nahm den Hörer ans Ohr.

»Ja bitte?«

Die Stimme kannte ich. Sie gehörte meinem Kundenberater, der sogleich zur Sache kam:

»Sie stehen bei uns mit über achtundzwanzigtausend Mark im Minus.« Stille. »Haben Sie mich verstanden?«

»Ja«, sagte ich, »aber was wollen Sie mir damit sagen?«

»Ja hören Sie mal: Sie liegen achtzehntausend Mark über dem vereinbarten Dispositionskredit, und wir haben Ihr Gehalt bereits verbucht.«

»Genau«, sagte ich, »und übermorgen bekommen Sie noch eine Kreditkartenrechnung über, ja ich glaube, viertausendfünfhundert und ein paar Zerquetschte.«

Wieder Stille. Diesmal am anderen Ende. Dann sagte mein Kundenverarscher nur: »Aber das geht nicht.«

»Wieso soll das nicht gehen? Sie kriegen von meiner Firma regelmäßig und pünktlich das Gehalt überwiesen. Ich habe halt eine Flaute.«

»Also so einfach dürfen Sie sich das auch nicht machen.«

»Warum nicht?«, fragte ich. »Ihr Unternehmen verdient doch gut an mir.«

»Jetzt werden Sie aber mal nicht komisch«, sagte mein Kundenverarscher. »Ich will Ihnen mal was sagen: Heute noch geht ein Brief an Sie raus, in dem wir Sie auffordern werden, binnen sieben Tagen – von morgen an gerechnet – für den Ausgleich Ihres Kontos zu sorgen.«

»Sie wollen mich also unter Druck setzen?«, fragte ich zurück. »Wie ist es: Benutzen Ihre Inkassofirmen auch Baseballschläger? Ich denke, Sie sind doch eine Bank mit Weltruf. Wie wollen Sie, bitte schön, einem nackten Mann in die Tasche greifen?« Ich hatte im wahrsten Sinne des Wortes nichts mehr zu verlieren.

»Also dann kommen Sie bitte heute Nachmittag bei uns vorbei. Fünfzehn Uhr. Passt Ihnen das?«

»Ja, ja«, sagte ich und legte auf.

»Wer war das, um Gottes willen?«, fragte Sabine, die bleich geworden war.

»Ach, nichts Besonderes«, flötete ich. In der Stunde des herannahenden Todes pfiffen ganz besonders tapfere Soldaten doch immer noch schnell ein Liedchen.

»Die Bank?«, fragte Sabine ein zweites Mal.

»Die Bank«, sagte ich dann doch, »sie wollen innerhalb einer Woche nur lächerliche achtzehntausend Mark von mir.« Der Gesichtsausdruck meiner Frau verriet eine Menge Nichtwissen ihrerseits. »Also gut«, sagte ich, »lass uns jetzt die Kinder in den Kindergarten wegbringen, lass uns dann Bernd anrufen, und lass uns zusammenhocken.«

»Ich verstehe das alles mal wieder nicht«, schimpfte sie, »kannst du bitte mit offenen Karten spielen?«

»Ich spiele nicht mehr!«, sagte ich feierlich. »Ab jetzt nie mehr. Es ist aus. Es ist vorbei.«

»Wir sind nicht im Theater«, ermahnte mich meine Frau, »lass das Getue, Othello.«

Auf der Fahrt in den Kindergarten redeten wir nur das Allernötigste miteinander. Vorher hatte ich Bernd zum Glück noch erreicht, und wir hatten uns zum Frühstück verabredet, ins Semper, einer Kneipe in Hamburg Winterhude. »Sie weiß es noch nicht, Bernd«, sagte ich zur Begrüßung. Bernd erschrak offensichtlich. »Und außerdem hat mich heute Morgen meine Bank angerufen. Sie wollen achtzehntausend von mir.« Eine Kellnerin brachte drei Becher Kaffee. »Ich bin fertig, Sabine, weißt du, fertig«, sagte ich zu meiner Frau.

»Jetzt will ich endlich mal wissen, was los ist«, sagte Sabine energisch.

Die Geschichte war schnell erzählt. Man war nicht mehr zufrieden mit mir. Ich machte anscheinend zu wenig Tempo im Blatt. Durch eine der vielen Indiskretionen hatte ich sogar herausbekommen, dass sie bereits meinen Nachfolger aus München geholt hatten.

»Was ist bloß los mit dir?«, hatte mich der Chefredakteur gefragt. »Wo ist denn deine Power geblieben? Da läuft nichts mehr in deinem Ressort.«

Ich hätte ihm diese Frage sehr leicht beantworten können. Zum Beispiel indem ich ihm erzählt hätte:

»Meine Power? Nun ja, ich glaube, die steckt zum einen Teil in Spielautomaten und zum anderen Teil in der Nachtarbeit, um Geld für die Spielautomaten anzuschaffen.«

Stattdessen hatte ich ihm irgendetwas über meine Ehe erzählt: dass wir Probleme gehabt hätten und so weiter und so fort. Das übliche Gedöns, aber wirksam, denn dagegen kann nun wirklich niemand etwas einwenden. Außerdem stimmte das ja auch und, um es kurz zu machen: Ich hatte noch einmal eine Gnadenfrist bekommen. Einen Monat. Aber was so ein Angebot im Haifischteich bedeutet, wusste ich nur zu gut.

Es war nichts anderes als der erste Schritt zur Trennung im gegenseitigen Einvernehmen.

Sabine reagierte erstaunlich locker.

»Das war sowieso von Anfang an ein Schuss in den Ofen. Du bei diesem Blatt: Das konnte ja nicht gut gehen!«

»Ich glaube auch«, schaltete sich Bernd ein, »du ziehst sechzig- vielleicht achtzigtausend Mark Abfindung durch, bist erst mal raus aus dem Schneider, und gehst dann in eine Therapie. Das erscheint mir jetzt wichtiger zu sein.«

Sabine stand plötzlich auf. »Ich rufe jetzt deinen Vater an«, sagte sie. Das war das Signal zu meiner endgültigen Kapitulation. An jenem Montagmorgen bin ich zum ersten Mal in meinem Leben von einem Stuhl gekippt. Und hoffentlich auch zum letzten Mal.

Die Situation im Konferenzzimmer meiner Bankfiliale war beschämend, erbärmlich, ärgerlich. Ich saß auf einem dieser dämlichen Mies-van-der-Rohe-Freischwingern, auf denen man mit dem Hosenbund ständig an der Lehne festhakt, an der Kopfseite des schwarz gebeizten Tisches mit Chrombeinen und konnte nur zuhören, wie mein Vater und der Filialleiter mich scheibchenweise enteierten. Die beiden Männer verstanden ihre Sache gut. Beide waren lebenserfahren genug, um zu bewerten, was da geschehen war, und sie gaben sich alle Mühe, die besten der möglichen Präventivmaßnahmen zu ergreifen. Papi glich den Dispo aus, ließ das Darlehen jedoch stehen. »Er soll schon etwas davon merken«, sagte er. Und damit wurde für mich unmissverständlich klar, dass ich, der sich im Unterbewusstsein wahrscheinlich doch immer auf die Hausbank verlassen hatte, an diesem Punkt das Ende der Fahnenstange erreicht hatte.

Als wir die Bank verließen, war ich nicht nur nackt, sondern zusätzlich skalpiert. Brauchte ich in Zukunft auch nur eine Mark, musste ich mich an meine Frau wenden oder an meinen Vater und außerdem Buch führen über jeden Groschen, den ich ausgeben wollte.

Doch im Grunde war mir dies – und ist es mir auch noch heute – egal: Ich meine, wahrscheinlich muss man erst richtig auf die Schnauze fallen, um sich selbst gegenüber ehrlich sein zu können.

Jetzt, nach knapp fünfzehn Jahren, war mir die Lust aufs Spielen zum ersten Mal wirklich und gründlich vergangen. Und jetzt wollte ich herausfinden, warum.

13. KAPITEL

Jedes Ende ist vorläufig

Sie sagten dem Automaten-Mann, er müsse die kommenden zwanzig Minuten still liegen und flach atmen. Dann gingen die beiden weiß bekittelten, jungen Frauen aus dem weiß gekachelten und gestrichenen Raum und ließen ihn auf der brettharten Liege zurück. Der Automaten-Mann lag auf dem Rücken und starrte ins Weiß. Dann begann sich die Liege langsam unter leichtem Rucken zu bewegen, und sein Kopf verschwand zentimeterweise in einer Art Tunnel.

Ein paar Tage zuvor hatte ihm ein Neurologe per Reflexionshämmerchen bescheinigt, dass er eigentlich normal sei, aber er wolle doch lieber eine zweite Untersuchung abwarten: »Vielleicht liegt es bei Ihnen ja an den Frontallappen«, sagte er, »das Problem haben Alkoholiker öfter, verstehen Sie? Dann können wir Ihren Kontrollverlust vielleicht sogar medikamentös wegkriegen.«

Der Neurologe verschrieb dem Automaten-Mann für die Überbrückungsphase ein paar leichte Psychopharmaka: »Die machen nicht mal müde«, sagte er fröhlich.

Dafür kotzte der Automaten-Mann die nächsten drei Tage morgens wie eine schwangere Frau im zweiten Monat und lief den ganzen Tag mit latenter Übelkeit durch die Gegend. Aber er wollte es ja schaffen und schluckte weiterhin tapfer das Zeug.

Zwanzig Minuten brauchte der Kernspintomograf, bis er das Gehirn des Automaten-Mannes in Scheibchen geschnitten hatte. Auf der bretterharten Liege flach atmen zu müssen wurde ihm schon nach wenigen Augenblicken zu blöde, und er beschloss einzuschlafen. Das sanfte Ruckeln des beweglichen Bettes und die Aussicht auf Metall in dreißig Zentimeter Höhe über seiner Nase, das leise Summen und Klacken und das Gefühl, mit schwachen Röntgenstrahlen beschossen zu werden, ließen ihn fast augenblicklich wegnicken, und er war fast ein bisschen grantig, als ihn eine der beiden weiß bekittelten Röntgenassistentinnen aus einem wunderbaren Traum wach schüttelte. Immerhin: Er hatte sich kaum bewegt, und deshalb konnte der Röntgenfacharzt die mit an Sicherheit grenzende wahrscheinliche Diagnose stellen, dass mit dem Kopf, mit dem, was im Kopf schwamm, alles in Ordnung war. »Können Sie mir mal sagen, warum der Kollege Sie hierhergeschickt hat?« Der Automaten-Mann sagte es ihm, und der Röntgenfacharzt nickte verständnisvoll. »Das ist was anderes! Aber physisch sieht das alles ganz prima aus.«

Am liebsten hätte sich der Automaten-Mann, nachdem ein solcher Schaden seines Denkapparates ausgeschlossen werden konnte, jedoch für ein paar Wochen ausgeklinkt, und er engagierte sich sehr, um einen Platz in einer der deutschen Suchtkliniken zu finden, die auch Spieler behandelten.

»Du willst weg?«, fragte Sabine beim Abendbrot. »Und dein Job?«

»Is' mir wurscht«, sagte der Automaten-Mann, der schon seit Tagen an nichts anderes mehr denken konnte als ans Aufhören, ans Nicht-Spielen, an Den-ganzen-Dreck-hinter-sich-lassen-und-zwar-schnell. »Ich muss hier raus, raus, verstehst du, ich muss weg. Dahin, wo es keine Automaten gibt.«

Damals, als er allein gelebt hatte, in Luxemburg und in Amerika: Als es auch schon mal Momente gegeben hatte, in denen die Langeweile stärker war als die Kraft der Ideen, da war er ja auch nicht spielen gegangen. Zum einen hatte es keine Spielautomaten gegeben, zum anderen hatte er überhaupt keine Lust gehabt, sich vor seine Freundesfeinde zu setzen.

»Ich sage dir«, meinte der Automaten-Mann, »in dem Augenblick, wo es die Dinger nicht mehr gäbe, wäre die Spielerei kein Problem für mich. Ganz sicher.«

»Du machst dir was vor«, entgegnete Sabine.

»Nein«, sagte ich, der Automaten-Mann, »ich mache mir nichts vor!« Und er erzählte seiner Frau von Luxemburg und Amerika, und am Ende musste seine Frau nicken.

»Und in welche Klinik willst du gehen?«

Auch das wusste der Automaten-Mann in diesem Augenblick schon ganz genau: Es war eine Privatklinik in Garmisch-Partenkirchen. Er hatte sich einen Prospekt schicken lassen und schon mehrere Male mit der Klinik- und Pflegeleitung telefoniert. Er hatte sich zum ersten Mal richtig gegen seine Spielerei gewandt, die an ihm selbst und seinem Konto nagte. »Sie isolieren dich vier Wochen lang. Keine Briefe, keine Telefongespräche nach Hause. Kein Fernsehen und nur Bücher, die vorher mit den Therapeuten abgestimmt werden müssen. Da gibt es jeden Tag psychologische Betreuung, auch am Wochenende. Und nach vier Wochen darfst du zum ersten Mal auch ohne Begleitung raus.«

»Du bist ja ganz begeistert von der Idee, uns für drei Monate zu verlassen«, sagte seine Frau.

»Schatz, ich will doch endlich, verdammt noch mal, aufhören!«

»Bist du dir sicher?«

Der Automaten-Mann horchte für einen Augenblick in sich hinein. Hatte er gelogen? Geschwindelt? Nicht alles herausgelassen? War er wirklich von dem überzeugt, was er sagte? Seine Freunde, denen er in den vergangenen Tagen reihum gebeichtet hatte, was mit ihm los war, hatten auf diese Offenbarung positiv, ja, beinahe erleichtert reagiert: »Wenn ich dir helfen kann, dann sag es mir.« Das war der Tenor der Reaktionen gewesen, und er war dankbar dafür. Nur Geld, das sollten und das durften sie ihm jetzt auf seinen eigenen Wunsch hin nicht mehr leihen.

»Ja, ich bin mir sicher«, sagte er und betrachtete noch einmal den Katalog der Sierra-Klinik, die so verflucht teuer war, aber schön gelegen, und eher wie ein Luxushotel aussah: ein großes Bauernhaus im bayerischen Stil, mit viel Fachwerk und mit Balkonen, auf deren Geländern die Blumenkästen mit leuchtend roten Geranien bepflanzt waren.

»Was kostet das denn?«, fragte Sabine.

»Über zweitausendfünfhundert Mark in der Woche«, sagte der Automaten-Mann. »Und das Schlimme ist: Die Kasse zahlt keinen einzigen Pfennig dazu.«

»Wieso nicht?«

»Es ist keine staatliche, sondern eine private Suchtklinik. Eigentlich ist es ja eine Klinik für psychosomatische Erkrankungen.«

»Und warum willst du dann nicht in eine staatliche Klinik?«

Sollte er wirklich von den Gesprächen erzählen, die er am Telefon mit den Oberärzten zweier staatlicher Klapsmühlen – so nannte er die Einrichtungen für sich selbst – geführt hatte?

»Wie sieht denn bei Ihnen die Betreuung aus, die psychologische?«, hatte der Automaten-Mann gefragt.

Und der Arzt aus dem Therapiezentrum Münzesheim hatte ihm erzählt, wie die psychologische Behandlung aussehen würde: »Sie arbeiten erst mal einen Monat im Garten, Sie arbeiten dann einen Monat im Haus und einen Monat in der Küche.«

»Prima«, hatte er gelacht, »ich koche gern!«

Aber der Arzt hatte ungerührt weitererzählt und ihm beschieden, dass es sich um Putzdienste handeln würde, und für den letzten Monat sei, der Kostendämpfung wegen, die Arbeit in der Schreinerei vorgesehen, in der Produktion. »Wir machen hier eine Arbeitstherapie«, hatte der Arzt gesagt, »denn die meisten Süchtigen haben den rechten Lebenswandel verlernt.«

»Aber ich habe, entschuldigen Sie bitte, außer Spielen und Arbeiten in den vergangenen Jahren eigentlich nichts gemacht!«, hatte er vorsichtig eingeworfen.

»Das sagen Sie!«

»Wie soll ich denn spielen, wenn ich kein Geld habe? Und das kriege ich ja eben nur durch Arbeit, oder?«

»Also auf jeden Fall haben wir einmal in der Woche Gruppentherapie, von fünf bis sieben Uhr, immer mittwochs, am Nachmittag.«

Der Automaten-Mann hatte daraufhin dankend abgelehnt.

In der Klinik Bad Herrenalb wurde ihm dafür eine Wartezeit von rund sechs bis acht Monaten in Aussicht gestellt. »Ist denn die Kostenübernahme geklärt?«, hatte ihn der Klinikleiter gefragt.

»Noch nicht«, hatte der Automaten-Mann wahrheitsgemäß geantwortet, »aber ich denke, nach zehn Jahren regelmäßigen Beitragszahlens und einer privaten Zusatzversicherung dürfte das keine große Hürde sein.«

»Sie müssen sich an die Bundesversicherungsanstalt für Angestellte wenden«, hatte der Hinweis aus dem Telefonhörer gelautet.

»Habe ich schon. Sie wollen in ungefähr sechs Monaten die Entscheidung auf dem Tisch haben. Dann kann ich mich doch, obwohl mir die Zeit eigentlich viel zu lange ist, parallel anmelden!«

»O nein, mein Herr«, hatte der Arzt gesagt, »erst brauchen wir die Bewilligung beziehungsweise eine Kostenübernahmeerklärung, und dann können Sie sich anmelden.«

»Aber ich brauche doch eigentlich jetzt Hilfe«, sagte der Automaten-Mann, »ich habe mich schließlich jetzt entschieden, mit der Spielerei aufzuhören. Was weiß ich, was in einem Jahr ist?«

»Da müssen Sie schon noch ein wenig Geduld haben. Melden Sie sich doch bitte wieder, wenn Sie die nötigen Papiere beieinander haben!«

Aber bei der Bundesversicherungsanstalt für Angestellte (BfA) war man überhaupt nicht damit einverstanden, dass da ein offensichtlich kerngesunder junger Mann, leger, lässig, aber gut gekleidet, energisch auftretend, mit dem Attest eines Neurologen und Psychiaters aufkreuzte, das Spielsucht auswies. Nachdem der Automaten-Mann also mal wieder einen Vormittag in einem Wartezimmer verbracht hatte, anstatt seinem Job nachzugehen, saß er schließlich einem Männchen hinter einem wuchtigen Schreibtisch am Hamburger Jungfernstieg gegenüber, da, wo die Bundesversicherungsanstalt für Angestellte eine Filiale hat: »So ein Attest wird im Allgemeinen nicht von uns akzeptiert. Haben Sie es schon bei Ihrer Krankenkasse versucht?«

»Die haben mich zu Ihnen geschickt.«

»Ich sehe, Sie sind auch privat versichert?«

»Zusatzversichert, für Klinikaufenthalte, ja!«

»Und die wollen auch nicht zahlen?«

»Nein. Nur bei Drogenabhängigkeit und Alkoholismus.«

»Wissen Sie«, hatte ihm der Mann von der BfA gesagt, »es gibt nur einen Weg, wie Sie die dazu bekommen können, zu zahlen: Sie müssen ein Attest beibringen, das Ihnen akute Suizidgefahr bescheinigt, zum Beispiel wegen Depressionen.«

Dieses Attest hielt der Automaten-Mann schon drei Tage später in den Händen, weil er Glück hatte und einen Neurologen kannte, der früher sein Nachhilfelehrer in Mathematik gewesen war. Aber das Attest hatte ihm auch nichts mehr genützt, denn er hatte im Grunde schon längst die Lust verloren, sich weiter für seinen Klinikaufenthalt, für sein selbst gewähltes Exerzitium zu engagieren.

»Und was willst du jetzt machen?«, fragte Sabine. »Also zehntausend Mark im Monat können wir uns wirklich nicht leisten, und ich glaube nicht, dass dein Vater das nun auch noch bezahlt!«

»Ich habe im Telefonbuch, im Branchenbuch, einfach den Finger auf die Spalte mit den Therapeuten gelegt. Der erste Name gefiel mir nicht«, sagte der Automaten-Mann. »Dann habe ich genauer hingesehen und einen gefunden, der sich auf Spielertherapien spezialisiert haben will. Ich habe angerufen. Es kann in einer Woche losgehen. Pro Stunde einhundert Mark.«

»Zahlt das wenigstens die Kasse?«, fragte seine Frau.

Der Automaten-Mann schüttelte den Kopf. »Ich habe mir einen Vorschuss aufs Weihnachtsgeld geben lassen«, sagte er, und vor seinem geistigen Auge lief noch einmal die Szene ab, wie der Personalchef des Verlages, der, wie er sagte, bis dahin in elf Fällen mit Alkoholikern zu tun gehabt hatte, einen sehr interessierten Eindruck gemacht hatte – und überhaupt keine Zicken. »Sie haben aber nichts dagegen, dass wir das Geld, äh, dass wir das Geld direkt an ihren Therapeuten überweisen?«

Merkwürdigerweise hatte das dem Automaten-Mann einen kleinen Stich verpasst: Denn in dem Augenblick, als der Personalchef diesen Vorschlag machte, hatte er sich dabei ertappt, dass er überlegte, was er mit den viertausend Mark Vorschuss wirklich machen würde, wenn er sie erst einmal auf dem Konto hatte. Er hatte in sich hineingehorcht und versucht zu überprüfen, ob er vielleicht nicht doch versucht hätte, einen Teil des Geldes abzuzweigen, weil er seit Wochen schon wieder nur mit den minimalen Taschengeldzuteilungen herumgelaufen war. Und er spürte Widerstand gegen diesen Vorschlag in sich aufsteigen, weil er ganz genau wusste: Wenn ich jetzt ja sage, muss ich in eine Therapie gehen, sonst kann ich die ganze Sache vergessen!

Er hatte, nach einem kurzen Moment des Zögerns, genickt.

»Hält der Typ dicht?«, fragte meine Frau.

»Na klar hält der dicht«, sagte der Automaten-Mann, »ganz sicher.«

Er war jetzt wieder mit Mut erfüllt und mit Zuversicht, auf dem richtigen Weg zu sein.

Eine Woche später, an einem heißen Spätsommertag des Jahres 1991, verließ ich früher als sonst die Redaktion. Ich nahm wie immer den Bus in Richtung Wandsbeker Chaussee, einer der Hauptverkehrsadern, die Hamburg von Norden nach Süden durchqueren. Dort stieg ich um in die U-Bahn, Richtung Wandsbek-Markt. Noch gab es ein Zurück, aber dieses kleine Schlupfloch hatte ich versucht, mit all meiner Kraft zu stopfen. Die U-Bahn war überfüllt, wie immer zur Rushhour, und ich sah viele müde Gesichter. Wie viele dieser Leute spielen wohl, fragte ich mich, verwarf aber sogleich meine soziologischen Betrachtungen und begann, Bilanz zu ziehen.

Es war der, ja, wie vielte Versuch eigentlich, mit der Zockerei aufzuhören? Es ist mein bisher ernsthaftester, dachte ich, bestimmt! Bereute ich die Zeit? Ganz bestimmt nicht die ganze Zeit. Es waren ja auch schöne Momente dabei, zum Beispiel, als ich gewonnen hatte. Diese Erlebnisse konnte ich, wenn ich wollte, im Kopf abrufen, und dann liefen sie ab wie ein Videofilm auf Knopfdruck. Was habe ich versäumt, fragte ich mich dann, fand aber keine Antwort darauf, als der Zug in die Station Wandsbek-Markt einlief, wo sich Dutzende Feierabendler gleich in den Waggon drängen würden. Hier musste ich aussteigen und ein paar Meter zurücklaufen, entgegen der Fahrtrichtung.

Nummer fünfunddreißig, da befand sich die Praxis des Therapeuten. Das war auf der linken Straßenseite, stadteinwärts. Erst kam die Hamburger Sparkasse, dann eine Parfümerie und dann ein Schuhgeschäft. Und dann musste eigentlich die Nummer fünfunddreißig kommen. Aber das konnte doch nicht sein, denn genau da befand sich die inzwischen dritte Automatendependance der Hamburger Spielbank. Aber da stand auch deutlich die fünfunddreißig über der weißen Tür neben dem Eingang zum Kasino. Der Therapeut hatte seine Praxis also tatsächlich über den einarmigen Banditen, über den Poker- und Bingoautomaten, über den elektronischen Roulettekesseln und über den beiden Wechselkassen, an denen ich mehrere Monatsgehälter in Münzen eingetauscht hatte, durch die die Fingerkuppen nach einer Viertelstunde spätestens eingesaut wurden und schwarz-silbern geschimmert hatten.

Ich klingelte. Nach wenigen Sekunden klackte das automatische Schloss, und ich betrat das Treppenhaus. Plötzlich wurde mir bewusst, dass ich einen Sieg errungen hatte, wenn auch nur einen Anfangserfolg wahrscheinlich. Ich hatte, obwohl das Kasino bis sieben Uhr abends geöffnet war und ich jetzt noch eine gute Stunde Zeit gehabt hätte, der Versuchung widerstanden und war vorbeigegangen. Kunststück, dachte ich, du hast ja auch nicht mal zwanzig Mark in der Tasche, Automaten-Mann! Aber was wäre gewesen, wenn ich mehr Geld dabei gehabt hätte? Ich beendete das Gedankenspiel und begann ein neues, während ich die Treppen in den zweiten Stock hochstapfte. Ich stellte mir lieber vor, wie ich mich gleich hinsetzen würde, über den Automaten, auf die Automaten mit meinem Hintern, und dann grinste ich bei dem Gedanken, dass sie mich in ein paar Augenblicken wirklich mal so richtig könnten, endlich …

TEIL 4

Game over

14. KAPITEL

Schwindeljahre

Der Polizeiwagen rollte gemächlich über den Rastplatz, auf dem jetzt, kurz vor Sonnenaufgang, außer mir nur ein paar skandinavische Lastzüge mit verhängten Fahrerkabinen parkten. Ich hatte meinen alten BMW zwischen zwei Dreißigtonnern abgestellt, fummelte leidenschaftslos am Kühlwasserschlauch herum, drehte hier, überprüfte dort, tauchte dann sofort wieder für einen kurzen Moment aus dem Motorraum auf, als ich einen Wagen hörte, der sich im Schritttempo näherte. Ich warf einen Blick auf das Nummernschild des grün-weißen Passats. Klar, dass es sich um die Bullen handeln musste, dumm, dass es sich natürlich um *die Neumünsteraner* handelte, die gefürchteten Autobahnpolizisten im nördlichen Hamburger Umland. Aber was sollte mir passieren? Ich hatte alle notwendigen Papiere dabei und fuhr ein vorbildlich ausgestattetes Auto: Der Verbandskasten war brandneu, TÜV und ASU waren nicht abgelaufen, und wenn ich mich richtig erinnerte, lag unterm Fahrersitz ein Warndreieck – alles Dinge, für die sich gelangweilte und dienstmüde Beamten in erster Linie interessieren, vor allem bei Regen: »Können Sie bitte mal aussteigen und den Kofferraum öffnen?«

Am Ende einer solchen Durchsuchung kam zumeist dann noch die Frage nach dem Alkoholkonsum ins Spiel, aber auch in dieser Hinsicht besaß ich ein reines Gewissen. Die Drehbuchbesprechung im Cuneo in der Davidstraße war schließlich kurz vor Mitternacht zu Ende gewesen, die ZDF-Redakteurin, die Studio-Hamburg-Producerin, der Regisseur und ich hatten im Verlauf des Abends gerade mal zwei Flaschen Weißwein getrunken und wegen unserer Führerscheine auf einen oder gar mehrere Grappas verzichtet. Ich konnte daher sicher sein, weit unter der magischen Promillegrenze zu liegen – wenn überhaupt.

Doch als jungdynamischer Mittvierziger, der unrasiert und mit wirrem Haar, dazu blass und sichtlich übernächtigt eine angerostete, ehemals strahlend silberne, nun jedoch verwitterte, elf Jahre alte Schüssel mit Breitreifen und weit über zweihundert PS unterm Hintern spazieren fuhr, *war* man notgedrungen *immer* verdächtig. Und wenn man morgens kurz vor fünf auf einem Rastplatz mit einer Panne parkte, sowieso. Ich schloss mit mir selbst eine Wette ab und versteckte mein Gesicht wieder im Motorraum.

Die Neumünsteraner hielten an und hupten kurz. Wie nett, dachte ich und tauchte wieder auf. Aus dem heruntergekurbelten Beifahrerfenster kam ein mitleidiger, aber auch taxierender Blick, gefolgt von einem lang gezogenen »Na?«.

»Moin, die Herren«, antwortete ich betont locker, richtete mich auf und setzte dann einen frustrierten Blick auf. Im Inneren grinste ich, denn ich hatte die Wette gewonnen. Sie würden mich bestimmt in die Mangel nehmen.

»Was kaputt?«

»Mmmmh, ja … Der Kühlwasserschlauch ist undicht. Oder die Schelle ist nicht richtig angezogen. Jedenfalls wird er zu heiß. Ich nehme an, die Schüssel verliert irgendwo Wasser.« Ich zuckte die Schultern und versuchte noch ratloser dreinzuschauen.

»Dann sollten Sie vielleicht den Motor nicht so sehr belasten …«, sagte der Polizist provozierend, ein junges, smartes

Kerlchen mit Oberlippenbart, während der um einiges ältere Fahrer einen grimmigen Gesichtsausdruck mit sich herumtrug sowie einen unübersehbaren Bauchansatz. Good Guy und Bad Guy, das alte Spiel …

»Belasten? Ich fahre immer am Limit, aber nur in Spielstraßen und Dreißig-Kilometer-Zonen!«, versuchte ich einen Witz zu landen. Der Joke zündete zwar nicht und zauberte gerade mal den Anflug eines Lächelns auf die Gesichter der Beamten. Doch ihnen musste zumindest jetzt klar sein, dass ich kein Pole oder Lette oder Weißrusse war, der einen schrottreifen oberen Mittelklassewagen in sein Heimatland überführen wollte, womöglich auch noch illegal.

»Ist das eigentlich ein 525er oder 528er?«, fragte der junge Bulle und tat mächtig interessiert.

»Ein 525i«, antwortete ich wahrheitsgemäß. »Der Wagen gehörte meinem Vater.«

»Ah ja.«

»Hat schon über zweihundertachtzigtausend Kilometer auf 'm Buckel.«

»Mmmh.«

»War immer scheckheftgepflegt. Ich hoffe, er hält noch eine Weile. TÜV hat er ja noch bis nächstes Jahr.«

»Ich hab zu Hause einen 528er in der Garage stehen«, sagte der junge Polizist unvermittelt, »zum Basteln.«

»Ach was!«

»Sind meiner Meinung nach die besten Motoren, die BMW jemals gebaut hat. Vierundzwanzig Ventile, ein seidenweicher Sechszylinder mit gutem Durchzug … Na ja, bis auf die Zylinderkopfdichtung. Sie sagten eben, die Temperaturanzeige würde immer hochgehen?«

»Bis in den roten Bereich! Vor allem, wenn er nach Volllast steht, im Leerlauf.«

»Dann lassen Sie bloß die Dichtung überprüfen, sonst fliegt ihnen der Block irgendwann um die Ohren. Das wissen Sie spätestens dann, wenn er hintenraus weißen Qualm ausstößt …«

»Danke für den Tipp!«, lächelte ich. Der ältere Beamte starrte stur nach vorn und würdigte mich keines Blickes. Er schien von seinem jüngeren Kollegen ziemlich genervt zu sein.

»Haben Sie es denn noch weit?«, erkundigte sich der verhinderte KFZ-Mechaniker, jetzt sehr freundlich.

Ich schüttelte den Kopf. »Großhansdorf«, sagte ich, »gleich die nächste Ausfahrt.«

»Na dann … gute Fahrt!«

»Danke – und Ihnen einen ruhigen Dienst!«

Mein neuer Freund verdrehte die Augen, nickte seinem grimmigen Kollegen zu, und ich war heilfroh, dass er nicht ausgestiegen war, um mir hilfreich zur Seite zu stehen. Dann hätte er nämlich garantiert gemerkt, dass ich mitnichten eine Panne hatte. Bestimmt hätte er gesehen, dass der Kühlwasserschlauch brandneu war, die Schellen keine Spur von Schmutz aufwiesen und dass die Zylinderkopfdichtung ebenfalls erst vor kurzer Zeit repariert worden war. Ja, wäre sein Interesse *wirklich* geweckt worden, hätte ich mich mit meiner famosen Schwindelei prächtig in die Grütze geritten. Aber ich hatte eine solche inszenierte Panne *benötigt*, denn ich musste einmal mehr ein zeitliches Loch zukleistern; eine Zeitspanne von etwa vier Stunden, in der ich unerreichbar gewesen war, das Handy abgeschaltet und mein Kopf wahrscheinlich auch.

Vom Cuneo, dem ewigen Hamburger Szene-Italiener auf dem Kiez, bis zum Casino an der Reeperbahn waren es gerade mal fünf Minuten zu Fuß, und als wir uns vor der Tür des Restaurants, nach »einem sehr konstruktiven Gespräch – wir sind wieder ein Stück weitergekommen!«, verabschiedet hatten, war ich nicht mit den anderen ins nach Pisse stinkende Parkhaus unterm Spielbudenplatz gegangen. Vielmehr hatte ich mit der Ausrede, an der berühmten Party-Esso-Tankstelle am Spielbudenplatz noch rasch ein Päckchen Zigaretten kaufen zu müssen, am EC-Automaten der Hamburger Sparkasse an der Hein-Hoyer-Straße einen Tausender abgehoben und schnellen Schrittes den klimatisierten Glückstempel geentert.

Gegen Ende der Besprechung, etwa gegen dreiundzwanzig Uhr, hatte ich meinen Jipper kaum noch aushalten können. Die Minuten verrannen, man quatschte irgendwelches Zeug, hechelte ein paar Schauspieler, Regisseure und Redakteure durch, und ein ums andere Mal fragte ich mich, warum ich noch immer in diesem Restaurant auf einem harten Stuhl sitzen musste. Wahrscheinlich bloß, weil die Redakteurin sich gern reden hörte und unbedingt noch einen »Latte« trinken wollte. Dabei war doch längst alles gesagt, besprochen und diskutiert worden. Ich würde jetzt noch eine vierte Drehbuchfassung schreiben müssen (die, aber dies sei nur nebenbei bemerkt, mit der ersten Fassung praktisch identisch sein würde: Ich begann nun doch langsam zu ahnen, wohin die Fernsehgebühren in Wahrheit fließen und warum sie so hoch sind …). Andererseits war für mich eine gewisse vornehme Zurückhaltung und Bescheidenheit angesagt. Schließlich hatte mein erster Spielfilm fürs ZDF eine weitere Qualitäts- und Geschmackshürde genommen, was unter anderem hieß, dass ich eine weitere Tranche des Honorars in Rechnung stellen durfte und dem ersehnten »Buy Out« wieder einen entscheidenden Schritt näher gekommen war.

Mit einem solchen Buy Out würde ich zwar alle Rechte an meinem Stoff verlieren, aber ich würde auch für mindestens ein halbes Jahr wieder flüssig sein, Steuern inklusive. Und da selbst der Programmdirektor meine Filmidee offensichtlich mochte, konnte ich inzwischen davon ausgehen, dass einem Drehbeginn nichts mehr im Weg stand.

Ein Stündchen hatte ich daher noch zocken wollen, zur Belohnung, na ja, vielleicht auch anderthalb Stunden, was ich meiner Frau am nächsten Morgen dann nicht einmal hätte erklären müssen, da sie mit an Sicherheit grenzender Wahrscheinlichkeit nicht danach fragen würde, wie lange das Arbeitsessen gedauert hatte, sondern höchstens, was dabei herausgekommen war. Aber dann hatte ich gewonnen. Und wieder gewonnen. Dann hatte ich leichtsinnigerweise an zwei Automaten gleichzeitig weitergespielt und verloren und dann noch ein bisschen mehr verloren, bis irgend so ein Blödmann meinen erklärten Lieblingsbanditen endlich freigegeben hatte und ich mit meinem Anfangskapital von Neuem die Jagd auf den Höchstgewinn beginnen konnte. Oder besser gesagt, die Jagd auf einen ordentlichen Gewinn. Denn einen Jackpot hätte ich mir keinesfalls einhandeln dürfen; einen richtigen Kracher eben, bei dem ich womöglich vor der Auszahlung meinen Personalausweis hätte vorzeigen müssen. Ich hatte mich schließlich für alle staatlichen Spielbanken und Automatenkasinos selbst gesperrt, und diese Sperre galt europaweit; das erste Mal in Berlin, nachdem ich bei meinem Rückfall *nach* der ambulanten Therapie fünfzigtausend Mark gewonnen hatte, und das zweite Mal ein paar Jahre später in Hamburg.

Auf dem Papier war mir der Zutritt daher bereits seit fast sechs Jahren in allen Spielbanken und Dependancen verboten. Doch man nahm die Eingangskontrolle nicht überall genau, vor allem nicht beim Kleinen Spiel. Erst wenn man beispielsweise mit seiner EC-Karte an der Kasse Geld abheben wollte, konnte es je nach dem technischen Standard des jeweiligen

Automatenkasinos passieren, dass ein im Hintergrund laufendes Computerprogramm den Namen des Spielers in Sekundenschnelle mit der internationalen Sperrliste abglich.

»Sind Sie Herr Alexander Schuller?«, lautete daraufhin die höfliche Frage, die sofort mit einem gespielt irritierten Blick meinerseits beantwortet wurde, so wie vor ein paar Monaten, im Kasino Hohensyburg bei Dortmund, wo ich während einer Interviewreise nach Köln einen vermeintlich erholsamen Stopp eingelegt hatte, um mal so eben tausendfünfhundert Euro zu verspielen. »Wohnhaft in Großhansdorf …?«

»Ja, so heiße ich … Irgendwas nicht in Ordnung?« Ich machte auf doof und nix verstehen. Dabei wusste ich natürlich längst, was nicht in Ordnung war. Und dachte bloß, Scheiße, jetzt haben sie dich beim Nachladen erwischt. Die tausendfünfhundert waren weg, und ich hatte frisches Kapital benötigt, um den Einsatz vielleicht zurückzugewinnen.

»Also nach unseren Informationen haben Sie keinen Zutritt zu unserem Haus … Sie sind gesperrt, mein Herr, seit dem 22. Dezember 1993, und dann haben Sie sich in Hamburg am 14. August 1996 erneut sperren lassen …« So viel zum Thema Datenaustausch und -transfer.

Der Hohensyburger Kassierer sah mich streng an und drückte gleichzeitig einen verborgenen Knopf unter der Kassenschublade, worauf nach wenigen Augenblicken sein Kollege um die Ecke schoss, in feinem Zwirn, aber mit billigen Lederschuhen – unverkennbar der Saalchef. Der schickte sich nun an, mich möglichst ohne Aufsehen und mit viel Fingerspitzengefühl aus dem Etablissement zu entfernen.

Er konnte allerdings nicht wissen, welchen Typ Spieler er vor sich hatte. Einen Randalierer vielleicht, einen Psycho oder Maniac gar, der ausrasten würde, weil man ihn zunächst *ohne* Ausweiskontrolle in den Saal hineingelassen hatte; der jetzt sein Kapital verspielt hatte, aber nicht mehr die Chance erhalten würde, das Geld – vielleicht – zurückzugewinnen …

»Ich darf Sie dann bitten, unverzüglich …« Der Ton seiner Stimme war scharf wie ein Samurai-Schwert.

»Selbstverständlich werde ich Ihr Haus sofort verlassen!«, unterbrach ich den Saalchef im Plauderton. »Aber mich würde es vorher doch noch interessieren, ob ich wirklich gesperrt bin. Denn wissen Sie, ich habe mich bereits vor zwei Jahren im Bregenzer Kasino *entsperren* lassen, und dort sagte man mir, das würde nach Berlin respektive Hamburg weitergegeben werden …!«

Dies war nicht gelogen. Zwei Jahre zuvor war mir nach einem Motorradtrip in die Alpen, den ich während einer mittelschweren Ehekrise allein unternommen hatte, der Zugang zum Bregenzer Kasino zunächst verweigert worden, doch dann hatte man mir aus unerfindlichen Gründen eine Tageskarte überreicht und mir erklärt, damit wäre meine Selbstsperrung aufgehoben.

»Da sind Sie leider falsch informiert worden«, entgegnete der Saalchef, offensichtlich erleichtert darüber, dass er es mit einem scheinbar vernünftigen Menschen zu tun hatte, der es nicht darauf anlegte, mit einem Fußtritt in den Hintern hinausgeworfen zu werden.

»Tja – und jetzt?« Ich lächelte breit.

»Wenn Sie sich entsperren lassen wollen, müssen Sie das in Berlin oder Hamburg beantragen.« Er sächselte mit thüringischem Einschlag. In seinem linken Ohr funkelte ein stecknadelkopfgroßer Brillant.

»Und ich dachte, wir befänden uns im elektronischen Datenzeitalter!« Ich sah ratlos drein. »Da haben mir Ihre österreichischen Kollegen in Bregenz offenbar einen ganz schönen Mist erzählt!«

»Ja, sieht ganz so aus. Tut mir leid, mein Herr, wenn Sie mir jetzt jedoch folgen würden …«

»Mir tut es auch leid«, murmelte ich, plötzlich froh, *nur* tausendfünfhundert Euro in den Sand gesetzt zu haben. Das war eine Summe, die ich angesichts meiner Einkünfte und Kontoverschiebeakrobatik vor der Familie noch gerade mal eben vertuschen konnte, besonders natürlich vor meiner Frau.

»Lassen Sie sich entsperren, dann sind Sie selbstverständlich wieder jederzeit bei uns willkommen!«, flötete der Saalchef zum Abschied, als wir vor der Tür im Freien standen.

»Natürlich«, lächelte ich milde und ging aufrecht über den voll besetzten Parkplatz auf der Hohensyburg zurück zu meinem Auto, um meine Reise nach Köln fortzusetzen. Dort sollte ich im Auftrag einer Plattenfirma die Schlagersängerin Michelle kennenlernen, um ihre schicksalsschwere Biografie als Ghostwriter zu Papier zu bringen; ein Buchprojekt, das aus vielerlei Gründen grandios scheitern sollte, die es bestimmt auch nicht wert sind, erzählt zu werden. Nur so viel: Heraus kam lediglich eine miserabel bezahlte Hörbuchfassung …

Aus dem geplanten Stündchen im Kasino an der Reeperbahn waren am Ende vier Stunden geworden. Ich war der letzte Spieler gewesen, der seinen Gewinn ausgezahlt bekommen hatte, knapp viertausend Euro. Dabei war der elende Kasten reif gewesen, bis zum Bersten gefüllt. Das hatte ich ganz deutlich *gespürt*. In der allerletzten Minute, als bereits die allerletzte Aufforderung, das Spielen einzustellen und das Kasino zu verlassen, durchs Mikrofon angesagt worden war, hatte mir der Einarmige – oder war es die höchst launische Fortuna gewesen? – noch eine fette Ausspielung beschert.

Jetzt hatte ich zwar sieben gefaltete, violette Banknoten in der Hosentasche und das restliche Indianergeld im Portemonnaie, aber gleichzeitig ärgerte ich mich maßlos darüber, dass ich nicht weiterspielen durfte. Und warum hatte ich vor dem letzten Spiel nicht einfach den Einsatz erhöht und damit meinen Gewinn verfünf- oder gar verzehnfacht? Dann wären es knapp zwanzigtausend, ja, sogar vierzigtausend Euro gewesen – und wieder ein bisschen mehr Luft, wobei ich davon ausgehen konnte, dass ich wegen der vorgerückten Stunde meinen Ausweis trotz eines solch hohen Gewinns nicht hätte vorzeigen müssen.

Stattdessen aber stand ich nun zum x-ten Mal vor dem Problem, meiner Frau irgendwie erklären zu müssen, warum ein routinemäßiger Termin bis in die frühen Morgenstunden gedauert hatte …

Während ich den geerbten BMW meines Vaters über die A1 Richtung Norden nach Hause steuerte, war mir auf einmal die rettende Ausrede eingefallen: eine Autopanne, am besten irgendetwas am Motor, der zwar gerade repariert worden war, aber auch eine Vertragswerkstatt konnte bei einem solch alten Auto schließlich mal was übersehen. Das war mal was ganz Neues, denn an guten Ausreden und Erklärungsversuchen herrschte bei mir inzwischen ein recht großer Mangel.

So war ich auf den Rastplatz vor meiner Ausfahrt abgebogen und hatte mir ein paar Minuten lang im Motorraum möglichst *authentisch* meine Hände dreckig gemacht (und die Hemdsärmel auch), und überhaupt war dann das unvermittelte Auftauchen der Neumünsteraner Autobahnpolizei fast schon so etwas wie ein Segen gewesen: Denn nun konnte ich meine geplante Lügengeschichte prima ausschmücken und verfeinern, immer schön dicht an der Wahrheit entlang, sodass die Gefahr des Ertapptwerdens äußerst gering bleiben würde.

Wenigstens dieses Mal gering bleiben würde, dachte ich, denn Sabine war schließlich nicht auf der Wassersuppe dahergeschwommen, sondern eine kluge, vorausschauende und mittlerweile vor allem überaus misstrauische Ehefrau – kein Wunder, wenn man länger als zwanzig Jahre an der Seite eines notorischen Glücksspielers lebt. Wenn man dies ertragen kann …

Inzwischen hatte ich das Gefühl, dass sie mit ebenso feinen wie unbestechlichen Sensoren ausgestattet war. Und im Grunde war mir schon seit Langem klar, dass sie wusste, dass ich wusste, dass sie wusste, dass ich meine Spielleidenschaft niemals hundertprozentig aufgegeben hatte – nur sporadisch über einen kürzeren oder auch mal längeren Zeitraum, aber niemals mit der letzten Konsequenz –, so wie ein Raucher eben, der nach einem Jahr wieder zur Zigarette greift und sich bei diesem ersten Rückfall kräftig selbst belügt, bevor er dann nach kurzer Zeit wieder voll auf der Droge drauf ist.

Bei mir hatte es einmal immerhin fast zwei Jahre gedauert, bis ich wieder rückfällig geworden war. Die ambulante Therapie in der psychologischen Praxis über der Automatendependance der Hamburger Spielbank hatte zunächst gegriffen; hinzu war die totale Enteierung des Automaten-Mannes – in finanzieller Hinsicht – gekommen. Ich hatte mehr oder weniger freiwillig alle Scheck- und Kreditkarten abgegeben, hatte vom einen auf den anderen Tag keinen freien Zugang zu unserem Konto mehr besessen und bekam – ähnlich wie ein Schlüsselkind – meine tägliche Geldration zugesteckt, die so knapp bemessen war, dass sie gerade mal für Zigaretten, Fahrkarten und ein Mittagessen in der Kantine reichte.

Größere Ausgaben oder besondere Events wie zum Beispiel Arbeitsessen mit Verlags-, Werbe- oder Filmleuten hatte ich vorher anmelden müssen, und Sabine wollte hinterher immer die Rechnungen sehen – und selbstverständlich auch die Belege, wenn ich mit einem Hunderter in der Tasche einkaufen ging.

Sechs Jahre war das nun schon her. Damals hatte ich mich wie Winston Smith in George Orwells Zukunftsroman *1984* gefühlt: beobachtet, kontrolliert und bespitzelt. Andererseits hatte ich schon in der vierten Woche dieser selbst auferlegten (und erzwungenen) Quarantäne gemerkt, wie angenehm es war, nicht mehr schwindeln zu müssen.

Ein weiterer positiver Effekt war das Mehr an Zeit, über das ich plötzlich verfügte, um beispielsweise produktiver zu werden oder mich auch nur mal um die wichtigen und angenehmen Dinge des Lebens zu kümmern – meine Frau, die Kinder, meinen Vater, den Hund und … meine Freunde. Sie alle wussten schon lange Bescheid über mich. Sie alle hatten den *Automaten-Mann* gelesen, meine Biografie, die ich kurz nach Abschluss der Therapie angefangen hatte zu schreiben, so ganz nebenbei, als Versuch einer selbstkritischen Auseinandersetzung mit meiner zweifelhaften Spielerkarriere.

Zu jenem Zeitpunkt war ich selbst wohl am meisten erstaunt, wie angenehm es war, dass ich es auf einmal nicht mehr für nötig erachtete, vor meinen schwankenden Stimmungen und Empfindungen davonzulaufen und Trost, Entspannung oder gar Bestätigung an den Automaten zu suchen (ohne dies alles wahrscheinlich jemals finden zu können …).

Die Momente, in denen mich der Wunsch nach dem Zocken überkam, waren ebenso kurz wie selten. Ich hatte mich offenbar wieder im Griff. Vor allem meine Arbeit machte mir trotz widriger Umstände Spaß. Ich war inzwischen als Ressortleiter für Reportagen beim mittlerweile legendären (und verstorbenen) Zeitgeistmagazin *Tempo* beschäftigt und focht dort mit so manch selbst ernannter Schreibergröße knüppelharte Kämpfe um Stil und Inhalte aus.

Dieser Ressortleiterposten war sicherlich meine größte berufliche Herausforderung, vor allem in menschlicher Hinsicht, und dafür brauchte ich gute Nerven, eine möglichst stabile psychische Konstitution. Dies lag zum einen daran, dass ich ursprünglich vom Fernsehen kam – und Print- und TV-Journalisten halten sich für gewöhnlich jeweils für die Besseren. Zum anderen arbeiteten neben einigen extrem jungen und begabten, dafür aber unerfahrenen und höchst sensiblen Autoren, die sich allesamt für unfehlbar hielten, auch einige echte Kaliber für das Blatt, wie zum Beispiel der zweifache Kisch-Preisträger Christoph Scheuring, von deren unzweifelhafter Schreibkunst ich mir gern eine Scheibe abschneiden wollte.

Darüber hinaus galt ich unter den zumeist schwarz gekleideten Existenzialisten als »spießiger Exot«, denn ich wohnte nicht in einem Loft in einem der Hamburger In-Viertel, sondern in einem rot geklinkerten Mittelreihenhaus im Vorort Barsbüttel. Ich fuhr weder in einem orangefarbenen Opel Kadett 1200 S oder auf einer Vespa zur Arbeit, sondern im Proletenbagger U-Bahn, und außerdem war ich glücklich verheiratet und hatte drei halslose Monster an der Backe, auch Kinder genannt …

Nein, ich war nicht supercool, ich schnupfte weder Koks auf Partys, noch rauchte ich ein Pfeifchen vorm Einschlafen; ich trug auch den vorherrschenden latenten Weltschmerz der frühen Neunzigerjahre nicht offen in den angesagten Hamburger Szenebars zur Schau, sondern versuchte lediglich, meinen gut dotierten Job so sauber wie möglich hinzukriegen und mir trotz der Vorurteile gegen meine Person, die mir frappierend häufig entgegengehalten wurden, einen Stammplatz in der Redaktion zu erkämpfen – durch journalistische Leistung.

Zunächst wusste nur der Personalchef des Jahreszeiten-Verlages über meine andere, die dunkle Seite Bescheid; sowie der stellvertretende Chefredakteur, mit dem ich die Schulbank auf der Hamburger Journalistenschule gedrückt hatte und der später mein Trauzeuge geworden war. Von ihm hatte ich mich überreden lassen, einen Vorabdruck meines Buches in *Tempo* zu veröffentlichen, und als ich dann auch noch im Zug der Werbemaßnahmen mein Gesicht in ein paar Talkshows zeigte, war es um die Anonymität des Automaten-Mannes geschehen. Ich hatte mich nun endgültig geoutet, und meinem Vater war dies überhaupt nicht recht. Er fürchtete wahrscheinlich zu Recht um meine Karriere.

Aber die Reaktionen der Mitglieder meiner Zunft auf mein Outing widersprachen seinen Befürchtungen. Die meisten jedenfalls, die mich kannten, fanden meinen Schritt »irgendwie mutig«. Es war ja auch das Zeitalter der mehr oder weniger ehrlichen Bekenntnisse, und sämtliche Medien gierten förmlich nach Schwulen, Rauschgiftsüchtigen, Missbrauchten und Alkoholabhängigen, die bereit waren, öffentlich Position zu beziehen. Insofern machte ich mir, so weit es meine »saubere« Spielsucht betraf, keine großen Sorgen.

Der Verlag hatte mir einen großzügigen Vorschuss aufs dreizehnte Gehalt gegeben, mit dem ich meine ambulante Psychotherapie bezahlen konnte, deren Kosten – rund viertausend Mark – von der Krankenkasse nicht übernommen worden waren. Und durch Bernd, meinen Freund und Vorgesetzten, hatte natürlich auch meine Frau eine bessere Kontrolle über mein Verhalten vor und nach der Arbeit. Schließlich lagen auf meinem täglichen Weg in die Redaktion im tiefsten Altona eine Menge Stolpersteine – ein gutes Dutzend Daddelhallen, die bereits morgens geöffnet hatten. Aber meine beliebte Ausrede »Wir hatten noch eine Konferenz ...!« – das war so sicher wie das Amen in der Kirche – würde daher nicht funktionieren.

Ich hatte ja auch wirklich keine Lust mehr auf die Zockerei. Stattdessen staunte ich über meine wachsende Unbeschwertheit, die mit dem kalten Entzug einherging. Meine Frau und ich empfanden es gleichermaßen als ungeheure Erleichterung, dem Briefträger neuerdings wieder unvoreingenommen begegnen zu dürfen und darüber hinaus meinen Vater nicht wieder anbetteln zu müssen, mein selbst gegrabenes, finanzielles Loch zuschütten zu müssen. Ich kam morgens pünktlich in der Redaktion an und ging abends ebenso pünktlich wieder nach Hause sowie einmal in der Woche zu meinem Seelenklempner überm Wandsbeker Automatenkasino, der sich intensiv darum bemühte, *den Grund* oder vielleicht sogar *die Ursachen* für meine Spielerei herauszufinden – oder besser: mich dazu zu bewegen, wirklich intensiv darüber nachzudenken, warum ich über so viele Jahre intensiv gezockt hatte.

Die Ehefrau (2001)

Natürlich sah ich seine Bemühungen, von der Spielerei loszukommen, aber auf der anderen Seite hatte sich bei mir ein ungeheurer Berg von Misstrauen angehäuft, der sich nicht einfach abtragen ließ. Ich kam mir manchmal regelrecht bescheuert vor, meinen Mann, der in der Öffentlichkeit, vor allem in seinem Beruf, als ganzer Kerl auftreten musste, zu kontrollieren wie ein unmündiges Kind. Aber wenn er sich auch nur um zwanzig Minuten verspätete, brach bei mir der Angstschweiß aus. Das ließ sich auch nicht auf Knopfdruck abstellen, selbst wenn er mir glaubhaft versicherte, dass er den Bus vom Wandsbeker ZOB nur wegen der miserablen Anschlusszeiten verpasst hatte. Darüber hinaus besitzt er zwar viele Talente, aber die Fähigkeit zur Selbstkritik war bei ihm ziemlich unterentwickelt. Ich konnte und wollte es nicht glauben, wie plötzlich er seiner Meinung nach geläutert war; ich war viel erstaunter als er selbst wahrscheinlich, und überdies hatte ich die ganze Zeit über die Vermutung, dass er unsere gemeinsamen Bemühungen, ihn von den Automaten wegzukriegen, ebenfalls bloß als Spiel sah. So schnell kann meiner Meinung nach kein Mensch umswitchen: eben noch der nach außen mühsam beherrschte, von Geldsorgen zerfressene Zocker, der wie ein Wilder schuftet, um gleichzeitig seine Leidenschaft und den schönen Schein aufrechterhalten, das heißt bezahlen zu können; nach extrem kurzer Zeit aber schon wieder ganz der alte Alexander zu sein: etwas spinnert, immer lustig und etwas zu laut, der liebevolle Clown, Chaot und Temperamentsbolzen …

Nein, aus heutiger Sicht betrachtet, hat er damals weder die Therapie richtig ernst genommen noch meine Sorgen und Befürchtungen wie auch die seines Vaters und seiner Freunde. Er gab vor, clean zu sein, und ich könnte mir durchaus vorstellen, er glaubte dies einige Zeit sogar selbst.

Tatsächlich aber hatte er meiner Meinung nach nicht den Mut, bei der Suche nach den Ursachen in die Tiefe zu gehen und sich mit allerletzter Konsequenz dem Problem zu stellen. Er hoffte wohl, der Wahrheit nicht ins Gesicht sehen zu müssen, und tat das, was er sicherlich am besten konnte: Er narrte den Psychologen, er narrte mich und all die anderen Menschen, die er in seinem Universum zuließ, doch damit narrte er sich bis zum Schluss leider bloß selbst.

Nach eineinhalb Jahren, in denen ich nicht ein einziges Mal eine Mark in einen Automaten gesteckt hatte, ging meine *Tempo*-Karriere plötzlich mit atemberaubender Geschwindigkeit zu Ende. Das Magazin hatte sich Mitte der Neunzigerjahre selbst überlebt, und die Chefredaktion versuchte noch einmal verzweifelt, das Ruder herumzureißen und die einstige Originalität mit knallharten, seriösen Reportagen zu kompensieren. Ich schwenkte, so gut es ging, mein Fähnlein im Winde und lag wieder mit der Hälfte der Autorinnen und Autoren heftig im Clinch, weil ich die Auffassung vertrat, dass es die Leser nicht interessieren konnte, was allein die Reporter beim Interviewen und Schreiben dachten und fühlten, sondern dass sich doch eher die Menschen in den jeweiligen Situationen, die sie beschrieben, im Fokus befinden sollten, damit sich die Leser selbst einen – wenn auch persönlich leicht angefärbten – Eindruck vom Thema verschaffen konnten.

Mit den übrigen Kolleginnen und Kollegen kam ich dagegen besser zurecht, da ich inzwischen ebenfalls ein paar Reportagen abgesondert hatte, um nicht nur immer als der meckernde »Schreibtischhengst« auftreten zu müssen. Aber wahrscheinlich war ich bei diesem Magazin doch nicht so richtig aufgehoben. Überdies hatte es dann einen weiteren, überraschenden Wechsel an der Spitze gegeben. Die Auflage war geradezu ins Bodenlose zurückgegangen, die überlebenswichtigen Anzeigen blieben aus, und der Verleger Norbert Ganske, der *Tempo* immer als »sein Baby« gehegt und gepflegt hatte, verlor nun langsam die Geduld.

Der neue Chefredakteur, der von der Spitze des *Stern*-Magazins heruntergefallen war, tat, wie von oben befohlen: Er kehrte mit eisernem Besen einen Scherbenhaufen und damit auch mich hinaus. Genau das hatte ich kommen sehen.

Für meine Frau brach eine Welt zusammen. Sie konnte es überhaupt nicht verstehen, dass ich trotz der schmachvollen Kündigung »in gegenseitigem Einvernehmen« gut gelaunt durch unsere Reihenhaussiedlung zum Bäcker lief, um Brötchen zu holen. Ich hatte sie ja auch nicht in meinen Plan eingeweiht, sondern in den Tagen, in denen die mickerige Abfindung verhandelt wurde, mich im Alleingang intensiv um einen neuen Job gekümmert, der mich direkt zurück zum Fernsehen, allerdings in eine andere Stadt, führen würde; nach Berlin, wo Ulrich Meyer, mein alter Chef vom Dienst aus Luxemburger RTL-Zeiten eine eigene Fernsehproduktion gegründet hatte, mit der er die damals umstrittenste Talkshow im deutschen Fernsehen produzierte.

Meyer, einer der anständigsten Journalisten und Chefs, die ich im Lauf der Jahre kennenlernen durfte, hatte mich (beim Zocken hatte ich übrigens nie ein solches Glück) ausgerechnet am Tag meiner Kündigung auf dem Handy angerufen und mich unverbindlich gefragt, ob ich nicht Lust hätte, an der Spitze einer jungen Talkshow-Redaktion zu arbeiten. Ich hatte ihm fast schon im gleichen Atemzug verbindlich zugesagt, ohne mir recht zu überlegen, was es hieß, während der Woche in einer zweihundertachtzig Kilometer entfernten Stadt zu arbeiten und damit eine klassische Wochenendehe zu führen. Kein Wunder, dass meine Frau daher »restlos begeistert« war …

»Das macht mir Angst – du allein in Berlin«, sagte sie am selben Abend, als sie den ersten Schrecken meiner neuesten Nachrichten aus der Berufswelt überwunden hatte.

»Warum? Eifersüchtig?« Ich grinste, sicherlich ein wenig blöde, und schenkte uns beiden Rotwein nach.

»Nee – spielsüchtig! Du! Du weißt schon …«, presste sie zwischen ihren zusammengekniffenen Lippen hervor und betrachtete traurig den geschmückten Weihnachtsbaum im gefliesten Reihenhauswohnzimmer.

»O Mann! Nicht schon wieder!«, stöhnte ich und ließ mich theatralisch ins Sofakissen fallen.

»Du fühlst dich viel zu sicher, Liebling«, legte sie ungerührt nach. »Aber gut, meinetwegen, du hast jetzt über einen längeren Zeitraum tatsächlich nicht gespielt ...«

»Fast ein Jahr!«, empörte ich mich.

»... aber du gehst noch immer viel zu leichtfertig mit deinem Problem um!«

»Ach Quatsch – mit dem Zocken bin ich durch«, trompetete ich. »Da hab ich null Bock mehr drauf.«

Die Augen meiner Frau funkelten. Sie sah mich durchdringend an. »Das *sagst* du. Aber in Wahrheit denkst du häufig darüber nach, und ich bin mir ganz sicher: Es juckt dich von Zeit zu Zeit, spielen zu gehen, oder etwa nicht? Sei doch mal ehrlich zu dir selbst! Kratz nicht immer nur an der Oberfläche rum ...«

»Na ja, schon. Manchmal. Ein bisschen!«, gab ich nach einem weiteren halben Glas Wein, an dem wir jeweils schweigend genuckelt hatten, zähneknirschend zu. »Andererseits aber müsste doch selbst ich es allmählich begriffen haben, wie beschissen die ganze Sache ist ... Was es aus mir macht. Aber eigentlich habe ich überhaupt keine Lust mehr, über die Spielerei zu reden.«

Sie nickte. »Und da wunderst du dich, wenn mir diese Situation Angst macht?«

Nein, eigentlich wunderte mich dies überhaupt nicht. Und wenn wir schon mal bei der Wahrheit sind: Es war nicht nur das exorbitante Jahresgehalt von über zweihunderttausend Mark, das mich nach Berlin lockte. Es war auch nicht die Aussicht, mich wieder auf dem gewohnt sicheren Boden eines Fernsehstudios bewegen zu können. Nein, es war mir ein großes inneres Bedürfnis, nach zwölf Monaten wieder zu einem selbstbestimmten Menschen zu werden, der – was meinen speziellen Fall betraf – nicht mehr mit Taschengeldrationen auf die Straße geschickt wurde; der sich nicht mehr unter ständiger Beobachtung fühlen und bevormundet werden wollte; der sich vor allem aber nicht mehr mit diesem blödsinnigen Thema auseinandersetzen wollte, weil es ihm mittlerweile wirklich zum Hals heraushing. Ich konnte das Wort »spielen« einfach nicht mehr hören und das ständige Misstrauen gegenüber meiner Person nicht mehr ertragen. Das Thema hatte ich doch schon lange abgehakt. Das glaubte ich jedenfalls. Manchmal …

Zu diesem Zeitpunkt war es längst zu spät, einen Rückzieher zu machen und Ulrich Meyer vor den Kopf zu stoßen, indem ich meine verbindliche Zusage per Telefon zurückzog. Ich hatte meinen einseitig unterschriebenen Arbeitsvertrag in der Tasche – und gleichzeitig kam ich mir doch schäbig vor, denn ich hätte selbstverständlich *vorher* mit meiner Frau über eine solch tief greifende berufliche Entscheidung reden müssen. Ich durfte mich daher auch nicht darüber aufregen, dass sie, durch die Aussicht, in der nächsten Zeit praktisch als alleinerziehende Mutter von drei Kindern zu leben, mehr als nur leicht vergrätzt war. Auf der anderen Seite war ihr aber auch klar, dass wir unser verdammt gutes Leben auf irgendeine Weise finanzieren mussten – jetzt mussten es beispielsweise zwei Autos sein …

Im Februar 1993 trat ich meinen neuen Job in Berlin voller Begeisterung an, und das alte Spiel »des Neuen« in einer fremden Redaktion begann von vorn. Sich beschnuppern, Claims abstecken und letztendlich Chef einer erfolgreichen Talkshow-Redaktion zu sein – und ihn nicht zu spielen.

In diesen ersten Tagen genoss ich – natürlich ausgerechnet in unmittelbarer Nähe des Spielkasinos – die Annehmlichkeiten eines vom Sender bezahlten Luxushotels, da mein möbliertes Apartment im Ostteil der Stadt noch nicht bezugsfertig war.

Ans Spielen dachte ich in diesen Tagen so gut wie gar nicht. Ich hatte ja auch keine Zeit dafür, weil sehr viel zu tun war. Außerdem war ich nach wie vor regelrecht stolz auf mich, nachts am Kasino einfach *vorbeizugehen* und meiner Frau am Telefon beim Gute-Nacht-Sagen nichts vorflunkern zu müssen. Dabei hätte sie mir einen Abstecher an den Roulettetisch wahrscheinlich nicht einmal übel genommen, sondern *sie hätte eine solche Aktion einfach nur erwartet...*

Ich bin sicher, sie hatte zu diesem Zeitpunkt bereits resigniert und sich mit dem Gedanken abgefunden, dass ich ein Spieler war und dies auch bleiben würde. Es kam ihr mittlerweile eher auf eine möglichst effektive Schadensbegrenzung an. Aber genau diesen Gefallen wollte ich ihr nicht tun. Es wäre mir zu einfach gewesen, ihr brüchiges Vertrauen zu missbrauchen. Gleichzeitig aber wuchs in mir das Verlangen nach *einem kleinen, harmlosen Zock* von Woche zu Woche. Einfach mal gucken gehen, die Freiheit meiner neuen Konto- und Kreditkarte nutzen; höchstens hundert Mark riskieren – denn was waren schon hundert Mark oder meinetwegen sogar tausend?! Selbst tausend Mark wären ein Fliegenschiss für mich gewesen. Ich war ein freier Mann, der in einer der aufregendsten Hauptstädte Europas lebte und an mindestens drei Abenden der Woche tun und lassen konnte, was er wollte.

Je länger unsere Wochenendehe dauerte, desto schwerer fiel mir das Neinsagen. Ich merkte nun selbst, dass ich mich von den Automaten keineswegs befreit hatte. Im Gegenteil: Die Arbeit fiel mir immer leichter, die Routine hielt Einzug, und dementsprechend hatte ich – von den Produktionstagen abgesehen, immer mehr Zeit zur Verfügung, die ich zumeist allein verbrachte.

Anfangs waren die meisten Kolleginnen und Kollegen sehr um mein Wohlergehen bemüht gewesen. Sie kümmerten sich –

von den zwei, drei natürlichen Feinden in der Redaktion einmal abgesehen – rührend um *ihren* einsamen Wochenendpendler. Sie schleppten mich mit in ihre Stammkneipen, brachten mich mit weiteren Kollegen aus dem Haussender SAT.1 zusammen, und dann schufteten wir natürlich auch wahnsinnig viel, denn auf nur einem Bein – einer Sendung – konnte und wollte mein Chef mit seiner Produktionsfirma nicht stehen. Also entwickelten wir parallel zu *Einspruch* mit *Akte* eine weitere Magazinsendung und bastelten darüber hinaus schon mal an einem Nachfolgeformat für die umstrittene »Brüllshow« namens *Einspruch* herum …

Es *konnte* daher nicht ausbleiben, dass ich meine freien Abende während der Woche zunehmend als einsamer Wolf verbrachte, der auf der Suche nach Zerstreuung durch den Ostteil der Stadt lief und sich mal in die eine Kneipe oder ins andere Restaurant verirrte. Während dieser ersten neun Monate hatte ich mein grauenhaftes, wenn auch zweckmäßig möbliertes Apartment im siebten Stock eines ehemaligen Arbeiterwohnheims ausschließlich zum Duschen und Schlafen genutzt; selbst der Filteraufsatz der Kaffeemaschine war nach wie vor original in Plastikfolie eingeschweißt, und den Lebensmitteln im Kühlschrank, die ich mir bereits am zweiten Tag nach dem Einzug gekauft hatte, konnte ich inzwischen die Haare schneiden.

Jeden Freitagabend setzte ich mich ins Auto und raste die zweihundertachtzig Kilometer nach Hause, um einzutauchen ins totale Kontrastprogramm: Dort zergelten meine munteren Kinder sofort an mir herum, ich traf auf eine mehr oder weniger vernachlässigte Ehefrau, ich musste mich aber auch ein bisschen um meinen Vater kümmern und die *andere* Seite der Familie; dann waren da noch meine Freunde, und manchmal musste ich auch gewisse handwerkliche Pflichten erfüllen wie das Reparieren eines Ikea-Regals. Doch als Erstes musste ich immer wieder die eine entscheidende Frage beantworten: »Und: Hast du … gespielt?«

Nein, ich hatte noch immer nicht den Weg zurück in die Automatenwelt gefunden, obwohl es mir immer schwerer fiel, darauf zu *verzichten*. Ja, wenn ich mich nach gut achtundvierzig Stunden intensivsten Familienlebens am frühen Montagmorgen auf den Weg ins Büro machte und die langweilige A24 in Richtung Südosten zurück nach Berlin fuhr, kreisten meine Gedanken zunehmend um diese herrliche Form der Entspannung, den Thrill, das Gefühl, endlich wieder ganz für mich sein zu können; dieses süße Nichtstun, bei dem in Wahrheit doch so viel passieren konnte.

Mein Gott, dachte ich, jetzt bist du schon so lange sauber geblieben. Es geht dir gut dabei. Du *brauchst* die Spielerei doch gar nicht. Aber das Verlangen schaltete sich sofort ungefragt ein: Ach komm. Was soll schon passieren, außer dass du vielleicht ein bisschen Geld verlierst. Und überhaupt: Wer redet vom Verlieren? Das ungeschriebene Gesetz des Zockens besagt schließlich, dass ein Spieler am Anfang immer gewinnt. Dass er dann *immer* Glück haben wird. Was sich zwar letztendlich als größtes anzunehmendes Pech herauskristallisieren wird, aber *das* würde mir bestimmt nicht passieren. Denn ich würde mich ja voll unter Kontrolle haben.

Falsch, meinte mein Gewissen: Lernst du denn niemals aus deinen Fehlern?

Wahrscheinlich hatte ich zu diesem Zeitpunkt schon längst kapituliert. Ein Kasinobesuch war nur noch eine Frage der Zeit, der Rückfall längst vorprogrammiert.

Kurz vor Weihnachten in jenem Jahr gaben wir in der Redaktion noch einmal richtig Gas. Wir produzierten für den Jahreswechsel zwei Sendungen, die als Konserve über den

Bildschirm flimmern würden, sowie eine Resumee-Sendung namens *…best of Einspruch*. Für zwei Wochen kam ich aus der Redaktion und dem Studio in der legendären Kulturbrauerei am Prenzlauer Berg nicht heraus. Sogar den üblichen Wochenendtrip nach Hause musste ich absagen. Dann überstand ich die übliche alkoholgeschwängerte Weihnachtsfeier mit einigermaßen klarem Kopf – und hatte so am nächsten Tag alle Zeit der Welt, mit meiner großzügigen Weihnachtsgratifikation in der Tasche den deutschen Einzelhandel anzukurbeln.

Ich ging Geschenke einkaufen, und wie! Meine Kreditkarten glühten. Mir selbst gönnte ich am Ende zwei Paar Luxusschuhe aus dem nobelsten Schuhgeschäft am Ku'damm und fuhr dann mit meinem randvoll beladenen Kombi über vereiste Straßen zu meinem Apartment, das sich etwa auf halber Höhe der Frankfurter Allee befand.

Doch ich nahm nicht den direkten Weg, denn in der Innentasche meines Sakkos steckten tausend Mark in bar. In der Tiefgarage des KaDeWe in der Tauentzienstraße hatte ich ein letztes Mal mit mir gehadert. Aber dann hatte ich *gewusst*, dass ich einen Zwischenstopp am Alexanderplatz einlegen würde, wo sich seit Kurzem ein brandneues Automatenkasino der Berliner Spielbank befand. Und die tausend Mark wollte ich riskieren. Ich war der Meinung, das hätte ich mir aufgrund meines beruflichen Erfolgs irgendwie verdient.

Ich freute mich, war aufgeregt. Ein hübscher, harmloser Weihnachtszock. Nur mal sehen, ob *es* noch funktioniert. Und dann frohlockte ich innerlich geradezu wie die Heiligen Drei Könige vorm Jesus-Kindlein, als ich auf dem hochflorigen Teppich in die mir so vertraute Atmosphäre der einarmigen Banditen eintauchte; in diesen eigentlich nervigen Klangteppich aus elektronischen Jaul- und Piepsgeräuschen, der manchmal von Siegesfanfaren unterbrochen wurde.

Genau das hatte ich so lange vermisst. Ich sah mit einem Blick, dass in den vergangenen Monaten, in denen ich abstinent gewesen war, einige neue Modelle auf den Markt gekommen waren – noch schicker, noch bunter, noch aufregender. Es gab viel zu entdecken für mich. Nach ein paar Minuten der Qual der Wahl nahm ich schließlich vor einem der neuen Automaten Platz, zündete mir in Ruhe eine Zigarette an, bestellte mir großkotzig einen Gin Tonic und steckte dann die erste Mark in den Schlitz. Die Walzen rotierten. Ein, zwei Sekunden lang. Und zeigten mir eine Niete an. Na und? Ich hatte ja noch neunhundertneunzig Mark in drei Eimern vor mir stehen und erweckte den Banditen sofort wieder zum Leben. Der Automaten-Mann war endlich wieder zu Hause.

Als ich sechs Stunden später mit meinen beiden letzten Fünfmarkstücken fünfzigtausend Mark gewann, ließ ich mich direkt nach dem Empfang des Geldes sperren und schwor bei allem, was mir heilig war, niemals wieder mein Glück im Kasino zu versuchen.

Natürlich hatte ich – mal wieder – einen Meineid geschworen. Ansonsten hätte ich wohl nicht sechs Jahre später kurz vor Sonnenaufgang auf einem Rastplatz geparkt und mir mithilfe der Neumünsteraner Autobahnpolizei ein weiteres fantastisches Alibi konstruiert; eine glaubwürdige Geschichte, die mich vor Verdächtigungen und bohrenden Nachfragen schützen sollte wie ein Chitinpanzer den Krebs. Denn wie so oft in der Vergangenheit war ich seit meiner Rückkehr in die Automatenwelt drauf und dran gewesen, meine dunkle Seite erneut zu decouvrieren: aus Blödheit, wegen eines dummen Zufalls oder weil ich nach einer längeren Pechsträhne wieder einmal größere Schwierigkeiten bekam, Extrageld zu beschaffen, um die Geldverluste vor der Welt zu kaschieren.

Hierbei half mir im ersten Schritt inzwischen die berühmt-berüchtigte *Rotation*, mit der ich eine Summe zwischen mehreren Bankkonten ständig hin und her transferierte, um regelmäßige Einnahmen vorzutäuschen. Ich besaß – außer unserem gemeinsamen Konto – neben meinem uralten Berliner Zockerkonto inzwischen drei weitere und versteckte ebenso viele Kreditkarten im Werkzeugfach meines Autos. Wurde das Leck jedoch einmal größer (was nichts anderes hieß, als dass ich über einen längeren Zeitraum nichts gewann), dann suchte ich mir irgendeinen lukrativen Job, zum Beispiel als Texter in der Werbung.

Die fünfzigtausend Mark, die ich sechs Jahre zuvor in Berlin gewonnen hatte, waren natürlich längst weg. Zum größten Teil hatte ich das Geld verspielt, zum weitaus geringeren Teil heimlich für sinnvolle Dinge ausgegeben (ans Sparen allerdings dachte ich niemals). Ich hatte mir jetzt eine richtige kleine Parallelwelt aufgebaut, zu der außer mir niemand Zugang hatte – nicht einmal meine Frau.

Vielleicht ahnte sie ja was, aber das Thema wurde von uns zunehmend mit Sprachlosigkeit behandelt. Ich nahm an, sie hatte einfach keine Lust mehr, mich zu kontrollieren. Sie fragte nur noch selten nach und auch nur dann, wenn ich es wirklich zu doll trieb. Oder verschloss auch sie inzwischen die Augen vor der Realität?

Offiziell war ich ja kein Spieler mehr. Offiziell gehörte *der Automaten-Mann* der Vergangenheit an, und wenn es mit den Familienfinanzen wieder mal bergab ging, dann hatte ich sofort mehrere plausible Erklärungen parat: Eine weitere Erhöhung des Dispos konnte ich zum Beispiel mühelos mit den extrem hohen Lebenskosten kaschieren oder mit der miesen Zahlungsmoral meiner Kunden; manchmal dienten mir auch der klassische (und nachvollziehbare!) Würgegriff des Finanzamtes als Ausrede sowie die Spätfolgen des monetären Desasters, in das meine Frau und ich Anfang des Jahres 1994 hineingeschlittert waren.

Denn kaum hatten wir uns dazu durchgerungen, die nervige Wochenendehe aufzugeben und mit der gesamten Familie nach Berlin umzusiedeln, war die erfolgreiche Talkshow vom Sender genommen worden. Jetzt produzierten wir mit unserem Moderationszugpferd Meyer eine – wie ich fand – unerträgliche wöchentliche Interviewsendung, die allerdings nur dazu dienen sollte, sein Image als »Don Krawallo« des Fernsehens zu revidieren, da er als neuer Anchorman für die SAT.1-Nachrichten vorgesehen war.

Anstatt ein recht gutes Angebot des *Spiegel* in Hamburg anzunehmen, hatte ich meinem Chef jedoch die Treue gehalten, gleichzeitig magisch angezogen von den knapp zwanzigtausend Mark, die ich von nun an Monat für Monat verdiente. Mehr als ein Drittel dieses »Schmerzensgeldes« ging leider für die Miete unserer feudalen Villa in Hohen Neuendorf am nördlichen Stadtrand von Berlin drauf. Überdies hatten wir einen Anschaffungskredit für Möbel und eine Einbauküche aufgenommen. Die Küche würden wir bei unserem Auszug zwar gut verkaufen können, aber die hohen monatlichen Belastungen waren erst einmal da. Ich wollte unbedingt erreichen, dass meine Frau und die Kinder sich in der fremden Umgebung wohlfühlten. Trotz des luxuriösen Ambientes und der interessanten »Wendezeit« fühlte sich meine Familie im Osten jedoch nicht heimisch.

Nachdem wir binnen eines halben Jahres alle Sehenswürdigkeiten der näheren und weiteren Umgebung – von Wandlitz bis Sanssouci – abgeklappert hatten, sehnten sie sich immer stärker in ihre norddeutsche Heimat zurück. Meine Tochter kam in der Schule überhaupt nicht zurecht, da die Pädagogen allesamt noch die ostdeutsche Mentalität versprühten und die Trillerpfeife regierte. Auf den Elternabenden ließen sie sich von den Erwachsenen mit einer tiefen Verbeugung begrüßen.

Unser mittlerer Sohn, bis zu seiner »Verschleppung in die ehemalige DDR« an die liebevolle Betreuung eines privaten Kindergartens im feinen Hamburger Stadtteil Marienthal gewohnt, fiel gleich am ersten Tag im *Hort* unangenehm auf, als er erstens die angebotene Zimt- und Zuckermischung verschmähte und auf frisch geriebenem Parmesan zu den viel zu weich gekochten Eiernudeln beharrte, und zweitens, als er keinen Mittagsschlaf halten wollte.

Sogar unser Jüngster, dem wir mit einer fast kompletten Spielplatzausrüstung im XXL-Format eine Art Kinderparadies im Garten geschaffen hatten, maulte unüberhörbar herum. Und meine Frau zog sich immer stärker in sich selbst zurück. Sie langweilte sich furchtbar als Nur-Hausfrau und fand, obwohl sie an sich ein offener, kommunikativer Mensch ist, keinen Draht zu den anderen Müttern.

Ich selbst nahm dies alles nicht besonders ernst, da ich mich nicht häufig in unserem traumhaft renovierten Heim aufhielt, das in einem ehemaligen Stasiviertel lag und eines der ersten Häuser in der Kleinstadt Hohen Neuendorf war, das man den ehemaligen Besitzern nach der Wende zurückgegeben hatte. Nein, ich ging ja schließlich auch durchschnittlich zwölf Stunden am Tag arbeiten (und zwischendurch knapste ich mir ab und zu ein paar Stunden ab, um zu zocken). Ich verhielt mich, gelinde gesagt, äußerst rücksichtslos.

Wenn meine Frau und ich Meinungsverschiedenheiten hatten, dann ging es nicht mehr um die Spielerei, sondern vor allem um unsere Zukunft, die ich mittelfristig an der Spree und nicht an der Elbe wähnte. Inzwischen hatte mich mein Chef in seine Nachrichtenpläne eingeweiht und mir unter der

Hand zwei Angebote gemacht: Das erste hieß, ihm als stellvertretender Chefredakteur – zu erhöhten Konditionen – in die Nachrichtenredaktion von SAT.1 zu folgen. Das zweite sah eine Abfindung in fast sechsstelliger Höhe vor…

Anfangs hatte ich es noch geschafft, meine geheimen Konten in einer wackeligen Balance zu halten. Inzwischen jedoch waren die Zahlen auf den Auszügen tiefrot, und es wurde immer komplizierter, den Schein aufrechtzuerhalten, da ich unser gemeinsames Konto ja nicht gnadenlos plündern konnte…

Dieses Mal hielt ich es für klüger, meine Frau über diese beiden Angebote rechtzeitig zu informieren. Während unseres Sommerurlaubs in einem Kinderhotel in den Alpen bei Serfaus diskutierten wir auf unseren Bergwanderungen pausenlos über Angebot A und B. Ich versuchte Sabine davon zu überzeugen, dass ich, karrieretechnisch gesehen, den Nachrichtenjob eigentlich antreten musste. Doch sie wollte nichts davon hören. Sie wollte nur weg. Raus aus Berlin. Sie träumte von einem richtigen Familienleben, einem, bei dem der Vater auch körperlich anwesend war. Überdies spielte sie mit dem Gedanken, wieder in ihren Beruf einzusteigen. Mir war das nur recht. Ich brauchte einen Batzen Geld, denn sämtliche Geldinstitute hatten mir inzwischen unfreundliche Schreiben in die Redaktion geschickt. Ich musste daher unbedingt erreichen, dass meine Frau, die ein sicherheitsliebender Mensch war, die Vorteile eines regelmäßigen, hohen Monatsgehaltes negierte.

Glücklicherweise machte sie direkt nach unserem Urlaub auf ihre Weise Nägel mit Köpfen. Ohne mich so recht in *ihre Pläne* einzuweihen, stieg sie in Großhansdorf aus und eröffnete mir, dass sie erst wieder zum Umzug nach Berlin kommen würde – aber keinen Tag vorher. Und dann fragte sie mich, ob ich mir nicht vielleicht vorstellen könnte, mich als freier Autor selbstständig zu machen. Der dicke Batzen Geld, den ich als Abfindung erhalten würde, würde ihrer Meinung nach locker ausreichen, um erste Durststrecken, die zwischen Abgabe und Honorierung eines Buchs oder Drehbuchs liegen, zu überbrücken.

Na also, dachte ich, genau das wolltest du doch erreichen, Automaten-Mann.

Tatsächlich waren die Zeiten für freie Autoren damals golden: Die Expansion der privaten Fernsehsender bedeutete einen großen Bedarf an Stoffen, die sich verfilmen, an Ideen und Konzepten, aus denen sich werberelevante Sendeformate entwickeln ließen. Zum anderen kamen die »Romane zum Film« in Mode, rasch heruntergeschriebene Bücher, die auf einem existierenden Drehbuch beruhten. Auch die Werbung boomte, und darüber hinaus benötigten die vielen Firmen, die im Internet ihre Zukunft sahen, neben der innovativen digitalen Technik vor allem *Content* – Inhalte. Kontakte zu Redaktionen und zu ein paar Agenturen besaß ich genug. Meine Arbeit wurde im Allgemeinen geschätzt, ich galt als zuverlässig, solide und vor allem auch bezahlbar. Außerdem hatte ich inzwischen Kontakt zu einer Münchner Literaturagentin aufgenommen. Dazu noch ein bisschen Kalt-Akquise, dachte ich, und der Schornstein würde bestimmt rauchen.

Und genau das geschah dann auch.

Mein Vater schlug zwar die Hände überm Kopf zusammen, als er von unseren Zukunftsplänen hörte. Es war ihm schleierhaft, wie ich als freier Autor mit einem Bauchladen – also einer Art Universaltexter – meine verwöhnte Familie ernähren wollte. Aber meine Frau kündigte an, sie würde über kurz oder lang ebenfalls wieder arbeiten gehen und damit Geld dazuverdienen. Wenige Tage später konnte ich dann seine Zweifel endgültig zerstreuen, indem ich ihm einen Drehbuchvertrag für einen zweiteiligen TV-Film präsentierte sowie einen Beratervertrag für eine neue Hamburger Produktionsfirma, die sich auf dem Feld der sogenannten »Schmutz-Talkshows« tummelte. Ja, die Jobs lagen damals wirklich auf der Straße. Ich hatte mich nur bücken müssen …

Ein Blick auf unser prall gefülltes Konto zerstreute schließlich die letzten Zweifel meines Vaters. Seiner Meinung nach hatte ich eine schier unverschämte Glückssträhne. Er klopfte mir aufmunternd auf die Schulter, als ich Ende Juli allein zurück nach Berlin fuhr, um einen Nachmieter für unser Haus zu suchen, den Umzug zu planen sowie meinen ersten Spielfilm – für den Münchner Sender Pro 7 – ganz in Ruhe zu schreiben (ein Film, der zwar voll bezahlt, aber wegen eines Wechsels an der Spitze der Filmredaktion dann nie gedreht wurde).

Im Spätherbst des Jahres 1995 zogen wir mit Sack und Pack in mein Elternhaus ein, das ich dreizehn Jahre zuvor verlassen hatte. Meinem Vater war es zu groß geworden: Er nahm sich eine hübsche Dreizimmerwohnung ganz in unserer Nähe, bestand jedoch darauf, sich weiterhin um seinen Garten kümmern zu dürfen …

Diese turbulenten Wochen waren für die Familie so aufregend, dass es weder meiner Frau noch meinem Vater in den Sinn kam, mich auch nur ein einziges Mal nach meiner Spielleidenschaft zu fragen. Das war auch besser so, denn in der gesamten Zeit, die ich nun praktisch unbeaufsichtigt in Berlin verbrachte, verging – bis auf drei Tagesreisen nach München zum Sender und drei Wochenendtrips – kein einziger Tag, an dem ich nicht meine Freunde, die einarmigen Banditen, besuchte. Ich stand frühmorgens auf, telefonierte mit meiner Frau, setzte mich dann an den Schreibtisch und arbeitete bis Punkt vierzehn Uhr. Dann setzte ich mich ins Auto und fuhr zum Steigenbergerhotel in Westberlin, in dem sich ebenfalls eine Automatendependance der Berliner Spielbank befand und wo man mich, den gesperrten Spieler, am Eingang nicht kontrollierte.

Weder meine Frau noch mein Vater – die eigentlichen Leidtragenden meiner Spielsucht – hatten eine Ahnung davon, wie lax die Eingangskontrolle gehandhabt wurde. Gegen acht Uhr abends fuhr ich – häufig gegen meinen Willen – nach Hause. Ich musste schließlich zum Gute-Nacht-Sagen, spätestens um neun also, erreichbar sein. An diesen Nachmittagen verzockte ich mehr als die Hälfte meiner Abfindung, die sich inzwischen nicht mehr auf unserem gemeinsamen Konto, sondern auf einem weiteren Termingeldkonto befand.

Allerdings war mir schnell bewusst geworden, dass dieser gigantische Geldverlust irgendwann auffliegen würde. Ich *musste* ja schließlich jederzeit damit rechnen zu verlieren. Deshalb hatte ich geschickt vorgesorgt und erst einmal der ganzen Welt erzählt, wie mies das Fernsehen einen Erstlingsautor bezahlt. Mein Drehbuchhonorar hatte ich einfach halbiert, mit der Ausrede, man hätte mir einen erfahrenen Koautor an die Seite gestellt. Damit konnte ich schon mal heimlich fünfundzwanzigtausend Mark Verlust kompensieren Weitere fünfzehntausend Mark verdiente ich mir mit Werbeaufträgen und Schnellschuss-Geschichten für die *Bunte.* Und dann hatte ich auch noch das unverschämte Glück, die letzten drei Wochen vor unserem Umzug zurück in die Heimat nicht ein einziges Mal mehr das Kasino mit einem Minus verlassen zu müssen.

Über die zwangsläufig erhöhte Einkommensteuer machte ich mir zunächst keine Gedanken. Irgendwie würde es mir bestimmt gelingen, diesbezüglich noch irgendetwas zu drehen. Jetzt musste ich bloß schleunigst dafür sorgen, die verräterischen Kontoauszüge mit den diversen Abhebungen, Überweisungen und Einzahlungen für immer und ewig verschwinden zu lassen. Nichts eignet sich besser zum absichtlichen Verschusseln von Dokumenten wie ein bevorstehender Umzug, der in jedem Haushalt bekanntlich immer ein unendliches Chaos erzeugt. Dann kündigte ich – bis auf mein uraltes geheimes Zockerkonto – sämtliche bestehenden Bankverbindungen.

Zwei Tage bevor meine Frau mit ein paar Freunden aus Hamburg in zwei gemieteten Siebeneinhalbtonnern nach Berlin zum Packen und Einladen anreiste, stand ich völlig sauber da. Ich hatte für unsere Verhältnisse sogar extrem sparsam gelebt. Den lächerlichen Fehlbetrag von ungefähr zweitausend Mark auf meinem Kreditkartenkonto erklärte ich durch meine Faulheit, mir selbst etwas zu kochen: »Restaurantbesuche sind halt teurer, Liebling!«

»Mein Gott, wie siehst du denn aus?«, fragte Sabine und musterte mich kritisch von oben bis unten. »Du bist ja völlig fertig.«

»Ich habe Tag und Nacht gearbeitet«, entgegnete ich, und das war ausnahmsweise nicht gelogen. Tatsächlich hatte ich ein äußerst riskantes Spiel gespielt; ein zeitaufwendiges Spiel, das aufregender war als das eigentliche Duell mit den computergesteuerten Geldspielautomaten. Um mein Lügenkonstrukt zu errichten und zu erhalten, hatte ich nebenher wahnsinnig viel und diszipliniert arbeiten müssen. Durch die regelmäßige Spielerei fehlten mir jedoch mindestens fünf Stunden pro Tag, die ich nun wohl oder übel in die Nachtstunden verlegen musste. Und wenn Sabine mich an diesem vorletzten Abend in unserem Berliner Haus gefragt hätte, wie »es mir denn mit meiner Zockerei gehen würde?«, dann hätte ich ihr sicherlich geantwortet: »Davon habe ich die Schnauze restlos voll, Liebling.«

Und das stimmte. Ich war vollkommen übernächtigt und im Grunde bloß noch ein einziges Nervenbündel. Aber ich hatte es mit eisernem Willen, Disziplin und einer großen Portion Fantasie geschafft, die bittere Wahrheit zu verschleiern und mein Universum vor dem Untergang zu bewahren. Darauf war ich ziemlich stolz. Gleichzeitig wusste ich jedoch, dass ich einmal mehr an jenem ominösen Punkt angelangt war, an dem ich einen scharfen Cut hätte machen können. Einen sauberen Schnitt in meinem Leben, der uns am Ende viel Leid ersparen würde.

Der vernünftige Teil meines Egos schrie jetzt förmlich danach, *endlich* mit dem Spielen aufzuhören, das mich (besser: uns) mit an Sicherheit grenzender Wahrscheinlichkeit komplett ruinieren würde. Ich verhielt mich wie der alte Samuel in einem jüdischen Witz, der bei Hochwasser auf das Dach seines Hauses klettert und nicht bereit ist, sich retten zu lassen. Feuerwehrmänner im Ruderboot, Soldaten im Amphibienfahrzeug und auch eine Hubschrauberbesatzung können ihn nicht davon überzeugen, sich vom Dach herunter in Sicherheit zu bringen. Als er schließlich ertrinkt und sich darüber bei Gott im Himmel beklagt, antwortet dieser: »Ich weiß nicht, warum du dich beschwerst, Samuel, ich hatte dir die Feuerwehr, dann die Soldaten und schließlich sogar noch einen Hubschrauber geschickt …«

Doch mein unbändiges Verlangen war stärker und machte meine Vernunft schon nach kurzer Zeit wieder mundtot.

Das Signalhorn eines Dreißigtonners ließ mich hochfahren. Ich sah erschrocken auf die Uhr. Es war bereits kurz nach halb sechs. Offenbar war ich hinterm Steuer kurz eingeschlafen. Ich startete den Motor und fuhr rasch nach Hause, plötzlich voller Sorge, mein konstruiertes Alibi könnte dem zu erwartenden Kreuzverhör nicht standhalten. Fast hätte ich auch vergessen, meinen Gewinn im Kofferraum zu verstecken. Diese knapp viertausend Euro waren ungeheuer wichtig. Ich würde sie nicht verspielen, sondern zum Begleichen von Privatschulden verwenden, die inzwischen bei mir aufgelaufen waren und von denen meine Frau auf keinen Fall etwas wissen durfte. Denn unsere finanzielle Situation war äußerst angespannt, obwohl meine Frau unsere Haushaltskasse inzwischen mit einem Dreiviertel-Monatsgehalt als Sozialpädagogin sponserte. Im Prinzip waren wir mal wieder überschuldet, aber *wir* lebten, und *ich* arbeitete und spielte weiter wie bisher – freilich ohne nennenswerten Erfolg. Ich hatte mich schon häufiger gefragt, wann es bei den Banken heißen würde: »Tut uns leid, aber nichts geht mehr.«

Dennoch sprachen meine Frau und ich noch immer nicht offen über unsere verkorkste Finanzlage, die schon so lange unser gemeinsames Leben entscheidend beeinflusste. Und was die Zockerei betraf, herrschte ebenfalls Schweigen. So viel stand jedoch auch unausgesprochen fest: Meine hektische und zeitintensive Jagd nach dem Geld hatte bewirkt, dass wir uns in den letzten Jahren schleichend voneinander entfernt hatten. Wir galten nach außen hin als Vorzeigeehepaar und -familie, aber in unserem Innenverhältnis spielte der Stand der Haushaltskasse mittlerweile die wichtigste Rolle.

Darüber hinaus fiel es meiner Frau immer schwerer, das Vertrauen in mich nicht gänzlich zu verlieren. Da war sicherlich nur noch ein kümmerlicher Rest vorhanden, denn mochten meine Vertuschungsversuche und Flunkereien auch noch so perfekt inszeniert sein, ein schaler Nachgeschmack blieb wohl immer zurück. Außerdem hatte ausgerechnet ich damit begonnen, meine Familie zum Sparen aufzufordern – häufiger das Licht auszumachen, keine halbstündigen Duschorgien mehr zu veranstalten, den Zweitausend-Watt-Heizlüfter im Bad abzuschaffen, die Ölheizung auf konstante einundzwanzig Grad einzustellen, beim Heizen die Fenster zu schließen und vor allem auch unsere beiden Autos überlegter einzusetzen. Bildete ich mir denn wirklich ein, die einschneidenden Verluste, die ich »eingespielt« hatte, auf diese Weise kompensieren zu können?

Ich zog von einem auf den anderen Tag die Notbremse. Endgültig. Ich besuchte noch einmal die Automatendependancen der Hamburger Spielbank in Wandsbek, am Hauptbahnhof und auf der Reeperbahn, um zur Überraschung der mir wohlbekannten Croupiers meine Selbstsperre als Stammgast *persönlich* zu erneuern, da man Spieler am Eingang nach wie vor nicht kontrollierte. Dies tat ich jedoch nicht, weil ich es wollte, sondern weil ich es tun musste.

Denn es war nicht mehr zu leugnen, dass inzwischen weitere Faktoren hinzugekommen waren, die es meiner Frau und mir immer schwerer machten, der verhängnisvollen Schuldenspirale zu entkommen, in die ich uns hineinmanövriert hatte: Wir befanden uns zu diesem Zeitpunkt (Sommer 2004) schon seit etwa drei Jahren in einer Wirtschaftskrise, und was – gerade in den Medien – die Joblage und Honorarfrage betraf, hatten sich die Rahmenbedingungen einschneidend geändert. Zigtausende meiner Kollegen standen inzwischen auf der Straße, waren aus den Verlagen und Sendern wegrationalisiert worden und versuchten nun ebenfalls, als freie Autoren irgendwie zu überleben. Die meisten meiner Kunden aus der Internet- und Werbebranche waren pleite, und jene Unternehmen, die das Massensterben überlebt hatten, setzten verstärkt auf junge, »hungrige« Mitarbeiter, am liebsten billige Praktikanten.

Auch die Budgets der Spielfilmredaktionen wurden immer kleiner und damit auch der Kuchen, von dem ich mir bis dahin ab und zu ein größeres Stück hatte abschneiden können. Überdies galt ich mit über vierzig zwar als erfahrener Texter und Autor, andererseits aber auch als »viel zu teuer«. Ich musste es daher zähneknirschend akzeptieren, dass ich meine Honorarforderungen durchschnittlich um die Hälfte kürzen musste, wenn es mir einmal gelang, einen Auftrag zu ergattern. Ich tummelte mich jetzt mit zahllosen Konkurrenten auf einem brutalen *Käufermarkt*, auf dem schon längst nicht mehr nur die Qualität, sondern primär der Preis zählte – anders ist der allgemeine Qualitätsverlust, beispielsweise im Fernsehen, wohl nicht zu erklären.

Hätte ich genauer, ehrlicher und vor allen Dingen früher hingeschaut, hätte ich das unvermeidliche Ende eigentlich erkennen müssen. Jetzt war es bereits fünf nach zwölf, und mir wurde immer deutlicher bewusst, dass ich sehr wahrscheinlich verspielt hatte …

15. KAPITEL

Der Seher

Der Tag, an dem ich meinen Vater zum letzten Mal lebend sah, war ein heißer Sommertag im Juli. Noch am frühen Abend herrschten rund achtundzwanzig Grad. Wir hatten uns im Park des Lübecker Universitätsklinikums in einen stillen, einigermaßen schattigen Winkel unter zwei Kastanienbäumen zurückgezogen, wo wir auf einer verwitterten Parkbank saßen und rauchten – mein Vater seine bevorzugten kubanischen Zigarillos, ich Zigaretten.

Mein alter Herr machte einen aufgeräumten und entspannten Eindruck, obwohl ihm am nächsten Tag ein Eingriff an der Speiseröhre bevorstand, dort, wo bereits seit mehr als zwei Jahren ein kleiner, gemeiner, bösartiger Tumor auf den Vagusnerv drückte und ihm häufig unerträgliche Schmerzen beim Essen und Trinken bereitete. Allerdings gehörte mein Vater dieser Generation an, die sich das Jammern und Wehklagen selbst verbot und an ihrer Selbstbeherrschung wahrscheinlich lieber erstickte. Es machte mich manchmal schier verrückt, dass er auch an seinen schlechten Tagen nicht ums Zerplatzen auf seinen Gin Tonic verzichten wollte, den er stets um achtzehn Uhr zu sich nahm – mit angewidertem Gesicht.

Mit dem relativ kleinen Eingriff, so hatten es ihm die behandelnden Ärzte erklärt, sollte das Nervengewebe um den Tumor herum verödet und somit gefühllos gemacht werden. »Ansonsten«, hatte der Professor gesagt, »werden Sie wohl eher eine altersbedingte Herzschwäche nicht überleben.« Der Krebs hatte nicht gestreut, noch nicht; mein Vater war zu diesem Zeitpunkt gerade vierundachtzig Jahre alt geworden, aber er fuhr immer noch relativ sicher mit seinem Auto, wenn auch deutlich langsamer und vorsichtiger.

»Tja, wie soll's denn nun mit dir weitergehen – mit euch?«, fragte er unvermittelt. Es war in den vierzig Jahren meines Lebens bis dahin ziemlich selten vorgekommen, dass wir solch existenzielle und emotionale Themen anschnitten. Dies lag wahrscheinlich daran, dass ich einerseits zu faul war, mich großartig in die Gefühlswelt meiner Lieben um mich herum hineinzuversetzen; zum anderen aber sprach auch mein Vater nur höchst selten über sich. Und auch früher, als meine Mutter noch lebte und ich bereits ein junger, erwachsener Mann war, hatte ich es so gut wie nie erlebt, dass er (oder meine Eltern) sich in irgendeiner Weise – absichtlich oder unabsichtlich – über ihre seelischen oder persönlichen Empfindungen ausließen.

Er war immer die typisch männliche, starke Persönlichkeit, die einen Raum in dem Augenblick beherrschte, in dem er ihn betrat. Er musste nicht einmal etwas sagen, der Raum war auch so »voll«. Ihn umgab so etwas wie eine Aura der Stärke und Souveränität. Nicht, dass »Menschlichkeit« für ihn ein Fremdwort war, ganz im Gegenteil. Während seines erfolgreichen Berufslebens, das er praktisch ununterbrochen im Verlag Gruner & Jahr verbrachte, hatte er sich den Spitznamen »Die Klimaanlage der Redaktion« verdient, da er äußerst diplomatisch sein konnte und es überdies in seinem Herzen viel Platz für die Probleme und Problemchen der Redaktionsmitglieder gab, die er zumeist konsequent und kompromisslos löste. Und ebenso konsequent und kompromisslos war er auch für (und gegen) sich selbst.

»Wie meinst du das – wie es jetzt weitergehen soll …?«, fragte ich etwas verunsichert zurück.

Er zuckte die Schultern, lächelte still vor sich hin und paffte ein paar Züge. Dann wandte er sich erneut an mich: »Ich bin mir immer noch nicht sicher, ob es nicht ein Fehler war, euch das Haus nicht gemeinsam zu überschreiben … Oder deinen Kindern!«

»Moment mal«, wandte ich leicht empört ein, »dieses Thema hatten wir doch bereits vor einem Jahr diskutiert.«

»Ja, schon, aber mir macht deine Entwicklung derzeit Sorgen. Ich würde eine Wette eingehen: Wenn du jetzt das Haus in die Finger bekommen würdest, dann wäre es spätestens in fünf, allerspätestens aber in sechs Jahren weg …«

»Wie kommst du denn darauf?«, fragte ich zurück, dieses Mal noch empörter. Denn eigentlich war ich ganz gut im Geschäft, als Autor und Texter, und meine Frau verdiente ordentlich dazu – auch wenn wir uns zu diesem Zeitpunkt wegen unseres jüngsten Kindes unter der Woche den Luxus einer Haushälterin leisteten. Unsere monatlichen Fixkosten wären aber auch ohne diese zwölfhundert Mark, die wir jeweils pünktlich zum Ersten eines Monats unserer polnischen Perle in die Hand drückten, extrem hoch gewesen.

»Spielst du eigentlich noch?«

»Natürlich nicht«, erregte ich mich, »dafür habe ich weder Zeit noch Geld übrig.« Ausnahmsweise musste ich nicht einmal schwindeln. Denn ich hatte zu jenem Zeitpunkt tatsächlich einmal eine spielfreie Phase zu fassen bekommen, die nach einem »schnellen« Dreißigtausend-Mark-Kredit, den ich über einen windigen Finanzhai heimlich hatte aufnehmen müssen, absolut notwendig gewesen war. Ich hatte etwa ein halbes Jahr benötigt, um diesen neuerlichen Schuldenberg anzuhäufen. Jetzt aber war ich erneut an dem »Nix geht mehr, ich habe auch keine Lust mehr«-Punkt angelangt.

»Dein Wort in Gottes Ohr«, seufzte mein Vater, »ich will mal wirklich hoffen, dass es auch so bleibt.«

»Machst du dir wirklich solche Sorgen. Ich meine, die Geschäfte laufen derzeit doch ganz gut«, wagte ich einzustreuen. Ich hatte gerade einen Filmroman veröffentlicht, schrieb an einem Drehbuch und verhandelte außerdem mit einem Fernsehproduzenten über einen recht lukrativen Beratervertrag.

»Dass du nicht arbeitest und fleißig bist, kann dir wirklich niemand vorwerfen. Aber ich befürchte, dies wird nicht so bleiben. Du machst meiner Meinung nach zu viel und konzentrierst dich nicht auf ein Kerngeschäft. Unsere Branche rutscht geradewegs in kürzester Zeit in eine tiefe Krise, und ich glaube, ihr verfügt nicht gerade über großartige Reserven, wenn mal die Flaute über dich hereinbricht … Und dann ist da ja auch immer diese latente Gefahr …«

Jetzt war es an mir, mit den Schultern zu zucken. »Spielen ist wirklich kein Thema mehr«, nuschelte ich vergrätzt. Ja, ich war mir zu diesem Zeitpunkt hundertprozentig sicher, den Ausstieg aus dem Teufelskreis einmal mehr und dieses Mal für immer geschafft zu haben.

»Mach dir nix vor!«, lachte mein Vater und sah auf seine Armbanduhr. »Denk lieber mal darüber nach, wie du dich und vor allem deine Kinder für die Zukunft absichern willst!« Er trat seinen Zigarillostummel aus. »So«, meinte er dann, »jetzt wollen die mir noch einmal Blut abnehmen. Ich weiß ehrlich gesagt nicht, wofür das noch gut sein soll.«

»Wegen der OP morgen?«

»Wahrscheinlich!«

»Das soll doch nur ein Klacks sein, Papa.« Ich musste schlucken.

»Ich bin höchst gespannt, das kannst du mir glauben.« Er lachte leise meckernd in sich hinein.

Zehn Minuten später, nach einem weiteren kleinen Spaziergang, waren wir auf dem Parkplatz des Universitätsklinikums angekommen, wo ich mein ziemlich neues Motorrad abgestellt hatte – ein zuverlässiges, japanisches Spielzeug mit knapp siebzig PS, das ich mir zur Belohnung für eine beruflich erfolgreiche Phase selbst geschenkt hatte.

Meiner Frau war der Cruiser dagegen von vornherein ein Dorn im Auge, denn bekanntlich eignet sich gerade ein Motorrad für einen Mann, der kurz vor der angeblichen Midlife-Crisis steht, hervorragend, um dem Alltag – sprich, der Familie – zu entfliehen. Im Übrigen war sie der Meinung gewesen, dass der Führerschein sowie die Anschaffung des Ofens vom Haushaltsbudget her nicht »drin waren«, aber ich hatte einfach einen meiner beliebten Alleingänge unternommen, den Familienrat vollkommen übergangen und war bereits drei Stunden nach der bestandenen Fahrprüfung mit meinem eigenen Hobel aufs Grundstück geknattert.

Tatsächlich sah ich das Motorrad auch als einen Grundpfeiler meiner selbst verordneten, amateurhaften Therapie gegen meine Sucht an. Ich bildete mir inzwischen ein, dass es mir ein eigenes Stückchen Freiheit schenken würde; die vermeintliche Freiheit, die ich bis dahin ja immer wieder an den Automaten gesucht und gefunden hatte, wobei ich in Wahrheit selbstverständlich mit dem krassen Gegenteil konfrontiert wurde – der totalen Abhängigkeit. Ich ging inzwischen so gut wie kaum mehr zocken. Ich stand meinem Verhalten äußerst kritisch gegenüber und schaffte es häufiger, dem starken inneren Drang, spielen gehen zu müssen, zu widerstehen. Ich hatte mittlerweile auch begriffen, dass ich mich im Grunde immer nur einer ebenso seelenlosen wie auch gemeinen Maschine, einem Computer und Zufallsgenerator, freiwillig unterwarf. Der einarmige Bandit war nichts anderes als eine superteure, weil exklusive männliche Domina und der Automaten-Mann sein willfähriger, leidensdruckgeprüfter Kunde. Ein Masochist.

Und obwohl mir dieser einfache Mechanismus zur Gewinnung von menschlicher Leidenschaft immer klarer wurde, konnte ich dem Drang manchmal eben doch nicht widerstehen, und das ganze Spiel ging dann – phasenweise – wieder von vorn los. Hätte ich die Sucht gewechselt und wäre zum Alkoholismus übergelaufen, hätte man mich unter dem Rubrum »Quartalssäufer« führen können.

»Manchmal tut man Dinge, deren Folgen man überhaupt nicht absehen kann«, sagte mein Vater leise und verschränkte die Hände vor dem Bauch, der schon gar nicht mehr vorhanden war, so sehr war er in den vergangenen Jahren abgemagert. Na, dachte ich, dein Vater hat aber heute wirklich sein ethisch-moralisches Hoch. »Noch rauchst du, und es macht dir gar nichts aus, weil dein Körper die direkten Folgen der Qualmerei verkraftet. Aber weißt du, wie lange dein Körper das noch durchhält? Sieh mich an, Junge: Ich rauche seit dem Krieg. Und jetzt hab ich den Salat …«

»Nicht unbedingt …«

»Aber sehr wahrscheinlich. Na ja, du bist ja alt genug, um eigentlich zu wissen, was du tust. Pass jedenfalls schön auf dich auf, Junge.«

»Ich fahr schon immer supervorsichtig«, sagte ich grinsend und setzte meinen Helm auf.

Mein Vater klopfte mir auf den Helm. »Versprich mir das!«, meinte er dann, nickte mir zu und taperte auf den Eingang »seiner« Abteilung zu. Er drehte sich nicht mehr um, und mir fiel erneut auf, wie zart und gebrechlich er mittlerweile aussah, dieser fast ein Meter neunzig große Mann, der zeit seines Lebens sein Gewicht von sechsundachtzig Kilogramm gehalten hatte. Bis ihn der Speiseröhrenkrebs erwischt hatte. Ich sah ihm hinterher, bis er im Gebäude verschwunden war, und versuchte dabei, seine letzten Sätze einzuordnen. Auf einmal, ich wusste überhaupt nicht, wie mir geschah, rannen mir Tränen übers Gesicht und verschmierten meine coole Sonnenbrille. Ich kam mir jetzt entsetzlich schäbig vor.

Plötzlich lief vor meinem geistigen Auge ein Film ab, mein Leben zog im Zeitraffer an mir vorbei, und Gedanken schossen mir durch den Kopf, die ich jahrelang für mich behalten hatte – auch böse Gedanken und unangenehme Wahrheiten und Eingeständnisse; eine krude Mischung aus Selbstzweifeln und Selbstmitleid.

Es dauerte bestimmt mehrere Minuten, bis dieser Anfall vorbei war, und in meinem Kopf kreisten nun mehrere Fragen herum: War das etwa ein Abschied für immer gewesen? Und wenn ja, was hast du diesem Mann in den vergangenen Jahren bloß angetan mit deinem Verhalten? Was hast du deiner geliebten Frau angetan? Und nicht zuletzt: Was hast du dir selbst angetan, indem du ständig weggelaufen bist – geflüchtet in die Welt des Glücksspiels? Ich fühlte mich gänzlich ferngesteuert.

Mechanisch betätigte ich den Anlasser meines Motorrads und gab ein paarmal Gas im Stand. Doch den satten Sound, der aus den schalldämpferlosen Auspuffrohren über den Parkplatz fegte, nahm ich lediglich wie durch Watte wahr. Dann legte ich den ersten Gang ein und rollte langsam vom Klinikgelände hinunter auf die Straße, fädelte mich in den Verkehr ein und knatterte gemächlich Richtung Autobahn. Und ich schwor bei allem, was mir heilig war, nie wieder zu spielen. Denn die Warnung meines Vaters klang mir jetzt unüberhörbar in den Ohren: »In spätestens sechs Jahren wirst du das Haus verkaufen!«, hatte er gesagt. Denkste, sprach ich zu mir selbst, dir werde ich es beweisen: Eher verscherbele ich mein Motorrad, wenn mal nichts mehr gehen sollte – aber niemals mein Elternhaus.

Meiner Frau habe ich von dieser Unterhaltung mit meinem Vater erst sehr viel später erzählt, als sich unser Leben wenige Jahre später rasend schnell veränderte – und sich die hellseherischen Fähigkeiten meines Vaters in dramatischer Form bewahrheiten sollten …

Am nächsten Tag stieg das Thermometer noch ein paar Grad, und zur Überraschung meiner Kinder, die ihren Vater ja hauptsächlich in seinem häuslichen Büro beim Arbeiten erleben durften, ließ ich den Griffel fallen, um mit der ganzen Bande zum Großensee zu fahren, einem beliebten Badesee ganz in der Nähe unseres Hauses. Ich hatte bis dahin schon mehrmals im Krankenhaus angerufen, um mich nach dem Verlauf der OP zu erkundigen. Doch die diensthabende Stationsschwester sagte jedes Mal: »Der Doktor wird sich bei Ihnen melden.« Das kam mir natürlich etwas merkwürdig vor, und ich insistierte, ob es etwa Komplikationen gegeben hätte. Aber sie beruhigte mich, nein, nein, es sei alles in Ordnung; der Termin sei nur etwas nach hinten verschoben worden …

Genau in dem Moment, als wir zum Baden losfahren wollten, klingelte mein Handy. Ich las die Lübecker Telefonnummer auf dem Display und dachte, na endlich, diese Penner! Der Oberarzt war dran. »Ja, Herr Schuller, also wissen Sie … Wir haben da ein kleines Problem.« Ich räusperte mich hörbar. »Ihr Vater ist … na ja, er ist verschwunden!«

»Wie verschwunden? Seit wann?«

»Seit heute Morgen. Vermutlich irrt er irgendwo auf dem Klinikgelände im Bademantel …«

»Moment mal«, sagte ich, »stopp! Mein Vater irrt nicht orientierungslos in der Gegend herum und schon gar nicht im Bademantel. Seit wann ist er denn verschwunden?«

»Seit … ähem … seit dem frühen Morgen!«

»Was?«

»Wir können es uns auch nicht erklären. Aber wir suchen ihn bereits … intensiv. Und wir würden gern den Rundfunk benachrichtigen … Für eine Suchmeldung.« Der Mann stotterte.

»Das werden Sie garantiert nicht tun«, schnauzte ich ins Telefon. »Gehen Sie bitte mal in sein Zimmer, und sehen Sie nach, wie viele Sakkos in seinem Schrank hängen …«

Eine Minute später, in denen ich nur das aufgeregte Schnaufen des Arztes durch den Ohrlautsprecher vernommen hatte, erfuhr ich, dass dort zwei Sakkos hingen. Aber wir hatten meinem Vater drei Sakkos eingepackt – nebst passenden Hosen und Schuhen. »Na dann wird sich das Ganze wohl rasch aufklären lassen«, meinte der Arzt erleichtert.

»Ja«, sagte ich, »ich werde Sie in ein paar Minuten zurückrufen. Ich habe da so eine Ahnung.« Dann legte ich auf. Ich merkte, dass ich zitterte. Denn ich hatte tatsächlich eine Ahnung. »Los, Kinder, raus mit euch«, rief ich, »wir fahren doch erst in einer halben Stunde los. Ich muss mal ganz kurz rüber zu Opa …«

Etwa fünf Minuten später schloss ich die Wohnungstür meines Vaters auf. Die Vorhänge waren zugezogen, und beim ersten Blick in alle Räume schien mir die Wohnung genau in dem Zustand zu sein, wie wir sie drei Tage zuvor verlassen hatten. »Wo ist denn Opa?«, fragte eine Stimme hinter mir. Ich fuhr erschrocken herum. Meine neugierige Tochter war mir ungefragt hinterhergeradelt, denn wir wohnten nur knapp zehn Gehminuten voneinander entfernt.

Ich hob hilflos die Schultern. »Weiß ich auch nicht«, meinte ich und sah noch einmal ins Wohnzimmer hinein. In diesem Augenblick blieb mir fast das Herz stehen. Da saß er völlig entspannt in seinem Fernsehsessel und schlief tief und fest. Neben ihm, auf einem kleinen Beistelltischchen, standen drei Wassergläser mit Resten einer hellblauen Flüssigkeit. Darüber hinaus steckte sein Kopf in einer dicken, durchsichtigen Plastiktüte. Ich versuchte, einen klaren Gedanken zu fassen. Wieso war ich mindestens zweimal an ihm vorbeigelaufen und hatte ihn nicht bemerkt? Aber noch immer wollte sich bei mir offenbar die schreckliche Gewissheit nicht einstellen, dass mein Vater gestorben war.

Irgendein restlicher Funke Verstand befahl mir jedoch, diesen Anblick meiner Tochter unbedingt zu ersparen. Ich stellte mich vor sie und bugsierte sie panisch durch die Wohnzimmertür hinaus auf den Flur. Sekunden später brachen bei uns jedoch alle Dämme. Ich war schließlich kaum in der Lage, die 112 zu wählen, um dem Unbekannten in der Einsatzleitzentrale der Feuerwehr zu schildern, was passiert war.

Eine halbe Stunde später wimmelte es in der Wohnung meines Vaters von Menschen. Es dauerte dann bis zum frühen Abend, bis die Kriminalpolizei ihre Untersuchungen abgeschlossen hatte und der Totenschein ausgestellt war. Auch dies zeigte, dass mein Vater ein sehr konsequentes Leben geführt hatte: bis zum selbstbestimmten Ende – weil er nicht zu Tode gepflegt werden und nicht abhängig sein wollte von Menschen oder Maschinen. Dies war schon immer seine ureigenste Angst gewesen; eine Angst, die noch größer war als die Furcht vor dem Unbekannten.

Etwa vier Wochen nach der Beerdigung, als auch alle anderen traurigen Formalitäten erledigt waren, wurde mir auf eine vollkommen andere Weise bewusst, was geschehen war – und was das Geschehene für uns, die Familie, bedeutete. Denn in dem Augenblick, als ich im Amtsgericht den Erbschein aus der Hand der Rechtspflegerin entgegennahm, war aus dem Automaten-Mann, der durch mehr finanzielle Tiefen gewatet denn über Höhen geflogen war, über Nacht ein leidlich vermögender Mann geworden, der überdies ein repräsentatives, praktisch unbelastetes Haus besaß. Mein Vater hatte uns Bargeld, fest verzinste Papiere sowie ein Aktiendepot hinterlassen, das in den vier Wochen, in denen ich auf den Erbschein warten musste, jedoch leider erheblich an Wert verloren hatte. Aber insgesamt gesehen, hätten wir uns nun keine finanziellen Sorgen mehr machen müssen.

Natürlich ließ es sich nicht vermeiden, dass die Gespräche zwischen meiner Frau und mir sich häufig um ihre Befürchtungen drehten, ich könnte den ganzen Zaster – oder zumindest einen großen Teil davon – peu à peu meinen geliebten einarmigen Banditen in den Rachen werfen … Diese Gespräche endeten zumeist im Streit, denn ich winkte stets empört ab und wurde laut, wenn meine Frau nicht aufhören wollte, mir einreden zu wollen, wie gefährdet ich ihrer Meinung gerade jetzt war.

Allein ans Spielen zu denken hätten mir jedoch mein Stolz und nicht zuletzt auch die Pietät verbieten müssen. Und nichts anderes hätte mein Vater wahrscheinlich auch von mir erwartet (und meine Frau sicherlich auch), als ruck, zuck die Konten abzuräumen, die Depots aufzulösen und das Erbe so rasch wie möglich zu verjomern. So blieb ich eisern. Aber ich darf nicht verschweigen, dass es mich in diesen ersten Wochen nach dem Tod meines Vaters ziemlich häufig in den Fingern juckte. Wahrscheinlich empörte ich mich deshalb so häufig über den Verdacht – dieses latente Misstrauen, das mir ständig entgegengehalten wurde –, weil es stimmte. Wer wird schon gern mit der Wahrheit konfrontiert?

Schließlich hatte ich nun den ganzen Vormittag, wenn meine Frau arbeitete und meine Kinder in der Schule waren, jede Menge Zeit, die ich eigentlich mit dem Schreiben von Büchern und Drehbüchern verbringen wollte. Wohl selten hatte ein freier Autor bessere Voraussetzungen für seine Tätigkeit gehabt als ich zu diesem Zeitpunkt. Ich musste mich auf einmal nicht mehr hetzen, stand nicht mehr unter dem Druck, unbedingt schnelles Geld verdienen zu müssen, hatte mich im Einvernehmen mit meiner Frau aller unserer Schulden entledigt und konnte mir nun in aller Ruhe Storys ausdenken, Film- und Buchprojekte anleiern und die überlebenswichtigen Kontakte zu den Agenturen und Redaktionen pflegen.

Trotz der enorm vielen Stunden, die ich in den vergangenen Jahren quartalsweise in den Daddelhallen und Automatenkasinos verbracht hatte, hatte ich mir einen festen Stamm von Lektoren und Kontaktpersonen in der Medienszene aufgebaut. So zog ich im Verlauf der nächsten Wochen tatsächlich mehrere kleinere Projekte an Land und ließ mich – im Gefühl des sicheren finanziellen Back-ups – auch auf so manches »Erpressungsangebot« der potenziellen Auftraggeber ein, die häufig ein kurzes und knappes Exposé verlangten, das sie dann freilich oftmals »inhouse« komplett produzierten, indem sie die Frechheit besaßen, zunächst meine Idee eins zu eins zu übernehmen, um sie dann, leicht abgewandelt, als ihre eigene »Stoffentwicklung« zu präsentieren.

Die häufigste Antwort, die ich in jenen Tagen von Redakteuren hörte, lautete: »Ja, das gefällt uns ganz gut – aber leider sind wir genau an diesem Stoff dran …« Ich fühlte mich so sicher, dass ich zunächst gar nicht auf die Idee kam, dass sich die Zeiten für Journalisten um die vierzig plötzlich in einem radikalen Wandel befanden.

Denn am 11. September war die Welt von dem bis dahin schwersten Selbstmordattentat erschüttert worden. Die beiden Türme des World Trade Centers in New York stürzten ein, nachdem zwei entführte Jets von den fanatischen Entführern mit fast achthundert Stundenkilometern in die Wolkenkratzer gelenkt worden waren, und mit ihnen rutschten auch rasch die Aktienkurse in den Keller. Die Goldgräberstimmung an den internationalen Börsen verschwand, und viele Anleger suchten ihr Heil in der Flucht.

Etwa ein halbes Jahr nach diesem grauenhaften Mord an über dreitausend Menschen verlor ich Anfang des Jahres 2002 auf einen Schlag acht meiner regelmäßigen Kunden, die gänzlich unerwartet Insolvenz anmeldeten oder aus Kostengründen plötzlich keine Freien mehr beschäftigten. Hinzu kam, dass auch die großen Verlage und Redaktionen kräftig auf die Ausgabenbremse traten und damit begannen, in großem Stil Personal zu entlassen. Auf einmal tummelte ich mich mit Tausenden von Konkurrenten auf einem Käufermarkt – aber dies beunruhigte mich (noch immer) nicht, denn ich besaß ja nach wie vor ein ordentliches finanzielles Polster, das es meiner Familie und mir bestimmt ermöglichen würde, auch eine längere Durststrecke zu überstehen …

Im Winter 2002 war meine Produktivität schließlich fast bei null angelangt. Meine Umsätze beliefen sich gerade mal auf fünfzehn Prozent im Vergleich zu den Vorjahren. Alle Welt redete ja auch nur noch vom Sparen, Aufträge waren Mangelware, doch wir lebten weiter wie bisher. Meine Frau und ich merkten beide – doch wir redeten nicht darüber –, dass sich unsere seit zwanzig Jahren bestehende Ehe inzwischen ebenso dramatisch veränderte wie die Welt draußen. Sie verkam zu einem Arrangement und schrie förmlich nach Belebung. Doch wir blieben sprachlos – was sicherlich mehr an mir lag – und entfernten uns täglich ein Stückchen weiter voneinander. Ich schlitterte offenen Auges in die Einsamkeit meines Büros, wo ich bis tief in die Nacht vor dem Bildschirm saß, in der Ecke der laufende Fernseher, mich in nutzloser Arbeit vergrub, ellenlange Telefonate mit Kollegen aus der Branche führte oder mit Computerspielen die Zeit totschlug, während meine Frau glücklich war, dass sie ihre Ruhe hatte, ihre Kinder und nicht zuletzt auch eine Vielzahl von Freundinnen …

Die Ehefrau (2006)

Ich merkte doch die ganze Zeit, wie er brannte – wie er es sich verkneifen musste, nicht wieder in den alten Trott zurückzufallen. In dieser Zeit entwickelte ich ein noch größeres Misstrauen seinen Beteuerungen gegenüber, dass er clean sei und den Spielteufel auf ewig vertrieben hätte. Für mich war es nicht mehr nur eine Frage der Zeit, sondern es war eine Tatsache, dass er mich unentwegt anschwindelte. Wenn er zu einem Termin nach Hamburg fuhr, wusste ich: Aha, der Termin dauert eine, vielleicht zwei Stunden – aber es dauerte dann häufig einen halben Tag, bis er wieder nach Hause kam, zumeist mit irgendwelchen Sachen, die er für die Kinder, für mich oder für sich gekauft hatte – Spielzeug, Klamotten, neue CDs, Spezialitäten aus den teuersten Delikatessenläden –, als wolle er mir signalisieren: Sieh her, ich war einkaufen! Ich gebe unser Geld für sinnvolle Dinge aus!

Aber ich bekam bereits Schweißausbrüche, wenn ich ihn auf dem Handy nicht erreichen konnte, weil es mal wieder

»zufällig« abgeschaltet oder nicht aufgeladen war, oder er es im Auto vergessen hatte. Außerdem entwickelte er plötzlich ganz merkwürdige Anwandlungen von Sparwut und Geiz, die ich bis dahin noch nicht bei ihm entdeckt hatte. Auf einmal ließen wir seiner Meinung nach zu viel Licht im Haus brennen, heizten »in den Garten hinaus« oder verbrauchten zu viel Wasser. Natürlich lebten wir nicht gerade sparsam – ehrlich gesagt lebten wir verschwenderisch –, aber andererseits hatten wir zu diesem Zeitpunkt ja auch genug Geld zur Verfügung, und ich verdiente auch nicht schlecht…

Diese Phase dauerte etwa ein gutes halbes Jahr. Dann beschloss ich, mich nicht mehr aufzuregen und ihn einfach machen zu lassen. Ich fühlte mich zermürbt, eigentlich sogar vollkommen ausgelaugt von der ständigen Belastung, mir Sorgen machen zu müssen. Oder war es bereits Langeweile? Ich begann, mein Leben zu leben, und mein Mann lebte seins. In dieser Zeit hatten wir ständig ein volles Haus. Es verging fast kein Wochenende, an dem wir nicht ein Essen für Freunde gaben oder eines unserer Kinder nicht eine Party feierte. Es herrschte echt Leben in der Bude, und es war uns beiden wohl egal, wie viel Geld dabei über den Jordan ging. Ich verließ mich stets auf die Aussagen meines Mannes, dass »es reichen würde«.

Wenn er dann endlich mal wieder einen Auftrag an Land gezogen hatte, wurde besonders kräftig gefeiert. Und dann, eines Tages, beschlossen wir, unser Haus zu modernisieren, und zwar von oben bis unten – vom Feinsten. Heute würde ich sagen: Wir haben wahrscheinlich ständig versucht, uns zu betäuben und mit dem Geld unser beiderseitiges Unglück zu kompensieren.

Es musste ja irgendwann doch passieren: Etwa achtzehn Monate nach dem Tod meines Vaters brach ich eines Vormittags mein Gelübde und ging zocken. Niemand hielt mich am Eingang des Automatenkasinos auf – nicht einmal die Croupiers, bei denen ich persönlich vorstellig geworden war. Hatte ich mich denn so verändert?

Auch das Spielen – oder besser: die neuerliche Spielphase – begann so wie immer. Das ungeschriebene Gesetz, dass ein Spieler am Anfang immer gewinnt, war also noch in Kraft. Und außerdem griff jetzt eine weitere Volksweisheit: Der Teufel scheißt immer auf den größten Haufen. Ich hatte am Tag zuvor einen fällig gewordenen Sparvertrag wieder angelegt, aber ich hatte mir zwanzigtausend Euro in bar auszahlen lassen. Einen Monat später lag ich noch immer mit knapp fünftausend Euro vorn und dachte, so könnte es ruhig weitergehen.

Tatsächlich spielte ich mit dem Gedanken, Berufsspieler zu werden. Denn mein eigentlicher Job brachte mir außer Ärger kaum mehr etwas ein. Ab und zu blitzte ein Highlight auf, ich freute mich schon auf einen lang anhaltenden Waldbrand, aber der vermeintlich langfristige und lukrative Auftrag entpuppte sich schnell als Strohfeuer. Überdies waren die angebotenen Honorare nicht gerade das, was man üppig nennt – kein Wunder bei der wachsenden Zahl von Mitbewerbern auf dem Markt. Und ich war zu arrogant, um für ein paar lumpige hundert Euro Aufträge zu erledigen, für die mir noch zwei Jahre zuvor das Fünffache gezahlt worden wären.

Aber dieser Höhenflug hielt nicht lange an. Komisch, das hätte ich doch eigentlich wissen müssen, oder? Nach nicht einmal drei Monaten waren die zwanzigtausend jedenfalls weg – und ich hatte mich binnen kürzester Zeit zum Ausredenkönig entwickelt, der sogar Autopannen vortäuschte, um den Erklärungsnotstand zu überleben. Ich bekam fürchterliche Angst, noch mehr Geld zu verspielen, und machte heimlich einen weiteren fünfstelligen Betrag aus dem Erbe meines Vaters locker, um der Familie einen feudalen Urlaub in Italien zu ermöglichen; einmal, um den Schein zu wahren, zum anderen, um vor den einarmigen Banditen in Deckung zu gehen. Überdies hatte ich einen Buchauftrag bekommen, einen weiteren »Roman zum Film«, und ich freute mich darauf, auf der Terrasse der alten ligurischen Ölmühle zu sitzen, mich von den Olivenbäumen und Bougainvilleen inspirieren zu lassen und bei einem Gläschen kräftigem Vernaccia in die Tasten zu hauen.

In diesem Urlaub, in dem wir uns wieder ein wenig näherkamen, entstand neben dem Buch (das ich in der Rekordzeit von vierzehn Tagen herunterschrieb) auch der Plan, unser Haus zu renovieren. Das war mal etwas wirklich Greifbares, dieses Herumspinnen in einer lauen Sommernacht, Zeichnungen anzufertigen und Träume wahr werden zu lassen.

Unser Haus konnte tatsächlich einige Reparaturen vertragen. Die Dachrinnen waren marode, der Öltank drohte durchzurosten, einige elektrische Leitungen entsprachen dem technischen Stand von 1930, und die Terrassen waren an mehreren Stellen abgesackt. Aber wenn schon, denn schon, sagten sich meine Frau und ich, und wir beschlossen, mehrere Wände einzureißen, eine neue Küche einzubauen sowie die Badezimmer zu renovieren – und die Kinderzimmer gleich mit. So wie es aussah, hätten wir auch gleich einen Neubau in Angriff nehmen können.

»Können wir uns das denn wirklich leisten?«, fragte meine Frau zwei Tage, bevor unser Aufenthalt in Italien zu Ende ging.

Ich hatte zwar keine Ahnung, was solche Baumaßnahmen insgesamt kosteten, aber noch besaßen wir Geld genug, nahm ich an. Überdies konnten wir unser Haus ja auch beleihen. »Klar können wir das. Außerdem wird ja die Medienkrise nicht ewig dauern …«

Dabei ahnte ich bereits zu diesem Zeitpunkt, dass diese Krise noch lange nicht vorbei war. Mein neuer Literaturagent hatte mir bei unserem ersten Treffen eine Horrorvision präsentiert: »Gehen Sie davon aus, dass es in Deutschland maximal fünfzehn Buchautoren gibt, die allein von ihrer Schreibe gut leben können.« Ich war zwar fest dazu entschlossen, der sechzehnte zu werden, aber ich war auch realistisch genug zu sehen, dass dort draußen in der Medienwelt niemand Spezielles auf mich wartete. Andererseits würde ich mit den geplanten Umbaumaßnahmen und Modernisierungsarbeiten das übrig gebliebene Geld vor mir selbst in Sicherheit bringen und den Wert unseres Hauses steigern – für alle Fälle.

Diesen letzten Gedanken sprach ich allerdings nicht aus. Ich wollte meine Frau nicht schon wieder beunruhigen – und ich wollte ihr natürlich auch nicht gestehen, dass ich wenige Wochen vor diesem exorbitant teuren, vierwöchigen Sommerurlaub mal eben zwanzigtausend Euro am Steindamm versemmelt hatte.

Inzwischen hatte ich längst eingesehen, dass ich von der Spielerei wahrscheinlich niemals ganz loskommen würde. Vielleicht wäre es auch wirklich besser gewesen, wenn ich bereits zu Beginn dieser »zweiten Karriere« einmal so richtig was auf die Schnauze gekriegt und am Boden gelegen hätte, ohne dass mir jemand hilfreich unter die Arme griff. Damals, als die Folgen für mich nicht so fatal gewesen wären; als noch keine Familie an mir drangehangen hatte und all die vielen sozialen und finanziellen Verpflichtungen. Aber ich war halt immer zu schwach gewesen, ich hatte die Sucht nicht ernst genug genommen – und ich war natürlich auch immer wieder gerettet worden; so wie der Gong einen angeknockten Boxer in die nächste Runde rettet, der bereits bis zur »acht« angezählt ist.

»Weißt du eigentlich«, sagte ich zu meiner Frau und senkte meine Stimme zu einem Flüstern, da unser Jüngster bereits schlief, »was mir mein Vater bei unserem letzten Gespräch gesagt hat?« Meine Frau schüttelte den Kopf. »Ich trage das schon lange mit mir rum … Das schwebt über mir wie das berühmte Damoklesschwert!«

»Nun spuck's schon aus!«, meinte meine Frau lächelnd.

»Na ja, er meinte, wir würden das Haus in spätestens fünf, in allerspätestens sechs Jahren sowieso verkaufen … verkaufen müssen!«

»Und weißt du, wieso er das gesagt hat?«

»Nö«, sagte ich, »keine Ahnung, wie er darauf gekommen ist.«

Aber das war gelogen. Natürlich war es gelogen, wie immer.

EPILOG

Es roch nach frischer Farbe und Sägespänen. Die Mansarde war bereits fertig, auch das Erdgeschoss war frisch gestrichen, und im ersten Stock verlegte der nette polnische Allroundhandwerker die letzten Quadratmeter Laminat.

Der Automaten-Mann wirkte etwas verloren inmitten des leer geräumten Wohnzimmers und verpackte seine CD-Sammlung in Umzugskartons. Danach musste er nur noch seine Hi-Fi-Anlage verstauen – der Rest seiner Habe befand sich bereits im Lager, einem ehemaligen Kuhstall, der einem befreundeten Mannschaftskameraden gehörte.

Er war ausgezählt worden. Diesmal hatte ihn kein Gong in die nächste Runde gerettet, denn irgendwann ist jeder Kampf einmal vorbei. Sie hatten vier Jahre zuvor ihre Renovierungspläne verwirklicht, seine Frau und er, und sie hatten es tatsächlich geschafft, aus dem Haus ein Schmuckstück zu machen. Das Einzige, was der Villa jetzt noch fehlte, war ein ordentlicher Anstrich, aber dafür hatte das Geld nicht mehr gereicht. Überhaupt hatte das Geld dann nicht mehr gereicht. Dazu hatte er nicht einmal zocken gehen müssen, und dies war auch der Grund, warum er sich jetzt vom Schicksal irgendwie ungerecht behandelt fühlte.

Na gut, ein paarmal hatte er im Internet gespielt, an der Börse, und da hatte er komischerweise sogar gewonnen. Aber die paar lumpigen Tausender hatten nicht gereicht, um die monatlichen Fälligkeiten auszugleichen. Jetzt war er bereits im dritten Jahr vollkommen clean, aber dennoch hatte er – hatten sie – sich das Genick gebrochen. Er gab hauptsächlich »den schlechten Zeiten« die Schuld, er machte die Trennung von seiner Frau mitverantwortlich für den gigantischen Schuldenberg, vor dem er stand; aber er ging inzwischen auch mit sich selbst härter ins Gericht, als es vielleicht notwendig war. Die entscheidende Frage, die er sich immer wieder stellte, lautete: »Warum hast du nicht einfach schon viel früher aufgehört zu spielen?«

Dann fielen ihm auch immer wieder die Worte seines Vaters ein: »Manchmal tut man Dinge, deren Folgen man überhaupt nicht absehen kann.« Und er hatte nun schmerzlich begreifen müssen, dass ihm seine jahrelange Sucht tatsächlich ein paar Spätfolgen beschert hatte, die unangenehmer gar nicht sein konnten.

Das Schuldenkarussell hatte sich jedenfalls immer schneller gedreht. Nach nicht einmal drei Jahren, in denen er gebangt und gehofft und wie ein Wilder gearbeitet hatte, war ihnen von den Banken der Hahn zugedreht worden. Was für ein Irrsinn, dachte er: Erst hatten sie ihm aufgrund seiner Umsatzzahlen und dem Festgehalt seiner Frau großzügige Hypothekendarlehen eingeräumt, die dann allerdings nicht in die Renovierung geflossen, sondern zum Leben verwendet worden waren. Die Bauarbeiten hatten sie ja längst aus dem Erbe bezahlt. Auf Heller und Pfennig genau. Und als auch diese geliehenen Gelder verbraucht waren und die Einnahmen schon längst nicht mehr die Fixkosten deckten, hatte man ihnen keine neue Finanzspritze gewährt – mit dem dezenten Hinweis auf die Einnahmen …

Die Spielerei war schon ein Teufelskreis gewesen. Aber das war nur ein Vorgeschmack auf die Daumenschrauben der Geldinstitute, obwohl das Haus gerade mal knapp zur Hälfte beliehen worden war.

Diese erbärmliche Situation hatte dann auch seiner Ehe den Rest gegeben. Seine Frau und er hatten sich inzwischen vollkommen auseinandergelebt. Sie hatten sich nichts mehr zu sagen, und wenn, dann ging es wieder nur ums Geld und wie man die nächste Woche überstand. Vor einem Dreivierteljahr war er nach Hause gekommen, am frühen Morgen, nachdem er in seiner ehemaligen Stammkneipe versackt war – und hatte das Haus in verwaistem Zustand vorgefunden. Knapp die Hälfte der Möbel war weg, die komplette bewegliche Kücheneinrichtung, die beiden Fernseher sowie seine Frau mit den drei Kindern. Er erinnerte sich noch genau daran, was er damals im ersten Moment gedacht hatte: Na, dann kann ich ja jetzt endlich mal wieder zocken gehen.

Aber er war nicht spielen gegangen, wovon auch, sondern hatte versucht zu retten, was nicht mehr zu retten war. Ein paar Notverkäufe sowie das Pfandhaus halfen ihm über die nächsten Monate hinweg, in denen er einen Käufer für sein Elternhaus suchen ließ. An vernünftiges Arbeiten war in dieser Situation nicht zu denken, aber nein, er wollte sich auch dem Drang, sich in die Scheinwelt zu flüchten, nicht noch einmal hingeben.

Der Automaten-Mann hatte beschlossen, sein Leben – wenigstens die zweite Hälfte seines Lebens – in den Griff zu kriegen. Er arbeitete inzwischen in einer Kneipe für einen Hungerlohn. Es war seine Kneipe, die er gemeinsam mit einem Kompagnon nach oben führen wollte. »Wer nichts wird, wird Wirt«, hatte ihm ein ehemaliger Freund, lachend über den Tresen gebeugt, zugeflüstert. »Das kennt man ja. Aber mal im Ernst: Wie kommst du denn mit deinem sozialen Abstieg zurecht?«

»Und wer das nicht mal schafft, wird Gast«, hatte der Automaten-Mann, ebenfalls lächelnd, geantwortet und den Freund aus seinem Gedächtnis gestrichen.

Doch zum ersten Mal seit langer Zeit hatte er wirklich so etwas gehabt wie »maßloses Schwein«. Denn es war ihm gelungen, die drohende Zwangsversteigerung abzuwenden und das Haus zu einem akzeptablen Preis zu verkaufen. Er hatte – ob nun Zufall oder nicht – bereits mit der ersten privaten Verkaufsanzeige (nachdem bereits zwei Makler entnervt aufgegeben hatten) eine Familie »gefunden«, die sich in der ersten Sekunde der Besichtigung unsterblich in den alten Kasten verliebt hatte. Kein Feilschen, kein Zaudern – der Rest war nur noch Formsache.

Wie betäubt hatte er schließlich zusammen mit dem Ehepaar beim Notar gesessen und die Unterschrift unter den Kaufvertrag gesetzt, was ihm und seiner Frau letztendlich den »Arsch« gerettet hatte. Es war sogar noch etwas Geld übrig geblieben – genug, um sich ein neues Leben aufzubauen. Unnötig zu erwähnen, dass sein Elternhaus exakt am sechsten Todestag seines Vaters den Besitzer wechselte. Der Alte hatte also recht behalten …

Und dann war alles ganz schnell gegangen. Die neuen Besitzer hatten Nägel mit Köpfen gemacht und waren schon am Tag nach der Vertragsunterzeichnung mit einem netten Handwerker im Schlepptau aufgetaucht, der das Innenleben nach den Vorstellungen der Käufer gestalten sollte. Als sie sich die Hand gegeben hatten, glaubte der Automaten-Mann, den Typen irgendwie zu kennen; er wusste nur nicht mehr, wo er ihn schon einmal gesehen hatte. Er hieß Christoph, stammte aus Polen und konnte daher wirklich alles.

Der Automaten-Mann hatte inzwischen die letzten Umzugskartons in seinen Wagen verladen, den selbstverständlich die Kneipe bezahlte. Er schlief bei Freunden, den letzten, die ihm geblieben waren, und würde sich dennoch bald eine kleine Wohnung nehmen müssen. Irgendwie würde es sicherlich weitergehen. Sein Geld hatte er einer neuen Bank anvertraut und erst einmal für ein halbes Jahr unantastbar weggepackt. Für alle Fälle.

»Fertig?«, fragte Christoph. »Willst du haben einen Kaffee?«

»Warum nicht?«, entgegnete der Automaten-Mann und betrat vielleicht zum letzten Mal die Luxusküche, die seine Frau und er so schön geplant hatten, damals, als sie glaubten, ihre wahren Bedürfnisse hinter Neuanschaffungen verbergen zu können. Jetzt bloß nicht heulen, dachte er, setzte sich an den Esstisch und fummelte den Hausschlüssel vom Ring herunter.

Christoph servierte ihm in einem Plastikbecher Nescafé, setzte sich ihm gegenüber hin und bot dem Automaten-Mann eine Zigarette an. »Ich seh schon«, meinte er sanft, »ist Scheiße für dich.« Der Automaten-Mann nickte. Und er dachte erneut, bloß jetzt nicht heulen. »Aber Leben geht weiter! Manchmal muss man sehen, wann richtig ist aufzuhören!«

Der Automaten-Mann stutzte. »Jetzt weiß ich, woher ich dich kenne«, sagte er und fing an zu lachen.

»Nee, wir uns nicht kennen! Das haben wir festgestellt, oder nicht?«

»Doch«, nickte der Automaten-Mann, »wir kennen uns. Warst du schon mal am Steindamm?«

»Hamburg?«

»Kasino!«

»Ach du Scheiße. Hast du da gezockt?«

»Kann man so sagen, Christoph. Aber du bist der Pole!«

»Na klar, ich bin Pole!«

»Nein – du bist der Pole. Warte!«

Der Automaten-Mann sprang auf und begann hektisch, die gestapelten Umzugskartons zu durchforsten.

»Was suchst du?«, fragte Christoph.

»Moment noch!«

Nach einer Viertelstunde hatte der Automaten-Mann gefunden, was er suchte. Den Karton mit seinen Büchern, worin sich auch noch zwei Exemplare seines ersten Buches befanden. Aufgeregt kam er an den Tisch zurück. Der Kaffee war inzwischen kalt geworden. Er schlug das Buch auf und suchte die entscheidende Passage. Endlich hatte er sie auf Seite 111 gefunden:

»›Du spielst falsch‹, sagte auf einmal eine schwere Stimme mit polnischem Akzent hinter mir, ›du musst setzen erst einmal auf Null und auf Rot und Schwarz. Dann weißt du, wo das Licht hinläuft. Der Apparat macht Serie genauso wie Daddelkasten in Spielhalle.‹«

Christoph schaute ungläubig drein. Aber er war sich hundertprozentig sicher. Er las: »›Noch einmal‹«, sagte der Pole … ›Jetzt spielst du gegenüberliegende Seite. Null stehen lassen, Neun und Zwei und Sieben doppelt. Neun dreifach! … Du musst zäh sein … Ist System!‹«

»Das ist gewesen mein System!«, rief Christoph verblüfft.

»Sag ich doch. Und dann hast du mir noch gesagt, ich muss den Angestellten zehn Mark vom Gewinn abgeben – für den Tronc! Ich hatte ja keine Ahnung, damals!« Wir sahen uns an und lachten, beide ein wenig beschämt.

»Spielen ist echt Scheiße«, sagte er unvermittelt. »Hab alles verloren …«

»Das kenn ich von irgendwoher«, antwortete der Automaten-Mann tonlos.

»Was für Zufall, dass wir uns hier treffen. Ich glaube, ich habe dich dann doch sogar zweites Mal gesehen am Steindamm?«

»Ja«, sagte der Automaten-Mann und schlug die Seite 124 auf. »Ich habe damals sechstausend gewonnen …«, fuhr er träumerisch fort.

»Ich weiß. Aber du hattest gewonnen eigentlich zehntausend … Ich hab dir Tritt in den Arsch gegeben, damit du rausgehst.«

»Dafür habe ich dir damals einen Hunderter gegeben, stimmt's?«

»Ja, ich weiß jetzt. Verrückt. Und wo ist Geld heute?«

»Weg natürlich«, sagte der Automaten-Mann grinsend. »Gehst du noch zocken, Christoph?«

»Nein«, antwortete der Pole, »das ist vorbei. Nicht mal mehr Pferderennen …« Er kicherte.

»Hoffentlich ist es vorbei«, meinte der Automaten-Mann und erhob sich. Den Hausschlüssel ließ er auf dem Tisch liegen. »Hoffentlich!«

Der Pole streckte ihm die Hand hin. Er nickte, fast schon ein bisschen feierlich. Der Automaten-Mann ergriff scinc Hand, drückte sie, lächelte noch einmal, und dann wandte er sich entschlossen zum Gehen. Jetzt bloß nicht heulen, dachte er erneut, als die Haustür hinter ihm ins Schloss fiel.

ANHANG

Hier gibt es seriöse Hilfe. Die genannten Anlaufstellen kennen die richtigen Adressen in ganz Deutschland:

Fachverband Glücksspielsucht e. V., Auf der Freiheit 25, 32052 Herford, Tel. (05221) 5998-50, Fax (05221) 5998-75, Internet: www.gluecksspielsucht.de, E-Mail: spielsucht@t-online.de

Fachstelle Glücksspielsucht (Evang. Gemeindedienst), Schildescherstr. 101, 33611 Bielefeld, Tel. (0521) 80127-14, Fax (0521) 80127-99, E-Mail: frank-gauls@johanneswerk.de

Arbeitskreis gegen Spielsucht e. V. / Landesfachstelle Glücksspiel und Beratungsstelle für Spieler und Angehörige, Südring 31, 59423 Unna, Tel. (02303) 896-69, Fax (02303) 896-70

Caritasverband für das Stadtdekanat Neuss e. V., Fachstelle Glücksspielsucht, Rheydter Str. 174–176, 41464 Neuss, Tel. (02131) 889-170, Fax (02131) 889-182, Internet: www.caritas-neuss.de/3/gluecksspiel.htm, E-Mail: info@caritas-neuss.de

Suchtberatung Aachen für Alkohol-, Medikamentenabhängige und Spielsüchtige (Regionalverband Caritas), Scheibenstr. 16, 52070 Aachen, Tel. (0241) 94926-26 oder (0241) 949260, Fax (0241) 94926-29, E-Mail: online-suchtberatung-aachen@gmx.de

Selbsthilfegruppe Anonyme Spieler Deutschland Kontaktstelle, Eilbeker Weg 20, 22089 Hamburg, Tel. (040) 2099009

Ein Gedanke, eine Frage taucht jedoch immer wieder auf, lässt mich einfach nicht mehr los: warum ich?

Wolfgang Fierek
MIT DER HARLEY
AN DER HIMMELSPFORTE
Erfahrungen
288 Seiten
mit 8 Seiten Bildteil
ISBN 978-3-404-61597-1

Der Unfall trifft Wolfgang Fierek aus heiterem Himmel: Auf der Landstraße in Richtung Salzburg wird der bekannte Schauspieler mit seinem Motorrad von der Fahrbahn gedrängt und schwer verletzt. Die folgenden Monate führen Wolfgang Fierek durch eine wahre Passion: endlose Geduld, Optimismus, manchmal auch Sarkasmus retten ihn durch die schlimmste Zeit seines Lebens, in der die Frage, ob der offene Bruch dritten Grades endlich doch noch heilen wird, ihn täglich begleitet. Alte Freunde, und solche, die er nie dafür gehalten hatte, die Familie und vor allem seine Frau begleiten ihn durch eine Zeit, in der er sein Leben wie durch ein Vergrößerungsglas betrachtet.